//中国海油绿色低碳转型之路

中国海油
绿色低碳转型及展望

主　编　俞　进
副主编　肖茂林　杨东棹　尤学刚

石油工业出版社

内 容 提 要

本书结合能源行业现状及挑战，系统梳理了中国海油绿色低碳转型的探索、起步、完善和全面推动的四个阶段，围绕能源行业现状及挑战、绿色低碳转型的路径与机遇、中国海油绿色低碳发展足迹与实践、绿色低碳转型展望等方面进行了广泛探讨和深入分析，为国内外各行业提供了一套系统、完整和具有前瞻性的海油特色绿色低碳转型模式，对于能源行业的绿色低碳转型起到了积极的推动作用。

本书可作为绿色低碳领域人员的学习和培训用书。

图书在版编目（CIP）数据

中国海油绿色低碳转型及展望 / 俞进主编 . -- 北京：石油工业出版社，2024.12. --（中国海油绿色低碳转型之路系列丛书）.
ISBN 978-7-5183-7061-0

Ⅰ . F426.22

中国国家版本馆 CIP 数据核字第 2024CZ6080 号

出版发行：石油工业出版社
（北京安定门外安华里 2 区 1 号楼　100011）
网　　址：www.petropub.com
编辑部：（010）64523553　　图书营销中心：（010）64523633
经　　销：全国新华书店
印　　刷：北京中石油彩色印刷有限责任公司

2024 年 12 月第 1 版　2024 年 12 月第 1 次印刷
787×1092 毫米　开本：1/16　印张：17
字数：300 千字

定价：156.00 元
（如出现印装质量问题，我社图书营销中心负责调换）
版权所有，翻印必究

中国海油绿色低碳转型及展望 编写组

主　　编：俞　进

副 主 编：肖茂林　杨东棹　尤学刚

编写人员：（按姓氏笔画排序）

于　波　万　毅　王　帝　王　蕾　卢　迪

吕儒红　李　欣　张　龙　张兴旺　张海滨

陈　博　徐庆虎　章　焱　程　璐

PREFACE 序

在全球气候变化与能源转型的浪潮中，中国海洋石油集团有限公司（简称"中国海油"）始终站在国家战略的高度，以坚定的决心和务实的行动，引领着海洋石油工业的绿色低碳转型之路。《中国海油绿色低碳转型及展望》一书旨在全面总结我们在这一领域的实践经验和创新成果，为国内外同行提供有益的参考和借鉴。

能源，作为国民经济的血液，其绿色低碳发展已成为新时代的主旋律。面对全球气候变化的严峻挑战，中国海油积极响应国家生态文明建设号召，将绿色低碳发展作为公司未来发展战略的核心，坚定不移地走生态优先、绿色低碳的高质量发展道路。从初步的探索与起步，到如今的全面推动，我们在绿色低碳转型的征途中，留下了坚实的足迹，取得了令人瞩目的成就。从油气勘探开发的绿色革命，到清洁能源供给的积极拓展，再到绿色低碳全产业链的构建，每一个阶段都凝聚着海油人的智慧与汗水，彰显着我们对可持续发展的执着追求。

绿色低碳转型是一场长期而艰巨的战役，需要全社会的共同努力。中国海油将始终秉持开放合作的态度，加强与国内外同行的交流与合作，共同探索绿色低碳发展的新路径、新机制、新生态。我们坚信，在全体海油人的共同努力下，中国海油必将开拓出一条应变局、育新机、开新局的绿色低碳转型发展新道路，为建设美丽中国、推动世界能源转型、构建人类命运共同体作出新的更大贡献。

　　最后，衷心祝愿本书能够成为广大读者了解中国海油绿色低碳转型历程、学习绿色低碳发展经验的重要窗口，为推动全球能源绿色低碳转型贡献智慧和力量！

副总经理、党组成员
中国海洋石油集团有限公司

FOREWORD

前言

随着工业化进程的加速和温室气体排放量的不断增加，世界气候系统正经历着前所未有的变化，这些变化不仅给人类社会带来了巨大的经济损失，也对生态系统造成了严重的破坏。能源行业作为温室气体排放的主要来源之一，不仅是国家经济发展的重要支柱，也是影响世界气候治理的关键因素。因此，在世界气候变暖、环境污染日益严重的背景下，绿色低碳转型已成为世界能源行业的共同目标。中国作为世界上最大的能源消费国之一，其能源行业的绿色低碳转型不仅关乎国家经济的可持续发展，更对世界环境产生深远影响。作为能源行业的重要组成部分，中国海洋石油集团有限公司（简称"中国海油"）的生产能力提升、技术创新和绿色发展，对于能源行业的绿色低碳转型起到了积极的推动作用。

在习近平生态文明思想的指引下，中国海油牢固树立绿色发展理念，积极践行绿色低碳发展战略，把碳达峰碳中和纳入企业发展全局，坚定不移走生态优先、绿色发展之路。2023年，是全面贯彻落实党的二十大精神的开局之年，中国海油全体员工踔厉奋发、笃行实干，始终聚焦国之所需，争当保障国家油气供应安全的"顶梁柱"、开发蓝色国土的"排头兵"、高水平科技自立自强的"国家队"、构建现代能源产业体系的"生力军"，切实履行好能源央企肩负的使命责任，可持续发展能力不断提升。"十四五"以来，中国海油坚持"存量争优、增量必优、结构选优"，深挖节能降碳潜力，实施节能低碳类项目400余项，实现节能量$104×10^4$t、减碳量$315×10^4$t，能耗强度和碳排放强度双下降。截至2023年底，10家单位获评国家级绿色工厂或绿色供应链称号，18家单位获评行业级绿色工厂。

为了全面总结企业在绿色低碳转型方面的实践经验和创新成果，中国海油进行了《中国海油绿色低碳转型之路系列丛书》的编写和出版。第一册《中国海油绿色低碳转型及展望》阐述了中国海油绿色低碳转型的探索、起步、完善和全面推动的四个阶段，并在最后提出"双碳"目标下新的绿色低碳转型展望。后续分册，分别聚焦油气开采、炼化、化学、发电、服务板块，深入分析各专业领域的绿色转型实践。本丛书的编写，为国内外各行业提供了一套系统、完整和具有前瞻性的海油特色绿色低碳转型模式，可成为绿色低碳领域人员的重要的学习参考资料。

本书由中国海洋石油集团有限公司牵头组织，由集团公司质量健康安全环保部承担了主要编写任务，负责策划、构思和设计。本书在编写过程中，得到了集团公司有关领导的高度重视，各有关部门和所属企业的领导及专家也给予了大力的支持和积极配合，还得到了海油总节能减排监测中心有限公司的协助，在此表示衷心感谢。本书在编写过程中参阅和引用了大量国内外文献和书籍资料，在此对原著作者深表感谢。

由于编者水平有限，书中难免有不妥之处，恳望读者予以批评指正。

目录 CONTENTS

1 能源行业现状及挑战 / 1

1.1 世界能源消费概况及市场形势 / 3
1.1.1 世界一次能源消费概况 / 3
1.1.2 国际化石燃料市场形势 / 9

1.2 化石燃料的环境污染与能源安全问题 / 17
1.2.1 化石燃料对环境的影响 / 17
1.2.2 绿色转型中的能源安全 / 21

2 绿色低碳转型的路径与机遇 / 25

2.1 碳中和前景下的能源转型 / 27
2.1.1 主要国家碳中和战略及政策 / 27
2.1.2 世界主要国家能源转型进展 / 38

2.2 世界石油公司绿色低碳实践 / 46
2.2.1 国外石油公司转型之路 / 46
2.2.2 中国石油公司转型之路 / 51

3 中国海油绿色低碳发展足迹 / 59

3.1 绿途回望，回溯发展历程 / 61
3.1.1 中国海油发展历程 / 61
3.1.2 绿色低碳转型 / 62

3.2 绿动未来，构建绿色低碳发展战略 / 67
3.2.1 绿色低碳战略目标 / 67

  3.2.2 绿色低碳发展方向 / 68

 3.3 双碳框架筑基，构建双碳管理体系 / 74

  3.3.1 优化组织机构设置 / 74

  3.3.2 建立制度体系框架 / 77

  3.3.3 制定标准化管理体系 / 80

 3.4 闭环管理，实现全生命周期节能低碳管控 / 88

  3.4.1 强化源头能碳管控 / 88

  3.4.2 深化节能项目管理 / 92

  3.4.3 加强统计计量管理 / 101

  3.4.4 监督考核与监测审计 / 110

  3.4.5 构建绿色制造体系 / 116

  3.4.6 重点低碳工作实践 / 122

 3.5 文化引领，打造绿色转型软实力 / 135

  3.5.1 树立绿色低碳发展理念 / 135

  3.5.2 组织绿色低碳文化共创 / 138

4 中国海油绿色低碳发展实践 / 143

 4.1 深化主业实力，夯实绿色发展基石 / 146

  4.1.1 加大油气勘探开发力度 / 146

  4.1.2 做优做强天然气产业链 / 149

  4.1.3 深化与拓展国际化进程 / 159

 4.2 优化产业结构，加速新能源发展步伐 / 162

  4.2.1 推动炼油化工产业升级 / 162

  4.2.2 调整化肥化工产品结构 / 165

  4.2.3 稳健有序发展新能源 / 168

 4.3 加强资源集约利用，提升能效标杆水平 / 175

  4.3.1 加强资源节约利用 / 175

  4.3.2 全面实施能效提升 / 187

 4.4 加强清洁能源替代，筑牢绿色发展屏障 / 199

  4.4.1 岸电建设 / 199

4.4.2　电能利用清洁化　　/ 200

　　4.4.3　清洁燃料替代　　/ 203

4.5　深化零碳负碳研究，驱动绿色创新引擎　　/ 205

　　4.5.1　推动打造零碳示范　　/ 205

　　4.5.2　积极开展 CCS/CCUS 研究　　/ 210

　　4.5.3　探索碳汇产业　　/ 213

4.6　加速数智化赋能，提升双碳管理效能　　/ 217

　　4.6.1　信息基础设施升级　　/ 217

　　4.6.2　双碳数字化平台建设　　/ 218

　　4.6.3　数字化转型示范项目　　/ 223

4.7　布局关键技术，强化绿色产业支撑　　/ 228

　　4.7.1　基础研究与机制创新　　/ 228

　　4.7.2　科技引领与自主驱动　　/ 229

5　转型展望　　/ 235

5.1　中国海油绿色低碳转型发展方向　　/ 237

　　5.1.1　清洁能源与油气的融合发展　　/ 237

　　5.1.2　前瞻性培育负碳产业　　/ 238

　　5.1.3　跟踪海洋能发展进程　　/ 242

5.2　实施路径　　/ 248

　　5.2.1　清洁替代发展　　/ 248

　　5.2.2　低碳跨越发展　　/ 250

　　5.2.3　绿色发展　　/ 251

5.3　未来展望　　/ 253

　　5.3.1　提供更多清洁能源，保证公司可持续发展　　/ 253

　　5.3.2　坚持科技驱动转型，提升公司国际竞争力　　/ 254

　　5.3.3　培育绿色低碳企业文化，践行央企社会责任　　/ 255

参考文献　　/ 257

结语　　/ 258

1 能源行业现状及挑战

能源，是现代社会发展的命脉。在全球化进程中，其行业现状和面临的挑战对世界影响深远。本章将深入剖析世界能源消费概况与市场形势，同时探讨化石燃料引发的环境问题与绿色转型下的能源安全挑战。

1.1 世界能源消费概况及市场形势

1.1.1 世界一次能源消费概况

1.1.1.1 世界一次能源消费结构

根据英国能源所发布的 2023 版《世界能源统计年鉴》显示，2022 年，世界一次能源消费量达到历史高点。相较 2021 年，2022 年一次能源消费总量增长了 1%，比 2019 年的水平高出约 3%。可再生能源（不包括水电）占一次能源消费的比重达到 7.5%，比上年增长近 1%。化石燃料在一次能源消费量中的占比为 82%，保持稳定。

2022 年与 2021 年相比，一次能源需求增长放缓：2022 年增长 1.1%（6.6EJ❶），而 2021 年的增速为 5.5%（30.9EJ）。2022 年一次能源消费量较 2019 年的水平高 16.6EJ。除欧洲（-3.8%）和独联体❷（-5.8%）外，所有地区的一次能源消费量均有不同程度增长。图 1.1 记录了 2012—2022 年世界各国的一次能源消费量，图 1.2 记录了 2021—2022 年一次能源分燃料消费量。

由图 1.3 可知，世界一次能源消费量逐年上升，2022 年消费量达到 604EJ，较 2000 年提升约 1.5 倍。石油、天然气及煤炭等化石能源仍是一次能源消费的主力军，保有较大占比。

在世界范围内的一次能源消费量中，从 2000 年开始，石油占比逐年降低，期间略有波动，至 2022 年，石油的占比从 38.9% 降低至 31.6%。煤炭与天然气的占比略有升高，其中煤炭在 2002—2011 年增速较快，从 25.1% 提升至 30.2%，后续逐渐降低至 26.8%，总体升高；天然气占比的增速较为平均，从 21.2% 提升至 24.6%。核能、水电及可再生能源的占比较低，其中水电占比较为稳定，截至 2022 年占比为 6.5%；核能占比逐渐降低，从 6.4% 降低至 4.9%；可再生能源的占比逐年上升，发展势头较好，占比从 0.3% 提升至 7.5%。

---

❶ 1EJ（艾焦）= 1×10^{18} J（焦）
❷ "独立国家联合体"简称"独联体"

中国海油绿色低碳转型及展望

P 一次能源 消费量*

艾焦	2012年	2013年	2014年	2015年	2016年	2017年	2018年	2019年	2020年	2021年	2022年	年均增长率 2022年	年均增长率 2012—2022年	占比 2022年
加拿大	14.06	14.40	14.43	14.52	14.32	14.54	14.67	14.59	13.71	13.84	14.14	2.2%	0.1%	2.3%
墨西哥	8.06	8.07	8.02	7.93	8.11	8.26	8.16	8.06	7.43	7.99	8.73	9.2%	0.8%	1.4%
美国	90.17	92.62	93.59	92.69	92.60	92.95	96.35	95.67	88.57	93.40	95.91	2.7%	0.6%	15.9%
北美洲统计	112.30	115.09	116.03	115.14	115.04	115.76	119.18	118.32	109.71	115.23	118.78	3.1%	0.6%	19.7%
阿根廷	3.40	3.53	3.53	3.59	3.57	3.57	3.54	3.34	3.13	3.48	3.60	3.7%	0.6%	0.6%
巴西	12.21	12.51	12.83	12.66	12.36	12.47	12.51	12.72	12.22	12.85	13.41	4.3%	0.9%	2.2%
智利	1.45	1.49	1.47	1.49	1.56	1.62	1.69	1.71	1.59	1.72	1.79	4.2%	2.1%	0.3%
哥伦比亚	1.70	1.75	1.84	1.74	1.96	1.98	2.01	2.03	1.85	2.07	2.19	6.1%	2.6%	0.4%
厄瓜多尔	0.63	0.65	0.68	0.68	0.67	0.70	0.74	0.76	0.66	0.76	0.79	3.1%	2.3%	0.1%
秘鲁	0.92	0.95	0.97	1.01	1.08	1.09	1.15	1.18	1.00	1.14	1.21	5.5%	2.7%	0.2%
特立尼达和多巴哥	0.81	0.83	0.82	0.80	0.71	0.75	0.71	0.68	0.59	0.61	0.59	-3.1%	-3.1%	0.1%
委内瑞拉	3.65	3.69	3.54	3.49	3.04	3.06	2.59	2.21	1.82	2.10	2.21	5.2%	-4.9%	0.4%
其他中南美洲国家	3.86	3.87	3.88	4.07	4.29	4.27	4.35	4.39	3.95	4.20	4.32	2.8%	1.1%	0.7%
中南美洲统计	28.63	29.26	29.57	29.53	29.24	29.52	29.29	29.01	26.81	28.93	30.11	4.1%	0.5%	5.0%
奥地利	1.49	1.48	1.42	1.42	1.47	1.50	1.47	1.54	1.44	1.45	1.37	-5.5%	-0.8%	0.2%
比利时	2.47	2.53	2.34	2.37	2.55	2.58	2.57	2.66	2.39	2.66	2.45	-7.8%	-0.1%	0.4%
捷克共和国	1.80	1.76	1.73	1.69	1.67	1.77	1.76	1.72	1.59	1.68	1.67	-0.5%	-0.7%	0.3%
芬兰	1.23	1.23	1.19	1.18	1.20	1.18	1.20	1.18	1.13	1.15	1.18	2.2%	-0.4%	0.2%
法国	10.37	10.47	10.03	10.09	9.92	9.84	10.03	9.81	8.84	9.40	8.39	-10.8%	-2.1%	1.4%
德国	13.54	13.93	13.36	13.61	13.83	14.01	13.66	13.31	12.41	12.78	12.30	-3.8%	-1.0%	2.0%
希腊	1.26	1.18	1.11	1.12	1.11	1.16	1.17	1.14	1.00	1.09	1.14	4.4%	-1.0%	0.2%
匈牙利	0.90	0.86	0.86	0.90	0.92	0.97	0.98	0.99	0.97	1.02	0.96	-6.4%	0.6%	0.2%
意大利	7.00	6.69	6.34	6.53	6.56	6.64	6.67	6.55	5.95	6.34	6.14	-3.1%	-1.3%	1.0%
荷兰	3.94	3.83	3.66	3.72	3.76	3.78	3.69	3.68	3.56	3.65	3.54	-3.1%	-1.1%	0.6%
挪威	2.02	1.90	1.95	1.97	2.00	2.01	1.98	1.86	2.01	2.05	1.90	-7.4%	-0.6%	0.3%
波兰	4.10	4.11	3.96	4.00	4.18	4.34	4.39	4.27	4.08	4.41	4.31	-2.2%	0.5%	0.7%
葡萄牙	0.96	1.05	1.07	1.05	1.12	1.09	1.11	1.05	0.96	0.96	0.93	-3.2%	-0.3%	0.2%
罗马尼亚	1.41	1.32	1.37	1.38	1.38	1.40	1.43	1.39	1.33	1.39	1.30	-6.9%	-0.9%	0.2%
西班牙	6.01	5.71	5.60	5.67	5.72	5.79	5.89	5.73	5.18	5.55	5.76	3.6%	-0.4%	1.0%
瑞典	2.35	2.20	2.19	2.24	2.22	2.30	2.25	2.34	2.22	2.27	2.28	0.4%	-0.4%	0.4%
瑞士	1.26	1.30	1.24	1.21	1.14	1.14	1.16	1.21	1.11	1.08	1.05	-2.4%	-1.8%	0.2%
土耳其	5.15	5.11	5.26	5.78	6.07	6.43	6.36	6.60	6.49	6.96	7.01	0.7%	3.1%	1.2%
乌克兰	5.19	4.93	4.35	3.61	3.78	3.51	3.64	3.45	3.31	3.36	2.33	-30.7%	-7.7%	0.4%
英国	8.57	8.54	8.06	8.19	8.11	8.11	8.08	7.91	7.10	7.20	7.31	1.6%	-1.6%	1.2%
其他欧洲国家	6.32	6.40	6.18	6.31	6.49	6.61	6.71	6.54	6.17	6.52	6.50	-0.3%	0.3%	1.1%
欧洲统计	87.34	86.51	83.28	84.10	85.20	86.17	86.21	84.93	79.24	82.98	79.81	-3.8%	-0.9%	13.2%
阿塞拜疆	0.54	0.56	0.57	0.62	0.61	0.60	0.62	0.65	0.66	0.70	0.70	-0.8%	2.5%	0.1%
白俄罗斯	1.17	1.06	1.06	0.96	0.98	1.01	1.11	1.03	1.10	1.10	1.07	-2.9%	-0.9%	0.2%
哈萨克斯坦	2.64	2.65	2.78	2.31	2.60	2.80	2.89	2.93	2.71	2.93	3.12	6.4%	1.7%	0.5%
俄罗斯	29.26	28.92	29.01	28.55	29.13	29.31	30.39	30.16	29.07	31.48	28.89	-8.2%	-0.1%	4.8%
土库曼斯坦	1.09	0.97	1.00	1.20	1.19	1.17	1.31	1.29	1.52	1.62	1.65	2.1%	4.3%	0.3%
乌兹别克斯坦	1.96	1.96	2.03	1.94	1.85	1.91	1.92	1.92	1.91	2.03	2.11	3.9%	0.7%	0.3%
其他独联体国家	0.76	0.73	0.74	0.74	0.75	0.78	0.85	0.80	0.82	0.83	0.81	-2.3%	0.7%	0.1%
独联体国家总计	37.42	36.84	37.19	36.32	37.11	37.57	39.08	38.88	37.72	40.70	38.36	-5.8%	0.2%	6.4%
伊朗	9.21	9.53	9.92	9.48	10.36	10.75	11.11	11.73	12.16	12.10	12.16	0.5%	2.8%	2.0%
伊拉克	1.54	1.71	1.70	1.69	1.92	2.15	2.18	2.31	1.99	2.08	2.31	10.9%	4.1%	0.4%
以色列	1.02	0.96	0.94	0.99	1.01	1.03	1.05	1.09	1.03	1.04	1.09	4.8%	0.7%	0.2%
科威特	1.49	1.53	1.55	1.62	1.60	1.62	1.66	1.51	1.43	1.50	1.60	6.4%	0.7%	0.3%
阿曼	1.02	1.14	1.14	1.21	1.22	1.27	1.35	1.34	1.29	1.42	1.50	5.4%	3.9%	0.2%
卡塔尔	1.59	1.73	1.87	2.13	2.09	2.02	2.02	2.10	1.83	1.93	1.88	-2.4%	1.7%	0.3%
沙特阿拉伯	9.77	9.83	10.55	11.00	11.45	11.45	11.17	10.70	10.41	10.76	11.50	6.9%	1.6%	1.9%
阿联酋	3.87	4.08	4.07	4.43	4.60	4.43	4.37	4.47	4.22	4.71	5.05	7.1%	2.7%	0.8%
其他中东国家	2.24	2.24	2.14	2.00	1.96	2.04	2.00	1.91	1.98	2.01	2.05	3.7%	-0.9%	0.3%
中东国家统计	31.75	32.68	33.89	34.96	36.20	36.77	36.91	37.25	36.26	37.52	39.13	4.3%	2.1%	6.5%
阿尔及利亚	1.83	1.93	2.11	2.22	2.22	2.25	2.41	2.50	2.34	2.53	2.47	-2.6%	3.0%	0.4%
埃及	3.51	3.49	3.44	3.50	3.69	3.84	3.84	3.77	3.54	3.79	3.98	5.0%	1.3%	0.7%
摩洛哥	0.75	0.77	0.78	0.80	0.84	0.84	0.87	0.95	0.87	0.91	0.92	-4.3%	2.1%	0.2%
南非	5.12	5.14	5.20	5.10	5.33	5.31	5.11	5.33	4.99	5.00	4.82	-3.6%	-0.6%	0.8%
其他非洲国家	5.59	5.94	6.21	6.56	6.61	6.90	7.33	7.46	7.23	7.91	8.07	1.9%	3.7%	1.3%
非洲国家统计	16.80	17.27	17.74	18.18	18.66	19.14	19.56	20.02	18.96	20.20	20.26	0.3%	1.9%	3.4%
澳大利亚	5.53	5.60	5.64	5.77	5.77	5.77	5.85	6.05	5.71	5.73	5.98	4.3%	0.8%	1.0%
孟加拉国	1.06	1.10	1.15	1.39	1.39	1.45	1.55	1.74	1.65	1.73	1.79	4.0%	5.4%	0.3%
中国内地	117.45	121.81	125.03	126.49	127.00	131.94	138.30	144.74	149.45	157.94	159.39	0.9%	3.1%	26.4%
中国香港特别行政区	1.14	1.17	1.14	1.18	1.21	1.29	1.31	1.24	0.93	0.88	0.79	-10.3%	-3.6%	0.1%
印度	24.99	25.82	27.56	28.52	29.80	30.94	32.69	33.52	31.76	34.51	36.44	5.6%	3.8%	6.0%
印度尼西亚	6.82	6.59	6.67	6.78	6.80	7.04	7.72	8.22	7.61	7.76	9.77	26.0%	3.7%	1.6%
日本	19.99	19.84	19.34	19.07	18.82	19.05	18.95	18.51	17.15	17.94	17.84	-0.6%	-1.1%	3.0%
马来西亚	3.74	3.91	3.95	4.01	4.22	4.28	4.35	4.47	4.30	4.58	4.84	5.6%	2.6%	0.8%
新西兰	0.86	0.86	0.90	0.91	0.94	0.93	0.95	0.95	0.85	0.85	0.85	-1.0%	-0.2%	0.1%
巴基斯坦	2.48	2.71	2.79	2.94	3.20	3.39	3.50	3.54	3.52	3.90	3.60	-7.7%	3.8%	0.6%
菲律宾	1.29	1.39	1.46	1.60	1.75	1.92	1.97	2.03	1.84	1.96	2.11	7.3%	5.0%	0.3%
新加坡	2.90	2.92	2.98	3.16	3.34	3.42	3.42	3.35	3.28	3.28	3.16	-3.5%	0.9%	0.5%
韩国	11.58	11.62	11.72	11.93	12.29	12.41	12.62	12.48	12.00	12.56	12.71	1.2%	0.9%	2.1%
斯里兰卡	0.28	0.29	0.31	0.34	0.38	0.37	0.38	0.39	0.38	0.38	0.34	-10.8%	2.0%	0.1%
中国台湾	4.64	4.74	4.84	4.87	4.86	4.93	4.84	4.70	4.98	4.78	4.78	-4.0%	0.3%	0.8%
泰国	4.68	4.71	4.86	4.98	5.08	5.17	5.33	5.34	4.97	5.01	5.06	1.1%	0.8%	0.8%
越南	2.25	2.37	2.62	2.99	3.24	3.48	3.91	4.34	4.34	4.59	4.59	5.7%	7.4%	0.8%
其他亚太地区国家	2.05	2.03	2.19	2.29	2.46	2.96	3.10	3.24	3.33	3.50	3.55	1.3%	5.6%	0.6%
亚太地区统计	213.72	219.55	225.17	229.17	232.54	240.67	250.82	258.98	257.78	271.84	277.60	2.1%	2.6%	46.0%
全球统计	527.96	537.19	542.87	547.39	553.98	565.60	581.05	587.39	566.49	597.41	604.04	1.1%	1.4%	100.0%
其中：经合组织	232.37	234.63	232.73	233.30	234.67	236.88	240.39	238.25	221.69	232.38	234.42	0.9%	0.1%	38.8%
非经合组织	295.59	302.56	310.15	314.10	319.49	328.72	340.67	349.14	344.80	365.03	369.62	1.3%	2.3%	61.2%
欧盟	63.27	62.76	60.59	61.39	62.05	62.95	62.88	61.86	57.25	60.28	58.18	-3.5%	-0.8%	9.6%

*一次能源包括进行商业交易的燃料，含用于发电的现代可再生能源。
所有非化石发电的能源均按投入当量计算。有关此方法的更多详细信息，请参阅https://www.energyinst.org/statistical-review。

图 1.1　2012—2022 年一次能源消费量

1 能源行业现状及挑战

P 一次能源 分燃料消费量*

艾焦	2021年 石油	天然气	煤炭	核能	水电	可再生能源	合计	2022年 石油	天然气	煤炭	核能	水电	可再生能源	合计
加拿大	4.11	4.21	0.50	0.83	3.61	0.58	13.84	4.27	4.38	0.39	0.78	3.74	0.59	14.14
墨西哥	3.39	3.50	0.20	0.11	0.33	0.46	7.99	4.12	3.48	0.25	0.10	0.34	0.45	8.73
美国	35.51	30.09	10.57	7.42	2.35	7.47	93.40	36.15	31.72	9.87	7.31	2.43	8.43	95.91
北美洲统计	43.02	37.80	11.27	8.36	6.28	8.50	115.23	44.53	39.58	10.51	8.19	6.50	9.46	118.78
阿根廷	1.29	1.65	0.05	0.09	0.19	0.21	3.48	1.38	1.64	0.05	0.07	0.22	0.24	3.60
巴西	4.78	1.46	0.71	0.13	3.42	2.36	12.85	5.01	1.15	0.59	0.13	4.01	2.53	13.41
智利	0.76	0.25	0.29	–	0.17	0.25	1.72	0.80	0.27	0.22	–	0.21	0.29	1.79
哥伦比亚	0.86	0.45	0.11	–	0.57	0.07	2.07	0.96	0.45	0.10	–	0.60	0.07	2.19
厄瓜多尔	0.49	0.02	^	–	0.24	0.01	0.76	0.53	0.02	^	–	0.23	0.01	0.79
秘鲁	0.48	0.29	0.02	–	0.30	0.05	1.14	0.50	0.35	0.03	–	0.28	0.05	1.21
特立尼达和多巴哥	0.05	0.56	–	–	–	–	0.61	0.05	0.54	–	–	–	–	0.59
委内瑞拉	0.45	1.01	^	–	0.64	^	2.10	0.53	1.05	^	–	0.63	^	2.21
其他中南美洲国家														
中南美洲统计	11.67	6.04	1.41	0.22	6.30	3.28	28.93	12.37	5.82	1.19	0.20	7.00	3.53	30.11
奥地利	0.50	0.32	0.11	–	0.37	0.16	1.45	0.48	0.28	0.10	–	0.33	0.17	1.37
比利时	1.23	0.61	0.11	0.45	^	0.25	2.66	1.16	0.52	0.12	0.39	^	0.26	2.45
捷克共和国	0.41	0.33	0.54	0.28	0.02	0.10	1.68	0.41	0.27	0.59	0.28	0.02	0.10	1.67
芬兰	0.33	0.07	0.12	0.21	0.15	0.26	1.15	0.33	0.04	0.12	0.23	0.13	0.32	1.18
法国	2.92	1.55	0.23	3.43	0.55	0.72	9.40	2.91	1.38	0.21	2.65	0.42	0.81	8.39
德国	4.18	3.30	2.24	0.62	0.19	2.25	12.78	4.26	2.78	2.33	0.31	0.16	2.45	12.30
希腊	0.55	0.25	0.07	–	0.06	0.16	1.09	0.62	0.22	0.07	–	0.04	0.18	1.14
匈牙利	0.35	0.39	0.06	0.14	^	0.08	1.02	0.35	0.33	0.05	0.14	^	0.09	0.96
意大利	2.35	2.61	0.23	–	0.43	0.72	6.34	2.47	2.35	0.31	–	0.26	0.76	6.14
荷兰	1.69	1.26	0.23	0.03	^	0.44	3.65	1.78	0.98	0.23	0.04	^	0.51	3.54
挪威	0.38	0.15	0.04	–	1.35	0.13	2.05	0.36	0.14	0.03	–	1.20	0.16	1.90
波兰	1.35	0.81	1.90	–	0.02	0.33	4.41	1.46	0.65	1.81	–	0.02	0.39	4.31
葡萄牙	0.42	0.21	0.01	–	0.11	0.21	0.96	0.46	0.20	^	–	0.06	0.21	0.93
罗马尼亚	0.44	0.42	0.17	0.10	0.16	0.10	1.39	0.45	0.35	0.17	0.10	0.13	0.11	1.30
西班牙	2.42	1.24	0.13	0.51	0.28	0.98	5.55	2.66	1.19	0.17	0.53	0.17	1.04	5.76
瑞典	0.50	0.04	0.07	0.48	0.70	0.49	2.27	0.50	0.03	0.07	0.46	0.65	0.56	2.28
瑞士	0.37	0.13	^	0.17	0.34	0.06	1.08	0.38	0.11	^	0.21	0.28	0.07	1.05
土耳其	2.02	2.06	1.74	–	0.53	0.62	6.96	2.10	1.84	1.75	–	0.63	0.69	7.01
乌克兰	0.44	0.98	0.95	0.78	0.13	0.08	3.36	0.39	0.69	0.52	0.56	0.10	0.07	2.33
英国	2.45	2.80	0.24	0.41	0.05	1.24	7.20	2.67	2.59	0.21	0.43	0.05	1.36	7.31
其他欧洲国家														
欧洲统计	27.70	20.63	10.39	7.98	6.17	10.12	82.98	28.72	17.96	10.07	6.68	5.32	11.06	79.81
阿塞拜疆	0.23	0.46	^	–	0.01	^	0.70	0.25	0.44	^	–	0.01	^	0.70
白俄罗斯	0.33	0.68	0.04	0.05	–	0.01	1.10	0.31	0.66	0.04	0.04	–	0.01	1.07
哈萨克斯坦	0.63	0.78	1.40	–	0.09	0.03	2.93	0.78	0.78	1.44	–	0.09	0.04	3.12
俄罗斯	6.88	17.09	3.43	2.01	2.02	0.06	31.48	7.05	14.69	3.19	2.01	1.86	0.08	28.89
土库曼斯坦	0.29	1.32	–	–	^	–	1.62	0.30	1.35	–	–	^	–	1.65
乌兹别克斯坦	0.22	1.67	0.09	–	0.05	^	2.03	0.22	1.74	0.10	–	0.05	^	2.11
其他独联体国家														
独联体国家总计	8.76	22.21	5.05	2.08	2.50	0.11	40.70	9.10	19.84	4.87	2.08	2.33	0.14	38.36
伊朗	3.33	8.51	0.07	0.03	0.14	0.02	12.10	3.69	8.24	0.08	0.06	0.07	0.02	12.16
伊拉克	1.44	0.61	–	–	0.03	^	2.08	1.59	0.68	–	–	0.03	^	2.31
以色列	0.41	0.42	0.16	–	^	0.05	1.04	0.46	0.41	0.16	–	^	0.07	1.09
科威特	0.78	0.71	^	–	–	0.01	1.50	0.81	0.78	^	–	–	0.01	1.60
阿曼	0.40	1.01	–	–	–	0.01	1.42	0.45	1.03	–	–	–	0.01	1.50
卡塔尔	0.49	1.44	^	–	–	^	1.93	0.56	1.32	^	–	–	^	1.88
沙特阿拉伯	6.62	4.12	^	–	–	0.01	10.76	7.15	4.33	^	–	–	0.01	11.50
阿联酋	1.91	2.55	0.10	0.10	–	0.06	4.71	2.19	2.51	0.10	0.18	–	0.07	5.05
其他中东国家														
中东国家统计	16.40	20.23	0.36	0.13	0.19	0.21	37.52	17.97	20.18	0.37	0.24	0.12	0.26	39.13
阿尔及利亚	0.80	1.72	0.01	–	^	0.01	2.53	0.86	1.59	0.01	–	^	0.01	2.47
埃及	1.27	2.24	0.05	–	0.13	0.10	3.79	1.52	2.19	0.05	–	0.13	0.10	3.98
摩洛哥	0.56	0.03	0.31	–	0.01	0.07	0.97	0.57	0.01	0.28	–	^	0.06	0.92
南非	1.04	0.17	3.51	0.11	0.02	0.15	5.00	1.06	0.16	3.31	0.09	0.03	0.16	4.82
其他非洲国家														
非洲国家统计	7.95	6.06	4.18	0.11	1.44	0.47	20.20	8.39	5.85	3.97	0.09	1.47	0.49	20.26
澳大利亚	1.93	1.44	1.63	–	0.15	0.59	5.73	2.07	1.50	1.55	–	0.16	0.70	5.98
孟加拉国	0.46	1.10	0.15	–	0.01	0.01	1.73	0.55	1.05	0.18	–	0.01	0.01	1.79
中国大陆	29.52	13.69	87.54	3.68	12.25	11.27	157.94	28.16	13.53	88.41	3.76	12.23	13.30	159.39
中国香港特别行政区	0.55	0.17	0.15	–	–	^	0.88	0.47	0.16	0.15	–	–	^	0.79
印度	9.25	2.24	19.30	0.40	1.51	1.82	34.51	10.05	2.09	20.09	0.42	1.64	2.15	36.44
印度尼西亚	2.81	1.33	2.75	–	0.23	0.63	7.76	3.06	1.33	4.38	–	0.26	0.74	9.77
日本	6.61	3.73	4.93	0.55	0.75	1.37	17.94	6.61	3.62	4.92	0.47	0.70	1.53	17.84
马来西亚	1.48	1.78	0.94	–	0.29	0.08	4.58	1.73	1.78	0.94	–	0.31	0.09	4.84
新西兰	0.30	0.14	0.07	–	0.23	0.11	0.85	0.30	0.13	0.05	–	0.25	0.11	0.84
巴基斯坦	1.02	1.62	0.72	0.14	0.35	0.05	3.90	0.99	1.38	0.64	0.20	0.33	0.06	3.60
菲律宾	0.81	0.12	0.79	–	0.09	0.16	1.96	0.89	0.11	0.84	–	0.10	0.17	2.11
新加坡	2.77	0.48	0.02	–	–	0.01	3.28	2.66	0.47	0.02	–	–	0.02	3.16
韩国	5.40	2.25	3.04	1.43	0.03	0.42	12.56	5.47	2.23	2.87	1.59	0.03	0.52	12.71
斯里兰卡	0.23	–	0.07	–	0.07	0.01	0.38	0.20	–	0.06	–	0.07	0.01	0.34
中国台湾	1.92	0.98	1.68	0.25	0.03	0.12	4.98	1.77	1.01	1.58	0.21	0.05	0.16	4.78
泰国	2.17	1.69	0.78	–	0.04	0.32	5.01	2.39	1.60	0.71	–	0.06	0.31	5.06
越南	0.94	0.26	2.16	–	0.72	0.27	4.34	1.03	0.24	2.05	–	0.90	0.33	4.59
其他亚太地区国家														
亚太地区统计	69.37	33.43	127.78	6.46	17.54	17.27	271.84	69.61	32.65	130.50	6.65	17.94	20.24	277.60
全球统计	184.86	146.41	160.43	25.33	40.40	39.97	597.41	190.69	141.89	161.47	24.13	40.68	45.18	604.04
其中：经合组织	85.05	65.26	29.94	17.29	13.66	21.17	232.38	87.98	64.68	28.90	16.12	13.22	23.53	234.42
非经合组织	99.80	81.15	130.49	8.05	26.74	18.79	365.03	102.71	77.21	132.58	8.01	27.46	21.64	369.62
欧盟	21.38	14.29	6.84	6.61	3.27	7.88	60.28	22.13	12.36	6.98	5.48	2.60	8.63	58.18

*一次能源包括进行商业交易的燃料，含用于发电的现代可再生能源。
所有非化石发电的能源均按投入当量计算。有关此方法的更多详细信息，请参阅https://www.energyinst.org/statistical-review。
^ 低于0.005。

图 1.2 2021—2022 年一次能源分燃料消费量

一次能源 全球消费量

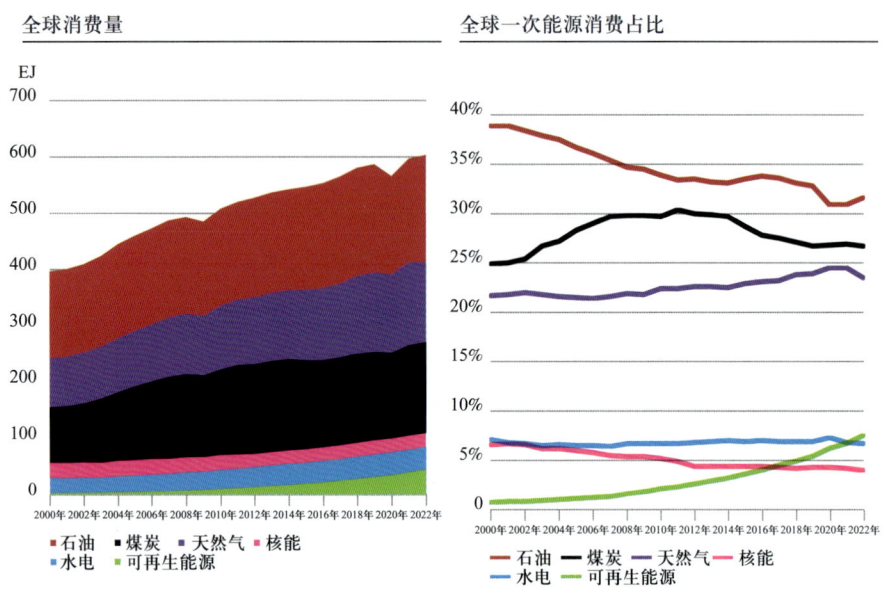

图1.3 世界一次能源消费量及其占比

从地区来看，受资源禀赋的影响，各地区消费结构不尽相同。如图1.4所示，石油消费占比最高的地区为中东；天然气消费占比最高的地区为中东，独联体与之相当；煤炭消费占比最高的地区为亚太地区；水电消费占比最高的地区是中南美洲；核能与可再生能源消费欧洲的占比最高。

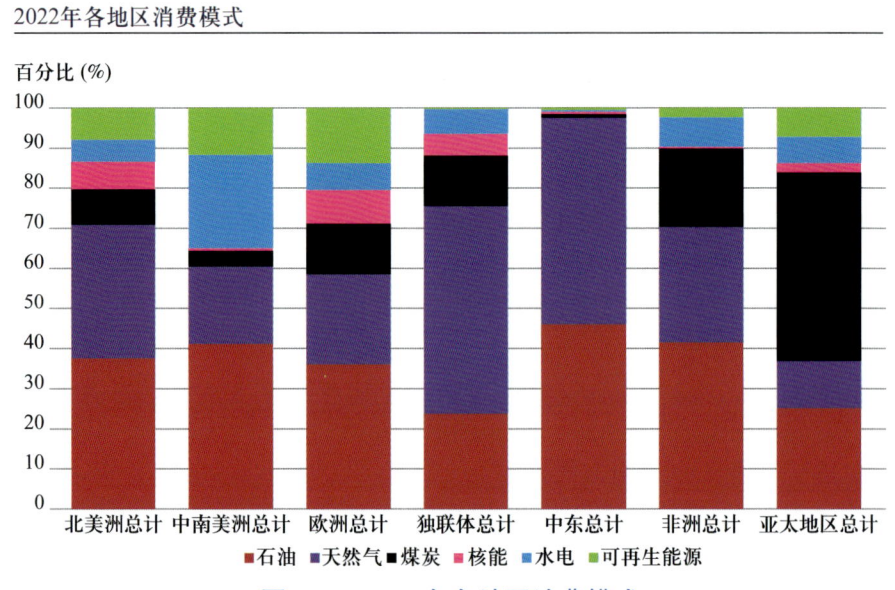

图1.4 2022年各地区消费模式

1.1.1.2 中国能源消费情况

（1）一次能源消费需求增幅收窄。

如图 1.5 所示，经初步核算，2022 年全国能源消费总量 54.1×10^8 tce（吨标准煤），比上年增长 2.9%。煤炭消费量增长 4.3%，原油消费量下降 3.1%，天然气消费量下降 1.2%，电力消费量增长 3.6%。煤炭消费量占能源消费总量的 56.2%，比上年上升 0.3 个百分点；天然气、水电、核电、风电、太阳能发电等清洁能源消费量占能源消费总量的 25.9%，上升 0.4 个百分点。2013 年以来，我国能源消费总量处于低速增长态势，以较低的能源消费增速支撑着经济的中高速发展。

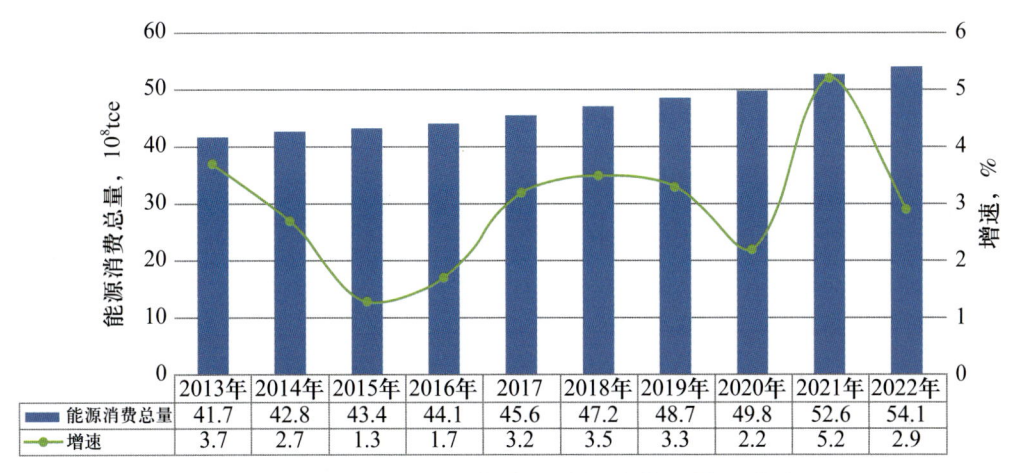

年份	2013年	2014年	2015年	2016年	2017	2018年	2019年	2020年	2021年	2022年
能源消费总量	41.7	42.8	43.4	44.1	45.6	47.2	48.7	49.8	52.6	54.1
增速	3.7	2.7	1.3	1.7	3.2	3.5	3.3	2.2	5.2	2.9

图 1.5　2013—2022 年我国能源消费总量及增速

（数据来源：国家统计局）

2022 年，全社会用电量 8.67×10^{12} kW·h，同比增长 3.6%。据中国电力企业联合会（简称"中电联"）数据，高技术及装备制造业全年用电量同比增长 2.8%。其中，电气机械和器材制造业、医药制造业、计算机/通信和其他电子设备制造业全年用电量增速超过 5%；新能源车整车制造用电量大幅增长 71.1%。四大高载能行业全年用电量同比增长 0.3%。图 1.6 为 2013—2022 年国内生产总值增速、能源消费增速、电力消费增速对比。表 1.1 为 2013—2022 年我国主要能源品种消费量。

（2）能源消费结构向清洁低碳加快转变。

初步测算，2022 年我国能源消费总量比上年增长 2.9%。如图 1.7 所示，非化石能源消费占能源消费总量比重较上年提高 0.7 个百分点，煤炭比重提高 0.3 个百分点，石油比重下降 0.7 个百分点，天然气比重下降 0.3 个百分点。

图 1.6　2013—2022 年国内生产总值增速、能源消费增速、电力消费增速对比
（数据来源：国家统计局）

表 1.1　2013—2022 年我国主要能源品种消费量（数据来源：国家统计局）

单位：10^4tce

年份	煤炭消费总量	石油消费总量	天然气消费总量	水电、核电、风电等消费总量
2013	280999.36	71292.12	22096.39	42525.13
2014	279328.74	74090.24	24270.94	48116.08
2015	273849.49	78672.62	25364.40	52018.51
2016	270207.78	80626.52	27020.78	57963.93
2017	270911.52	84323.45	31397.03	61897
2018	273760	87696	36192	66352
2019	281280.6	92622.7	38999.0	74585.7
2020	283540.7	93683	41858	79231
2021	293975.9	97816.7	46278.8	87824.6
2022	304042	96839	45444	94675

注：2020 年及以后数据系计算所得。

能源消费低碳化趋势不变，低碳能源消费占比稳步提升。2022 年煤炭消费量占能源消费总量的 56.2%，煤炭需求持续高位运行，足量稳价供应态势良好。

如图 1.8 所示，2022 年，天然气、水电、核电、风电、太阳能发电等清洁能源消费量占能源消费总量的 25.9%，较上年提升 0.4 个百分点。近十年来，清洁能源消费占能源消费总量的比重从 2013 年的 15.5% 上升到 2022 年的 25.9%，提升超 10 个百分点，能源消费结构持续向清洁低碳转型。

1 能源行业现状及挑战

图 1.7 2013—2022 年我国能源消费结构
（数据来源：国家统计局）

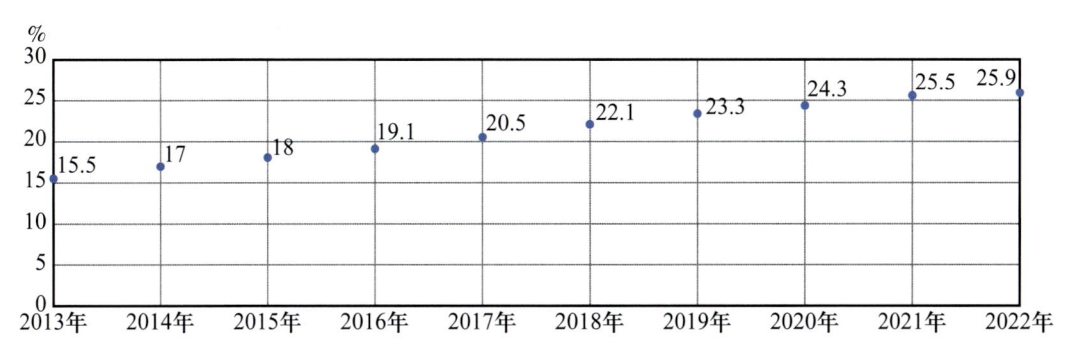

图 1.8 2013—2022 年我国清洁能源消费占能源消费总量的比重
（数据来源：国家统计局）

据清洁供热产业委员会不完全统计，截至 2022 年底，我国北方地区供热总面积 $238×10^8 m^2$（城镇供热面积 $167×10^8 m^2$，农村供热面积 $71×10^8 m^2$），其中，清洁供热面积 $179×10^8 m^2$，清洁供热率为 75%。能源与生态环境友好性明显改善，能源节约型社会加快形成，能源消费结构更加优化。

1.1.2 国际化石燃料市场形势

1.1.2.1 石油市场贸易流向

中东为最大的石油出口地区，中国内地为最大的石油进口地。

根据英国能源所发布的 2023 版《世界能源统计年鉴》显示，2022 年，欧洲、中国、美国、印度、日本在石油贸易流向的进口中分列为前五位，在世界占比分别为 20.9%、17.7%、12.1%、8.4%、5.0%；在出口方面，中东地区出口量最高，在世界占比为 35.3%（沙特❶占 12.9%），其次为美国、俄罗斯，占比

---
❶ "沙特阿拉伯王国"简称"沙特"

9

分别为 12.7%、11.5%。

图 1.9 为 2012—2022 年主要地区石油贸易流向的具体数据。图 1.10 为 2021 年和 2022 年主要地区原油及成品油贸易流向的具体数据。

石油 贸易流向

千桶/天	2012年	2013年	2014年	2015年	2016年	2017年	2018年	2019年	2020年	2021年	2022年	年均增长率 2022年	年均增长率 2012—2022年	占比 2022年
进口														
美国	10587	9859	9241	9451	10056	10147	9928	9142	7865	8475	8330	-1.7%	-2.4%	12.1%
欧洲	12721	12920	12957	14005	14337	14968	14338	14324	12817	12929	14383	11.2%	1.2%	20.9%
中国内地	6675	6978	7398	8333	9215	10241	11028	11873	13032	12724	12156	-4.5%	6.2%	17.7%
印度	4168	4370	4155	4396	4945	4920	5196	5394	4898	5302	5752	8.5%	3.3%	8.4%
日本	4743	4637	4383	4332	4180	4142	3940	3780	3310	3350	3465	3.4%	-3.1%	5.0%
世界其他地区	17812	20012	21193	22915	28418	25625	25580	25694	23064	23776	24729	4.0%	3.3%	35.9%
全球总计	56706	58776	59328	63431	71151	70043	70009	70207	64986	66557	68815	3.4%	2.0%	100.0%
出口														
加拿大	3056	3296	3536	3837	3889	4233	4498	4666	4418	4663	4699	0.8%	4.4%	6.8%
墨西哥	1366	1347	1293	1321	1405	1283	1302	1252	1247	1216	1172	-3.6%	-1.5%	1.7%
美国	2682	3563	4033	4562	5082	5881	7039	8010	8138	7959	8761	10.1%	12.6%	12.7%
中南美洲	3830	3790	3939	4103	5736	3993	3711	3457	3503	3003	2959	-1.5%	-2.5%	4.3%
欧洲	2181	2545	2467	3065	4834	3384	3349	3225	2822	2983	2684	-10.0%	2.1%	3.9%
俄罗斯	7457	7948	7792	8434	8811	8981	8026	8090	7398	7816	7948	1.7%	0.6%	11.5%
其他独联体国家	1962	2166	2045	2091	2097	2232	2051	2107	2070	2110	1976	-6.3%	0.1%	2.9%
沙特阿拉伯	8468	8365	7911	8008	8729	8352	8462	8349	8011	7780	8874	14.1%	0.5%	12.9%
中东地区(沙特阿拉伯除外)	11742	12242	12699	13977	15902	16208	16038	14943	13685	14160	15387	8.7%	2.7%	22.4%
北非	2602	2127	1743	1747	1736	2594	2765	2794	1837	2335	2073	-11.2%	-2.2%	3.0%
西非	4724	4590	4849	4889	4458	4490	4516	4743	4243	3921	3557	-9.3%	-2.8%	5.2%
亚太地区(日本除外)	6299	6307	6450	5895	6348	6549	6440	6603	6150	6625	6548	-1.2%	0.4%	9.5%
世界其他地区	338	491	524	1549	2124	1863	1811	1968	1463	1986	2177	9.6%	20.5%	3.2%
全球总计	56706	58776	59328	63431	71151	70043	70007	70207	64986	66557	68815	3.4%	2.0%	100.0%

备注：除特别说明外，本表基于"2019年和2020年石油贸易"表中的地区划分列示跨地区贸易情况。
不含生物燃料贸易。所使用的船用燃料油不包括在出口量内。
本表以千桶/天为单位计算年度变化值和各组成部分在总量中的占比。

图 1.9 2012—2022 年主要地区石油贸易流向数据

石油 2021年和2022年贸易流向—原油及成品油贸易

百万吨	2021年 原油进口	2021年 成品油进口	2021年 原油出口	2021年 成品油出口	2022年 原油进口	2022年 成品油进口	2022年 原油出口	2022年 成品油出口
加拿大	24.0	30.6	197.6	33.3	23.7	27.9	200.3	32.3
墨西哥	†	58.6	52.8	7.4		59.0	49.4	0.0
美国	304.4	112.9	139.6	246.6	312.6	98.2	172.9	253.0
中南美洲	22.1	104.3	124.8	23.8	24.4	115.8	117.2	28.9
欧洲	448.2	187.9	36.8	107.4	501.3	205.5	19.6	109.5
俄罗斯	†	1.9	244.1	139.4	0.1	1.7	264.7	125.9
其他独联体国家	15.9	6.5	87.1	17.3	16.2	7.6	85.7	12.2
伊拉克	†	10.2	176.0	14.4	†	9.0	191.0	12.5
科威特	†	3.1	92.3	20.8	†	2.5	90.3	29.8
沙特阿拉伯	0.1	15.9	323.5	61.4	0.9	12.9	364.8	74.1
阿联酋	7.2	27.9	144.2	81.7	5.0	39.8	172.9	89.5
其他中东国家	18.1	19.7	99.4	68.7	16.3	22.5	92.2	79.4
北非	9.9	30.6	88.5	26.7	8.3	34.1	76.5	25.7
西非	0.5	42.6	186.7	8.2	0.7	53.1	169.7	7.1
东南非洲	12.1	45.8	4.4	4.3	6.8	53.6	1.7	1.9
澳新	14.9	29.0	9.2	5.4	10.3	48.1	8.9	4.3
中国内地	526.0	103.4	1.6	60.5	508.2	93.3	1.3	54.1
印度	213.7	48.3	0.1	75.1	231.2	53.1	†	83.3
日本	122.1	43.0	0.4	11.0	132.5	38.5	0.4	16.9
新加坡	47.0	91.8	1.2	68.9	44.4	72.5	0.7	72.3
其他亚太地区国家	261.9	202.3	38.1	134.0	286.3	196.5	49.0	125.1
全球总计	2048.2	1216.2	2048.2	1216.2	2129.1	1246.6	2129.1	1246.6

千桶/天	2021年 原油进口	2021年 成品油进口	2021年 原油出口	2021年 成品油出口	2022年 原油进口	2022年 成品油进口	2022年 原油出口	2022年 成品油出口
加拿大	482	639	3967	695	475	583	4023	676
墨西哥	‡	1226	1060	155		1247	992	181
美国	6114	2361	2804	5155	6278	2052	3472	5289
中南美洲	443	2180	2506	497	491	2421	2354	605
欧洲	9001	3928	738	2245	10068	4316	394	2290
俄罗斯	‡	39	4903	2913	1	36	5315	2633
其他独联体国家	320	135	1748	361	325	158	1721	256
伊拉克	‡	212	3534	302	‡	189	3836	261
科威特	‡	64	1854	434	‡	53	1814	623
沙特阿拉伯	3	333	6496	1284	19	270	7325	1549
阿联酋	144	583	2895	1709	100	831	3471	1871
其他中东国家	364	411	1997	1435	326	471	1852	1660
北非	198	640	1776	559	166	713	1536	536
西非	10	891	3749	172	14	1110	3408	148
东南非洲	243	958	88	90	137	1120	34	39
澳新	300	606	186	112	207	1005	180	90
中国内地	10562	2162	31	1266	10206	1950	27	1131
印度	4293	1010	1	1570	4642	1109	‡	1741
日本	2451	899	8	229	2661	804	9	354
新加坡	944	1920	23	1441	891	1516	10	1512
其他亚太地区国家	5260	4228	765	2801	5749	4107	983	2616
全球总计	41132	25424	41132	25424	42756	26059	42756	26059

† 低于0.05。
‡ 低于0.5。
备注：不含生物燃料贸易。所使用的船用燃料油不包括在出口量内。不含地区内部贸易流向（如欧洲内部国家之间）。
原油进出口包含凝析油。

图 1.10 2021 年和 2022 年主要地区原油及成品油贸易流向数据

2022 年，国际原油贸易量为 21×10^8 t，比 2021 年增长约 4%。中东的出口占总出口的 43%，占主导地位；其次是俄罗斯，占 12%。在进口方面，亚太地区占总进口的近 60%，中国、印度和日本占亚太地区的近 75%。欧洲为 5×10^8 t，是第二大进口地，约占总体的 24%。图 1.11 为 2022 年地区间原油贸易流向示意图。图 1.12 为 2022 年地区间原油贸易流向的具体数据。

石油 2022年地区间贸易流向 — 原油贸易

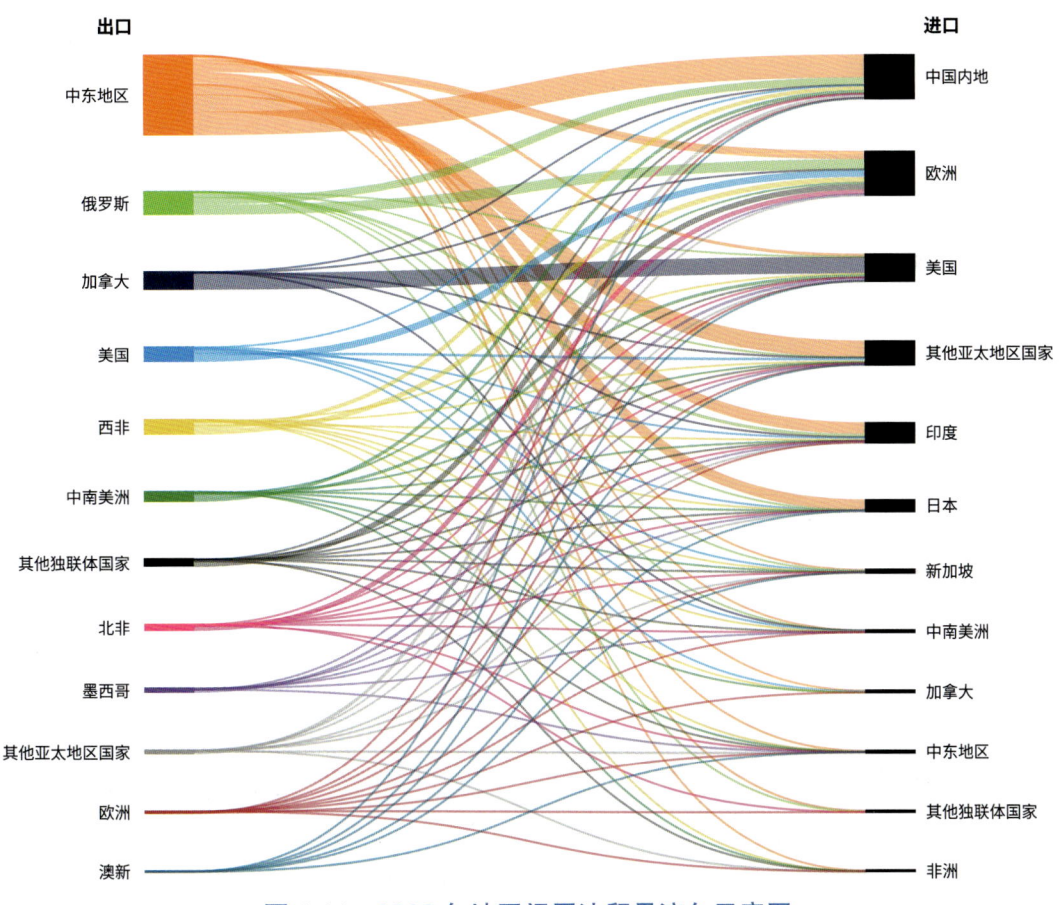

图 1.11 2022 年地区间原油贸易流向示意图

2022 年，成品油的国际贸易量为 12×10^8 t，约为原油的 40%，仅比 2021 年高出 2.5%。其中，中东地区和美国占总出口量的 45%，分别为 2.9×10^8 t 和 2.5×10^8 t。亚太地区则占总进口量的 40%，为 5×10^8 t。欧洲是第二大成品油进口地，其进口量为 2×10^8 t，比亚太地区低 60%。图 1.13 为 2022 年地区间成品油贸易流向示意图。图 1.14 为 2022 年地区间成品油贸易流向的具体数据。

石油 2022年地区间贸易流向 — 原油贸易

原油（百万吨）

出口地	加拿大	墨西哥	美国	中南美洲	欧洲	俄罗斯	其他独联体国家	中东地区	非洲	澳新	中国内地	印度	日本	新加坡	其他亚太地区国家	总计
加拿大	-	-	188.9	0.3	6.3	-	-	†	†	-	4.0	0.2	†	-	0.5	**200.3**
墨西哥	-	-	31.7	0.1	6.1	-	-	0.1	-	-	5.1	0.6	-	-	5.7	**49.4**
美国	16.8	-	-	10.6	77.7	-	†	-	-	1.1	7.9	16.9	1.3	10.6	30.0	**172.9**
中南美洲	0.6	†	35.1	-	22.8	†	†	2.6	0.6	-	37.3	6.9	2.8	3.5	5.0	**117.2**
欧洲	0.3	†	2.9	0.6	-	†	0.1	0.1	0.2	-	8.2	4.2	-	0.8	2.1	**19.6**
俄罗斯	-	-	1.0	0.7	116.9	-	15.9	-	†	0.4	86.2	37.0	1.9	0.1	4.4	**264.7**
其他独联体国家	†	-	1.1	0.3	62.7	†	-	3.8	0.7	0.2	6.0	0.8	0.1	0.2	9.7	**85.7**
伊拉克	-	-	12.2	-	53.4	†	†	0.2	1.3	-	55.5	52.4	-	1.3	14.7	**191.0**
科威特	†	-	1.3	-	-	-	-	†	3.2	-	33.3	11.7	11.2	†	29.6	**90.3**
沙特阿拉伯	4.0	-	22.7	4.7	38.8	-	0.1	11.7	5.4	-	87.5	40.2	52.5	5.3	91.9	**364.8**
阿联酋	-	-	0.6	†	1.5	†	†	†	0.1	1.2	42.8	22.5	49.2	12.4	42.6	**172.9**
其他中东国家	-	-	0.1	†	0.6	-	†	1.6	-	-	48.7	7.2	11.5	4.5	18.1	**92.2**
北非	-	-	4.8	1.1	54.1	-	0.1	0.3	†	1.1	3.9	4.0	0.6	-	6.5	**76.5**
西非	2.0	-	10.0	6.0	59.5	†	†	1.3	4.1	0.5	46.5	19.4	0.1	1.0	19.3	**169.7**
东南非洲	†	-	-	†	0.7	†	†	†	†	-	0.4	-	0.1	0.1	0.3	**1.7**
澳新	-	-	0.1	†	†	-	-	0.2	†	-	2.0	-	0.3	2.5	3.8	**8.9**
中国内地	-	-	-	-	-	-	-	-	-	-	-	-	-	1.3	-	**1.3**
印度	†	-	-	†	†	†	-	†	†	†	-	-	-	†	†	**0.4**
日本	-	-	-	-	-	-	-	†	-	-	-	0.1	-	-	0.4	**0.5**
新加坡	-	-	0.2	-	†	-	-	†	-	-	37.9	2.5	0.8	1.4	-	**49.0**
其他亚太地区国家	-	-	-	-	-	-	-	-	-	5.8	-	-	-	-	-	**49.0**
进口总计	**23.7**	**†**	**312.6**	**24.4**	**501.3**	**0.1**	**16.2**	**22.2**	**15.8**	**10.3**	**508.2**	**231.2**	**132.5**	**44.4**	**286.3**	**2129.1**

† 低于0.05。
备注：不含生物燃料贸易。所使用的船用燃料油不包括在出口量内。不含地区内部贸易流向（如欧洲内部国家之间）。 原油进出口包含凝析油。

图 1.12 2022 年地区间原油贸易流向数据

石油 2022年地区间贸易流向 — 成品油贸易

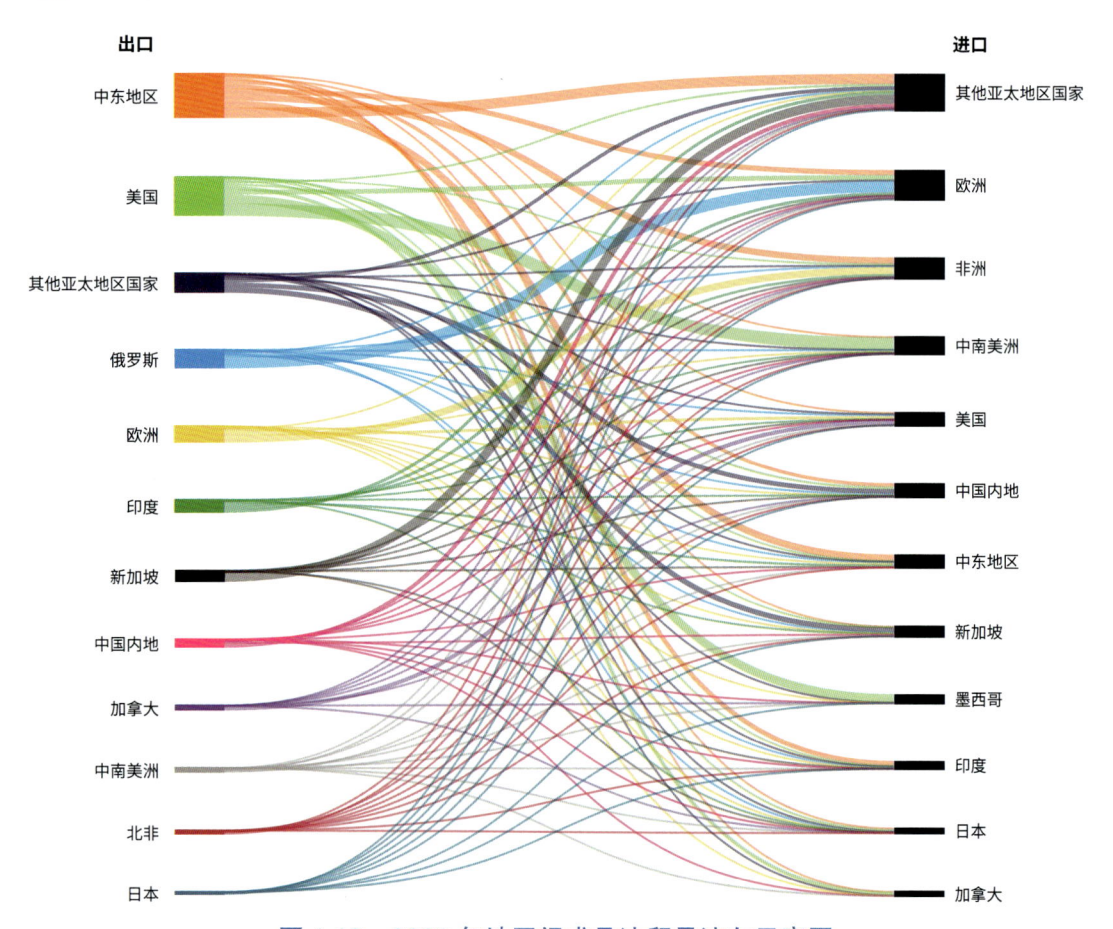

图 1.13 2022 年地区间成品油贸易流向示意图

石油 2022年地区间贸易流向 — 成品油贸易

原油（百万吨） 进口地

出口地	加拿大	墨西哥	美国	中南美洲	欧洲	俄罗斯	其他独联体国家	中东地区	非洲	澳新	中国内地	印度	日本	新加坡	其他亚太地区国家	总计
加拿大	-	0.1	26.8	1.0	0.6	†	†	†	0.1	†	0.7	†	2.0	†	1.1	32.3
墨西哥	-	-	8.1	0.1	0.1	†	†	†	0.1	†	†	†	†	0.1	†	8.6
美国	24.1	55.8	†	81.4	32.2	†	†	2.0	9.7	0.9	15.5	5.7	11.0	6.0	13.9	253.0
中南美洲	0.1	0.5	7.1	†	4.9	†	†	0.6	3.2	†	3.3	0.6	0.6	6.0	1.6	28.9
欧洲	2.9	2.0	20.5	11.8	†	0.4	1.5	9.4	47.0	0.1	2.0	2.5	0.8	4.1	4.6	109.5
俄罗斯	†	†	6.1	3.7	76.4	†	5.6	6.5	2.6	†	9.6	7.3	0.7	1.7	6.3	125.9
其他独联体国家	†	†	0.6	0.1	7.6	0.9	†	0.3	1.0	†	0.4	†	†	0.4	0.9	12.2
伊拉克	-	-	3.2	†	2.4	†	†	0.5	0.1	†	0.5	2.1	†	0.5	3.2	12.5
科威特	0.3	-	0.8	0.4	5.1	†	†	3.9	2.9	0.2	5.1	4.1	2.0	1.0	9.4	29.8
沙特阿拉伯	†	-	4.9	1.8	13.3	†	†	14.5	16.4	†	2.1	9.1	1.4	1.6	8.8	74.1
阿联酋	†	†	1.3	3.0	6.9	†	†	8.8	16.2	0.1	11.0	9.5	4.8	5.4	22.5	89.5
其他中东国家	†	†	1.7	†	7.1	†	0.2	17.9	7.2	†	8.8	7.3	4.2	1.5	22.4	79.4
北非	†	†	2.3	0.8	11.5	†	†	0.7	0.4	†	1.4	0.1	0.7	1.0	6.7	25.7
西非	†	†	0.9	1.2	2.1	†	†	†	0.8	†	1.0	†	†	0.3	0.9	7.1
东南非洲	†	†	†	†	0.3	†	†	0.3	0.6	†	†	0.6	†	0.3	0.1	1.9
澳新	†	†	†	-	0.1	0.9	†	†	0.1	†	†	†	1.5	0.3	0.9	4.3
中国内地	0.1	0.5	3.2	4.5	6.3	0.2	0.1	1.5	5.1	2.3	-	0.6	0.6	7.7	24.5	54.1
印度	†	†	3.3	2.8	20.3	†	†	15.2	16.9	4.7	0.5	†	†	3.3	15.7	83.3
日本	†	-	0.5	1.3	0.8	0.9	†	†	0.1	3.4	1.1	†	†	3.1	5.5	16.9
新加坡	†	†	1.0	0.7	1.9	†	†	1.0	2.3	12.5	3.1	2.1	0.6	†	47.1	72.3
其他亚太地区国家	0.2	0.3	6.0	0.9	5.5	0.6	0.2	3.5	7.9	23.7	30.3	2.9	7.3	34.7	†	125.1
进口总计	27.9	59.6	98.2	115.8	206.5	1.7	7.6	86.8	140.8	48.1	93.3	53.1	38.5	72.5	196.5	1246.6

† 低于0.05。
备注：不含生物燃料贸易。所使用的船用燃料油不包括在出口量内。不含地区内部贸易流向（如欧洲内部国家之间）。原油进出口包含凝析油。

图 1.14 2022 年地区间成品油贸易流向数据

1.1.2.2 天然气市场形势现状

中东为最大的天然气出口地区，日本为最大的天然气进口国。

2022 年，国际液化天然气贸易量占所有地区间天然气贸易量的 56%，总量达到 $5420 \times 10^8 m^3$，较上一年增长 5%。中东地区是最大的液化天然气出口地区，与澳大利亚和美国合计占液化天然气出口总量的 65%。日本是最大的液化天然气进口国，进口量达 $980 \times 10^8 m^3$，与中国合计占世界进口总量的 35%。亚太地区的进口量约占液化天然气进口总量的 65%，欧洲地区紧随其后，占比超过 30%。图 1.15 为 2022 年地区间液化天然气贸易流向示意图。图 1.16 为 2022 年地区间液化天然气贸易流向的具体数据。

1.1.2.3 煤炭市场形势现状

印度尼西亚为最大的煤炭出口国，中国内地为最大的煤炭进口地。

2022 年国际煤炭贸易量下跌了近 4%，降至自 2017 年以来的最低水平。印度尼西亚、澳大利亚和俄罗斯合计占世界煤炭出口总量的比重超过 71%。其中，俄罗斯的煤炭出口量与 2022 年相比下跌了 12%。2022 年，中国是最大的煤炭进口国，进口量接近 6EJ。中国从印度尼西亚进口的煤炭下跌了 0.5EJ，但从俄罗斯和蒙古进口的煤炭分别上升了 1.5EJ 和 0.5EJ。亚太地区占世界煤炭进口量的 74%；欧洲是第二大煤炭进口地区，进口量较 2021 年上升了 10%。图 1.17 为 2022 年地区间煤炭贸易流向示意图。图 1.18 为 2022 年地区间煤炭贸易流向的具体数据。

天然气 2022年地区间贸易流向—液化天然气

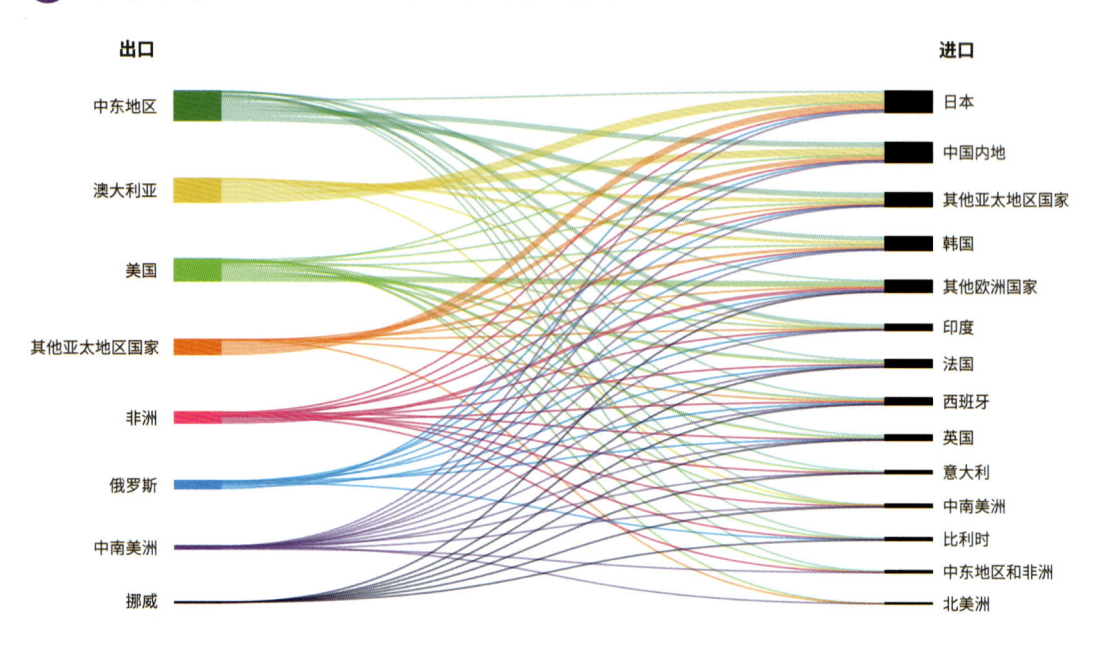

图 1.15　2022 年地区间液化天然气贸易流向示意图

天然气 2022年地区间贸易流向—液化天然气*

10亿立方米 进口地	美国	秘鲁	特立尼达 多巴哥	其他美洲国家	挪威	其他欧洲国家	俄罗斯	阿曼	卡塔尔	阿联酋	也门	阿尔及利亚	安哥拉	埃及	尼日利亚	其他非洲国家	澳大利亚	文莱	印度尼西亚	马来西亚	巴布亚新几内亚	其他亚太 地区国家	进口总计
加拿大	†	0.1	–	–	–	–	–	–	–	–	–	–	–	–	–	–	–	–	–	–	–	–	0.1
墨西哥	0.1	–	–	–	–	–	–	–	–	–	–	–	–	–	–	–	0.4	–	–	–	–	–	0.6
美国	–	–	0.6	–	–	–	–	–	–	–	–	–	–	–	–	–	–	–	–	–	–	–	0.7
北美洲	0.1	0.1	0.6	†	–	–	–	–	–	–	–	–	–	–	–	–	0.4	–	–	–	–	–	1.3
阿根廷	1.8	–	0.1	–	0.1	–	–	–	0.1	–	–	–	–	–	0.1	0.2	–	–	–	–	–	–	2.3
巴西	1.9	–	–	–	–	0.1	–	–	0.1	–	–	–	–	–	0.1	0.1	–	–	–	–	–	–	2.3
智利	0.8	–	1.1	–	–	–	–	–	–	–	–	–	–	–	–	–	–	–	1.2	0.3	–	–	3.3
其他中南美洲国家	1.9	–	2.8	†	–	0.2	–	0.2	–	–	–	–	–	–	–	0.4	–	–	–	–	–	–	5.5
中南美洲	6.5	–	3.9	†	0.1	0.3	–	0.2	0.2	–	–	–	–	–	0.1	–	0.5	1.5	0.3	–	–	–	13.5
比利时	2.3	–	–	–	0.1	0.1	2.9	–	6.8	–	–	–	–	0.1	–	0.1	–	–	–	–	–	–	12.4
法国	15.5	0.1	0.4	–	1.3	0.1	7.4	–	2.2	–	–	4.8	1.0	0.8	1.3	0.2	–	–	–	–	–	–	35.1
意大利	3.1	–	0.3	–	0.1	0.9	–	0.1	7.1	–	–	1.5	–	0.6	0.2	0.4	–	–	–	–	–	–	14.3
西班牙	11.6	0.2	1.2	–	0.1	†	5.0	0.5	1.4	–	–	0.4	0.3	1.4	5.7	0.9	†	–	†	–	–	0.1	28.8
土耳其	5.3	–	0.4	–	–	0.2	0.3	–	0.1	–	–	5.4	–	2.2	0.8	0.1	–	–	–	–	–	–	15.1
英国	12.4	2.2	0.2	–	0.2	0.1	5.2	†	8.0	–	–	0.6	0.6	0.1	0.5	–	–	–	–	–	–	–	25.3
其他欧盟国家	21.8	–	1.7	–	1.8	0.9	3.4	–	2.5	–	–	–	0.7	0.9	1.4	3.5	0.7	–	–	–	–	–	39.1
其他欧洲国家	–	–	–	–	–	0.1	–	–	–	–	–	–	–	–	–	–	–	–	–	–	–	–	0.1
欧洲	72.1	2.4	4.1	–	3.7	2.4	19.6	0.8	28.0	–	–	13.4	2.9	6.5	12.0	2.2	†	–	0.1	†	–	0.1	170.2
埃及	–	–	–	–	–	–	–	–	–	–	–	–	–	–	–	–	–	–	–	–	–	–	–
科威特	1.5	–	0.4	–	–	0.2	–	0.2	3.9	0.4	–	0.1	–	0.2	1.5	–	–	–	–	–	–	–	8.4
阿联酋	–	–	–	–	–	–	–	–	0.9	–	–	–	–	–	–	–	–	–	–	–	–	–	0.9
其他中东地区和非洲国家	–	–	–	–	–	–	–	–	–	–	–	–	–	0.1	–	–	–	–	–	–	–	–	0.1
中东地区和非洲	1.5	–	0.4	–	–	0.2	–	0.2	4.8	0.4	–	0.1	–	0.3	1.5	–	–	–	–	–	–	–	9.4
中国内地	2.6	0.3	0.6	–	–	0.2	6.1	0.9	24.8	0.3	–	0.1	–	0.4	0.6	1.5	35.0	0.5	5.1	10.2	3.2	0.8	93.2
印度	3.3	–	0.2	–	–	0.4	0.6	1.3	14.7	3.8	–	0.3	0.9	0.2	1.3	0.7	0.6	–	0.1	0.1	–	–	28.4
日本	5.6	0.3	0.1	–	–	–	9.2	3.4	3.9	1.8	–	0.2	–	0.2	1.2	1.3	41.9	4.4	3.5	16.3	5.4	–	98.3
马来西亚	–	–	–	–	–	–	–	–	–	–	–	–	–	–	–	–	2.8	1.0	–	–	–	–	3.8
巴基斯坦	0.1	–	–	–	–	†	–	–	8.6	0.2	–	–	0.1	0.1	0.4	–	–	–	–	0.1	–	–	9.7
新加坡	0.6	–	0.1	–	–	†	–	–	0.5	–	–	–	–	0.1	–	1.0	3.4	–	0.1	–	–	–	5.2
韩国	7.8	0.9	0.2	–	–	0.2	2.7	6.9	13.4	0.6	–	0.1	–	0.7	0.8	0.4	15.9	0.3	4.4	7.5	0.8	0.4	63.9
中国台湾	2.9	0.2	–	–	–	–	1.5	0.5	7.2	0.3	–	–	–	0.4	0.2	10.1	0.1	1.5	0.8	0.1	–	–	27.4
泰国	0.7	–	0.7	–	–	0.1	0.4	3.2	0.2	–	–	–	0.2	0.5	0.1	1.9	0.3	0.1	2.2	†	–	–	11.4
其他亚太地区国家	0.4	–	–	–	–	–	0.3	–	4.8	–	–	–	–	0.1	–	0.4	0.1	–	0.1	–	–	–	6.7
亚太地区	24.1	1.7	1.9	–	–	0.9	20.6	13.8	81.1	7.1	–	0.8	1.2	2.2	5.6	3.2	112.0	6.4	14.9	37.4	11.4	1.6	347.9
出口总计	104.3	4.2	10.9	†	3.8	40.2	15.0	114.1	7.6	–	14.4	4.1	8.9	19.6	7.0	112.3	6.4	15.5	37.4	11.4	1.7		542.4

数据来源： 包括国际液化天然气进口国集团（GIIGNL）和埃信华迈（IHS）的数据。
* 包括再出口。
† 低于0.05。
备注： 上述数据尽可能以立方米（在温度为15℃、压力为1.013bar的环境下计量）为单位，并依据40MJ/m³总热值（GCV）进行标准化。

图 1.16　2022 年地区间液化天然气贸易流向数据

1 能源行业现状及挑战

🏭 煤炭 2022年地区间贸易流向

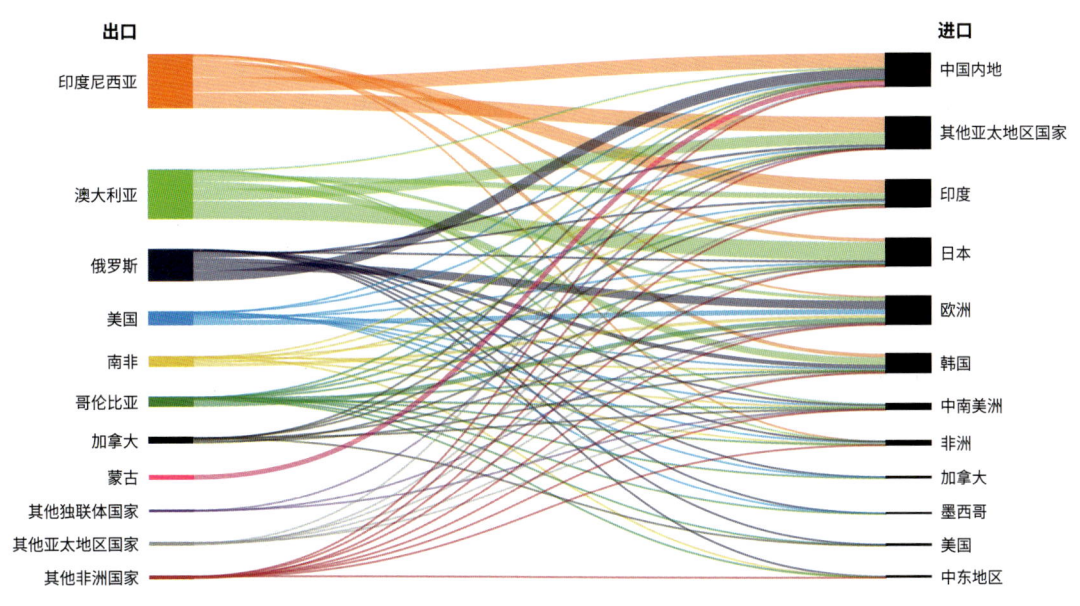

出口 / **进口**

出口方：印度尼西亚、澳大利亚、俄罗斯、美国、南非、哥伦比亚、加拿大、蒙古、其他独联体国家、其他亚太地区国家、其他非洲国家

进口方：中国内地、其他亚太地区国家、印度、日本、欧洲、韩国、中南美洲、非洲、加拿大、墨西哥、美国、中东地区

图 1.17 2022 年地区间煤炭贸易流向示意图

🏭 煤炭 2022年地区间贸易流向

艾焦	2012年	2013年	2014年	2015年	2016年	2017年	2018年	2019年	2020年	2021年	2022年	年均增长率 2022年	年均增长率 2012—2022年	占比 2022年
进口														
加拿大	0.22	0.26	0.22	0.19	0.22	0.23	0.22	0.21	0.17	0.19	0.17	-10.9%	-2.4%	0.5%
墨西哥	0.20	0.22	0.23	0.21	0.34	0.22	0.20	0.24	0.13	0.05	0.05	4.5%	-13.2%	0.2%
美国	0.24	0.28	0.28	0.25	0.19	0.27	0.24	0.17	0.15	0.14	0.16	18.2%	-3.6%	0.5%
中南美洲	1.06	1.06	1.00	1.06	1.23	0.88	1.06	1.12	1.04	1.29	1.07	-16.8%	0.1%	3.3%
欧洲	5.85	6.09	6.03	5.40	5.86	6.09	5.85	5.10	3.91	4.43	4.87	10.0%	-1.8%	15.0%
独联体国家	0.56	0.56	0.53	0.48	0.60	0.53	0.56	0.70	0.66	0.64	0.49	-23.6%	-1.3%	1.5%
中东地区	0.44	0.49	0.38	0.34	0.37	0.49	0.44	0.32	0.36	0.33	0.22	-33.5%	-6.8%	0.7%
非洲	0.81	0.37	0.44	0.50	0.63	0.31	0.81	0.92	0.53	0.71	0.73	2.8%	-1.1%	2.2%
中国内地	7.63	6.62	4.69	5.65	5.87	6.71	7.63	6.40	6.61	6.67	5.83	-12.6%	-2.7%	18.0%
印度	3.66	4.65	4.92	6.46	5.25	3.09	3.66	4.70	4.79	4.69	5.01	6.7%	3.2%	15.4%
日本	5.06	5.00	5.05	5.01	5.06	4.87	5.06	4.90	4.56	4.84	4.82	-0.5%	-0.5%	14.8%
韩国	3.32	3.43	3.54	3.53	3.89	3.30	3.32	3.73	3.28	3.35	3.34	-0.3%	0.1%	10.3%
其他亚太地区国家	3.61	2.73	3.96	4.60	5.00	3.65	3.61	5.26	6.39	6.33	5.72	-9.7%	4.7%	17.6%
全球总计	32.65	31.76	31.27	33.69	34.50	30.61	32.65	33.78	32.59	33.65	32.47	-3.5%	-0.1%	100.0%
出口														
加拿大	0.99	1.13	1.00	0.86	0.94	0.99	1.13	1.02	0.95	0.97	0.97	0.7%	-0.1%	3.0%
美国	3.02	2.88	2.38	1.89	2.39	3.02	2.88	2.21	1.74	2.18	2.25	2.9%	-2.9%	6.9%
哥伦比亚	2.25	2.05	2.27	2.19	2.48	2.25	2.05	2.08	1.82	1.69	1.59	-5.7%	-3.4%	4.9%
欧洲	0.20	0.68	0.13	0.10	0.19	0.20	0.68	0.24	0.22	0.25	0.16	-35.0%	-2.0%	0.5%
俄罗斯	3.23	3.55	3.78	4.11	5.09	3.23	3.55	5.79	5.67	6.09	5.36	-12.1%	5.2%	16.5%
其他独联体国家	0.50	0.51	0.51	0.48	0.51	0.50	0.51	0.55	0.60	0.60	0.64	7.6%	2.5%	2.0%
南非	2.22	2.10	2.18	2.30	2.71	2.22	2.10	1.42	1.76	1.69	1.75	3.6%	-2.4%	5.4%
其他非洲国家	0.13	0.11	0.18	0.26	0.66	0.13	0.11	0.28	0.28	0.32	0.40	24.6%	12.0%	1.2%
澳大利亚	7.96	9.19	9.12	9.95	9.70	7.96	9.19	9.63	9.35	9.65	8.39	-13.0%	0.5%	25.8%
中国内地	0.28	0.28	0.36	0.45	0.42	0.28	0.28	0.34	0.18	0.28	0.32	12.8%	1.3%	1.0%
印度尼西亚	8.16	8.57	8.42	7.48	8.08	8.16	8.57	8.50	8.79	9.00	9.19	2.1%	1.2%	28.3%
蒙古	0.63	0.49	0.53	0.41	0.95	0.63	0.49	1.04	0.83	0.49	0.87	76.9%	3.3%	2.7%
其他亚太地区国家	0.90	0.92	0.77	0.65	0.32	0.90	0.92	0.60	0.34	0.37	0.44	18.2%	-6.9%	1.4%
世界其他地区	0.15	0.19	0.14	0.14	0.06	0.15	0.19	0.07	0.06	0.08	0.15	81.2%	0.1%	0.5%
全球总计	30.61	32.65	31.76	31.27	34.50	30.61	32.65	33.78	32.59	33.65	32.47	-3.5%	0.6%	100.0%

† 低于0.05。

备注：仅统计商用固体燃料，即：烟煤和无烟煤（硬煤）、褐煤与次烟煤、其他商用固体燃料。不含地区内部贸易流向（如欧洲内部国家之间）。

图 1.18 2022 年地区间煤炭贸易流向数据

2023 版《世界能源统计年鉴》报告显示，尽管太阳能和风能等可再生能源继续快速增长，但世界仍然严重依赖化石燃料来满足能源需求。

虽然可再生能源以历史最高速度增长，但化石燃料在一次能源消费总量中仍占 82% 的份额。天然气和煤炭需求几乎持平，油价反弹至接近 2019 年前的水平。作为参考，这一比例低于 2010 年的 87%。按照这样的下降速度，化石燃料消耗将需要近 200 年的时间才能达到零。

2022 年，世界能源需求增长 1.1%，创历史新高，但低于 2021 年 5.5% 的增速。这是由多种因素造成的，包括扰乱能源市场的地缘政治冲突，以及世界经济放缓。

世界可再生能源继续强劲增长，太阳能、风能在一次能源消费中的比重达到 7.5%，这比前一年增长近 1%。2022 年世界可再生能源（不包括水电）增长 14%，略低于 2021 年 16% 的增幅。

2022 年，世界煤炭需求增长 0.6%，达到 2014 年以来的最高水平。这是 10 年平均 0.2% 增长率的 3 倍。煤炭需求增长主要是由印度（4%）等推动的。与 2021 年相比，世界煤炭产量增长超过 7%，达到历史新高。印度和印度尼西亚等国占世界煤炭产量增长的 95% 以上。

2022 年，世界石油需求增长 3.1%，也远高于 0.9% 的 10 年平均增长率。这是由于 2019 年后经济持续复苏。2021 年世界石油消费仍比 2019 年水平低 0.7%。2021 年，世界石油日产量增加 380×10^4 bbl（桶），其中欧佩克 + 占增量的 60% 以上。在所有国家中，沙特（118.2×10^4 bbl/d）和美国（109.1×10^4 bbl/d）的增幅最大。

2022 年，世界天然气需求下降 3%，在 2021 年首次跌破 $4 \times 10^{12} m^3$ 大关。2022 年，天然气在一次能源消费中所占的份额略有下降，从 2021 年的 25% 降至 24%。这一下降的原因是 2021 年欧洲和亚洲的天然气价格达到历史最高水平，欧洲的天然气价格上涨近 3 倍，亚洲液化天然气现货市场的价格上涨 1 倍。2021 年，美国亨利中心天然气的平均价格上涨 50% 以上，达到 6.5 美元 / 百万英热单位，这是自 2008 年以来的最高水平。

2022 年，世界发电量增长 2.3%，低于前一年 6.2% 的增长率。风能和太阳能发电量在世界发电总量中所占份额达到历史最高水平的 12%，其中太阳能和风能发电量分别增长 25% 和 13.5%。2021 年风能和太阳能的发电量再一次超过核能。

2022 年，煤炭仍是世界发电的主要燃料，占比稳定在 35.4% 左右，略低于 2021 年的 35.8%。2021 年天然气发电量保持稳定，份额约为 23%。核能发电量下降 4.4%。2021 年，可再生能源（不包括水电）发电量满足 84% 的净电力需求增长。

1.2 化石燃料的环境污染与能源安全问题

1.2.1 化石燃料对环境的影响

能源是经济、社会发展和人民生活水平提高的重要物质基础，但低效的能源消费和不良的能源消费结构又将带来严重的环境污染问题。环境问题专家认为，化石燃料的燃烧导致气候的变化，极端的气候意味着人类为减少温室气体排放所做出的努力仍然不够。让地球"退烧"迫在眉睫，需进一步在能源结构调整、交通绿色转型等方面发力。

与此同时，2021年世界来自能源的二氧化碳排放量增加0.9%，达到$344×10^8$t的历史新高，表明在遏制世界碳排放方面缺乏进展。二氧化碳排放量已经远离《巴黎协定》所要求的减排目标。

能源研究所（EI）总裁朱丽叶·达文波特表示："尽管风能和太阳能在电力领域进一步强劲增长，但世界与能源相关的温室气体排放总量再次增加。""我们仍在朝着与《巴黎协定》要求相反的方向迈进。"

据世界气象组织（WMO）发布的报告，2023年，世界多项气候变化指标均创下新纪录，其中海水升温、海冰面积和冰川消融值得特别关注。联合国气象机构在其《2023年世界气候状况报告》中指出，2023年是有记录以来最热一年，世界近地表平均温度比前工业化时代水平高出约1.45℃。WMO表示，海洋温度也达到了65年来的最高水平，超过90%的海洋在这一年中经历了热浪，这损害了生态系统和食物系统。此外，世界温室气体浓度、地表温度、海洋热量和酸化、海平面上升等指标，也都打破了纪录。

1.2.1.1 温室气体

观测到的二氧化碳、甲烷和一氧化二氮这三种主要温室气体的浓度在2022年达到了创纪录的水平。来自特定地点的实时数据显示，2023年的温室气体浓度在继续上升。

二氧化碳水平比前工业化时代高出了50%，将热量积聚在了大气中，且二氧化碳的"寿命"很长，这意味着在未来许多年里，温度将继续上升。

1.2.1.2 温度

2023 年的世界近地表平均温度比 1850—1900 年的平均水平高 1.45℃±0.12℃。2023 年是有观测记录以来最暖的一年,打破了之前最暖年份(比 1850—1900 年平均水平高 1.29℃±0.12℃的 2016 年、高 1.27℃±0.13℃的 2020 年)纪录。

2014—2023 年的 10 年,世界平均温度比 1850—1900 年的平均水平高出 1.20℃±0.12℃。从世界来看,从 6 月到 12 月,每个月的温度都创下了该月的最高纪录。要特别指出的是,2023 年 9 月的温度远远超过了之前 9 月份的世界纪录(高 0.46~0.54℃)。

世界温度的长期上升趋势是由于大气中温室气体浓度的增加。2023 年年中,拉尼娜条件转为厄尔尼诺条件,也导致了 2022—2023 年的温度迅速上升。

世界平均海面温度从 2023 年 4 月开始创下历史新高,其中 7 月、8 月和 9 月的纪录被大幅刷新。北大西洋东部、墨西哥湾和加勒比海、北太平洋及南大洋的大片海域都记录到了异常的温热,并出现了大范围的海洋热浪。

但一些异常变暖的地区,如东北大西洋,并不符合与厄尔尼诺相关的典型变暖形态,厄尔尼诺以往在热带太平洋较为明显。

1.2.1.3 海洋热量

根据一项综合数据,海洋热含量在 2023 年达到了最高水平。在过去 20 年中,变暖的速度尤其明显。

预计变暖将持续下去,这种变化在几百年至几千年的时间跨度内都是不可逆转的。更加频繁和剧烈的海洋热浪,对海洋生态系统和珊瑚礁产生了深远的负面影响。

世界海洋平均每天经历的海洋热浪覆盖率为 32%,远高于 2016 年 23% 的历史纪录。2023 年 11 月初至年底,南纬 20°至北纬 20°之间的大部分世界海洋一直处于热浪条件下。

值得注意的是 2023 年北大西洋大范围的海洋热浪。热浪从北半球春季开始,在 9 月达到峰值,并持续到年底。2023 年底,整个北大西洋出现了大范围的严重和极端海洋热浪,温度比平均值高出 3℃。

地中海连续 12 年出现近乎完全覆盖的强烈海洋热浪。

由于吸收二氧化碳,海洋酸化加剧。

1.2.1.4 海平面上升

2023年，世界平均海平面达到1993年有卫星记录以来的最大值，反映出海洋持续变暖（热膨胀）及冰川和冰盖融化的影响。

过去10年（2014—2023年）世界平均海平面的上升速度，是有卫星记录前10年（1993—2002年）海平面上升速度的2倍多。

1.2.1.5 冰冻圈

2023年2月，南极海冰面积达到1979年有卫星观测以来的最低纪录，从6月到11月初，海冰面积一直处于当月最小状态。

北极海冰范围仍远低于正常水平，年度最大和最小海冰范围分别为有记录以来的第五低和第六低。

关于冰盖，两大主要冰盖（格陵兰冰盖和南极冰盖）有记录以来融化量最高的七个年份均发生在2010年之后，平均质量损失从1992—1996年的每年$1050×10^8$t增长到2016—2020年的每年$3720×10^8$t。这相当于在后一时期，冰盖导致世界海平面每年上升约1mm。

格陵兰冰盖质量在2022水文年（按总体蓄量变化最小的原则所选的连续12个月）至2023水文年继续减少。2022—2023年是格陵兰高峰站有记录以来最暖的一个夏天，比之前高出1.0℃。冰盖的累计融化日范围在有记录以来位居第三，仅次于2012年和2010年的极端融化季。

关于冰川，2022—2023水文年的初步数据显示，在北美西部和欧洲大范围消融影响下，世界基准冰川遭受了有记录以来（1950—2023年）最大的冰量损失。

欧洲阿尔卑斯山的冰川经历了一个极端的融化季节。在瑞士，冰川的剩余体积在过去两年中减少了约10%。2023年，北美西部的冰川质量损失达到创纪录的水平——比2000—2019年期间测得的损失率高出5倍。2020—2023年，北美西部的冰川估计损失了2020年体积的9%。

1.2.1.6 极端天气气候事件

极端天气气候事件对所有有人居住的大陆都产生了重大的经济社会影响。这些事件包括洪水、热带气旋、极端高温和干旱及相关野火。

2023年地中海飓风"丹尼尔"带来的极端降雨引发了洪水，影响了希腊、保加利亚、土耳其和利比亚等国，9月在利比亚造成的伤亡尤为严重。

2023年2月和3月的热带气旋"弗雷迪"是世界上持续时间最长的热带气旋之一，对马达加斯加、莫桑比克和马拉维造成了重大影响。

2023年5月的热带气旋"穆查"是孟加拉湾有史以来观测到的最强的气旋之一，引发了从斯里兰卡、缅甸，一直到印度和孟加拉国超过170万人流离失所，并加剧了严重的粮食不安全状况。

飓风"奥蒂斯"在几个小时内就增强为最高的5级，这是卫星监测到的增强速度最快的飓风之一。它于2023年10月24日袭击了墨西哥沿海度假胜地阿卡普尔科，造成的经济损失估计为150亿美元，并造成至少47人死亡。

极端高温影响了世界许多地区。南欧和北非受到的影响最为严重，尤其是在2023年7月下旬，意大利的温度达到了48.2℃；在北非，突尼斯达到了49.0℃，摩洛哥达到了50.4℃，阿尔及利亚达到了49.2℃，三地均出现了创纪录的高温。

2023年，加拿大的野火季节是有记录以来最严重的。全年全国过火总面积达 $14.9×10^4 km^2$，是长期平均水平的7倍多。大火还导致了严重的烟雾污染，在加拿大东部和美国东北部人口稠密的地区尤为严重。去年最致命的一场野火发生在夏威夷，据报道，至少有100人死亡，这也是美国100多年来最致命的野火，估计经济损失达56亿美元。

2023年，长期干旱的非洲之角地区遭受了严重的洪灾，尤其是下半年。洪水造成埃塞俄比亚、布隆迪、南苏丹、坦桑尼亚、乌干达、索马里和肯尼亚等国180万人流离失所。此外，埃塞俄比亚、肯尼亚、吉布提和索马里连续5季的干旱，还造成300万人流离失所。

非洲西北部和伊比利亚半岛部分地区及中亚和西南亚部分地区持续长期干旱。中美洲和南美洲许多地区的旱情加剧。在阿根廷北部和乌拉圭，2023年1—8月的降水量比平均水平低20%～50%，作物受到影响，蓄水量低。

1.2.1.7 经济社会影响

天气和气候危害加剧了粮食不安全、人口流离失所，尤其对弱势人口影响较大。

减少灾害影响的重要举措之一是建立有效的多灾种预警系统。"全民预警"倡议旨在确保到2027年底，人人都能得到预警系统的保护。自《仙台减少灾害风险框架》通过以来，制定和实施地方减少灾害风险战略的工作已得到加强。

世界粮食不安全程度居高不下，极端天气和气候的影响加剧了这一状况。例如，在南非，2023年2月气旋"弗雷迪"过境，影响了马达加斯加、莫桑比克、马拉维南部和津巴布韦。洪水淹没了大片作物，对经济造成了严重破坏。

在世界范围内，实质性的能源转型已经开始。可再生能源发电主要由太阳辐射、风和水循环的动力驱动，因其具有实现去碳化目标的潜力而跃居气候行动的前沿。

2023年，可再生能源新增容量比2022年增加了近50%，总计510×10^3MW。这一增长速度是过去20年来观察到的最高速度，表明有潜力实现《联合国气候变化框架公约》第二十八次缔约方大会（COP28）上设定的清洁能源目标，即到2030年世界可再生能源容量达到11000×10^3MW。

1.2.1.8 气候融资

2021—2022年，世界气候相关资金流量达到近1.3万亿美元，与2019—2020年的水平相比几乎翻了一番。即便如此，根据气候政策倡议组织的数据，跟踪到的气候融资流量仅占世界GDP的1%左右。

（1）资金缺口巨大。

在平均情景下，要实现1.5℃的路径，每年的气候融资投资需要增长6倍以上，到2030年达到近9万亿美元，到2050年再增长到10万亿美元。

（2）不作为的代价更高。

从2025年到2100年，不作为要付出的代价估计为1266万亿美元，即在一切照旧的情况下要付出的代价和在1.5℃的路径下所付出的成本相比，数额巨大。然而，这一数字很可能被严重低估。

（3）适应资金仍然不足。

虽然2021—2022年的适应资金达到了630亿美元的历史新高，但其远低于2030年之前仅发展中国家每年所需的约2120亿美元，世界适应资金缺口仍在扩大。

1.2.2 绿色转型中的能源安全

能源安全概念是在20世纪70年代第一次石油危机后被正式提出，当时的能源安全以稳定石油供应安全为核心，此后进一步丰富和发展。近年来，随着国际形势的变化，特别是世界碳中和目标的推进，能源安全风险日益凸显。

2021年以来，欧洲等地区能源危机加剧，导致能源安全问题回潮，能源供应保障成为许多国家的优先关切。在大国竞争、低碳转型等多重因素的影响下，国际能源格局加速演变，特别是能源合作的"政治化""阵营化"趋势增强。逆世界化大潮推动下，世界政治经济格局新旧因素交织，影响能源发展的"长期趋势"和"短期现象"重叠，国际能源安全形势也更加复杂。但从长期看，世界化仍是世界发展的大势所趋，部分国家能源"政治化"的阻力和成本也将显著增大。未来，能源安全概念内涵持续演变，外延进一步扩大，能源合作和低碳转型将在挫折与反复中前进，挑战与机遇并存。国际社会需及时把握各类新风险，统筹好能源安全与发展，增强能源系统韧性，全方位推进世界能源治理。

2022年9月，欧洲重要的能源动脉北溪天然气管道遭到破坏，让乌克兰危机引发的欧洲能源短缺更为严重，我国能源供给也受到影响。2023年，沙特与伊朗在北京达成协议，中沙伊三国签署并发表联合声明，宣布沙特与伊朗同意恢复外交关系，开展各领域合作，让世界能源供给重归平稳看到希望。长远来看，两大事件对我国能源安全和世界能源格局将产生何种影响，值得关注。

从"北溪爆炸事件"到"沙伊复交"，促进我国实现开放条件下能源安全。受能源资源禀赋影响，我国石油和天然气对外依存度分别高达70%和40%，而国际上一般将石油对外依存度达到50%视为安全警戒线。在国内增产空间有限的情况下，获取稳定的外部油气资源成为能源安全的重要保障之一。

俄罗斯是世界上最大的天然气出口国和第二大石油出口国，俄罗斯的能源出口情况对世界油气市场的稳定供给、对我国的能源安全有着重要意义。乌克兰危机以来，尤其是北溪管道遭破坏后，俄欧之间坚固的能源纽带逐渐生变，俄罗斯经济的能源出口情况受到一定影响。我国拥有快速增长的天然气市场，且与俄罗斯睦邻友好，自然成为俄罗斯油气贸易的重要合作伙伴。2022年，两国能源合作取得丰硕成果。根据中俄双方远东天然气购销协议，俄罗斯每年向我国供应的管道天然气量将增加$100×10^8 m^3$。随着"西伯利亚力量"天然气管线实现全线贯通，俄方还表示将继续加大中俄之间天然气管道铺设力度。

一个稳定的中东对我国的能源安全同样十分重要。中东地区是世界最大的石油输出地，沙特和伊朗是中东最主要的油气生产国，也是国际石油市场上的主要供应国，我国石油进口约有一半来自中东地区。其中，沙特是我国最大的原油进口来源国，伊朗则扼守着海湾地区石油出口水道的咽喉霍尔木兹海峡。两国达成外交和解，不仅有助于稳定中东地区的原油生产与输出，保障世界原油供应和价格稳定，也有利于提升我国能源安全。

随着国际形势的变化，世界能源绿色低碳转型的步伐将加快。乌克兰危机和北溪管道被炸的影响力不亚于20世纪70年代的石油危机，让欧洲各国再次意识到基于化石能源的世界能源体系的脆弱性，欧盟加快绿色发展的意愿比以往任何时候都强烈，而从能源资源禀赋来看，目前也只有可再生能源才能帮助欧洲摆脱对其他地区能源的依赖。保障能源安全的决心，驱使欧盟2022年出台了多项能源转型和绿色发展举措。

作为化石能源生产大国，沙特和伊朗也在积极谋求能源绿色低碳转型。对于石油产业的过度依赖，使得不少中东国家发展后劲不足。沙特官员曾多次表示，沙特希望利用其在能源上的收入，加速发展有助于摆脱对石油依赖的项目。大力发展新能源已经成为沙特"2030愿景"中的一个重要目标。尽管伊朗尚未提出长期完整的可再生能源占比目标，但谋求转型的态度也已明朗。沙伊合作给海湾地区带来稳定与安全，对世界油气市场有着非常大的意义。

在这场汇聚广泛力量的世界能源转型中，我国也作出重要贡献。近年来，我国可再生能源实现跨越式发展。开发规模上，可再生能源装机规模突破 $12\times10^8 \text{kW}$，稳居世界首位。制造能力上，世界新能源产业重心进一步向我国转移，我国生产的光伏组件、风力发电机、齿轮箱等关键零部件占世界市场份额70%。技术水平上，陆上6兆瓦级、海上10兆瓦级风机已成为主流，量产单晶硅电池的平均转换效率已达到23.1%，水电技术更是步入了"无人区"。我国不仅有能力引领世界能源转型，世界能源转型也将为我国可再生能源产业提供广阔市场。

世界低碳转型进程中，油气会发挥重要作用，油气供应安全问题也将不时显现。一方面，能源转型是一个长期、渐进和复杂的过程，油气在能源系统中的主导地位仍将持续相当一段时间。在西方发达经济体油气消费减弱的同时，新兴经济体及发展中国家的需求将大幅度增加。2050年前，油气仍将是世界主体能源。国际能源署发布的《清洁转型中的能源安全2022》报告指出：在转型过程中，油气消费仍然重要，油气在确保充足能源供应方面继续发挥重要的作用。另一方面，低碳转型进程中也会涌现各种类型的传统油气安全问题。

能源安全是事关国家繁荣发展、人民生活改善及社会长治久安的全局性、战略性问题。我国作为能源生产和消费大国，确保能源安全稳定供应，对于稳经济、保民生至关重要。以高水平能源安全保障高质量发展，要处理好"双碳"目标和自主行动的关系，统筹国内国际能源资源，协同做好应对气候变化对外斗争与合作，坚决维护我国发展权益。同时从发展角度要做"加法"，积极布局低碳减碳零碳技术，加快绿色低碳科技创新和推广应用，加快建设新型能源体系，加强资源节约集约循环高效利用，不断提高能源资源安全保障能力，把"能源的饭碗"始终稳稳掌握在手中。

2022年3月5日下午，习近平总书记在参加十三届全国人大五次会议内蒙古代表团审议时强调，"绿色转型是一个过程，不是一蹴而就的事情。要先立后破，而不能够未立先破""实现'双碳'目标，必须立足国情，坚持稳中求进、逐步实现，不能脱离实际、急于求成，搞运动式'降碳'、踩'急刹车'。不能把手里吃饭的家伙先扔了，结果新的吃饭家伙还没拿到手"。这一重要论断再次警醒我们，能源转型不可"拔苗助长"，必须立足基本国情，把握好转型节奏，实现不同能源品种间的平稳过渡，先立后破。化石能源在当前阶段作为能源供应的关键组成部分，其稳定性对于保障能源安全具有重要意义，但考虑到长期的环境可持续性和能源系统韧性，化石能源对绿色低碳转型不仅是必要选择，而且是应对世界能源安全新挑战的必经之路。

2 绿色低碳转型的路径与机遇

随着全球对环境问题的重视，绿色低碳转型成为能源行业发展的关键方向。本章聚焦于这一转型路径与机遇。从碳中和前景下能源转型入手，阐述主要国家战略政策和进展，并深入探讨世界各大石油公司的绿色低碳实践。

2.1 碳中和前景下的能源转型

2.1.1 主要国家碳中和战略及政策

《巴黎协定》签订以来，世界越来越多的国家做出碳中和承诺。根据英国能源与气候智库统计，截至2021年12月，世界已有136个国家和地区承诺碳中和。"二氧化碳排放力争于2030年前达到峰值，努力争取2060年前实现碳中和"，这是我国统筹国内国际大局做出的重要战略选择，是未来相当长一段时间内重点推进的工作。

实现碳中和无疑是非常具有挑战性的。达到净零排放需要完全不同于以往的发展模式、技术基础和产业体系，需要在实践中逐步探索，并高度依赖政策驱动。当前，我国已提出构建"1+N"的政策体系，积极推动碳中和技术创新，但我国从碳达峰到碳中和30年过渡期远远小于西方发达国家，任务重、时间紧，碳中和政策举措也需在实践中持续完善。

2.1.1.1 国外绿色低碳政策

以欧盟、英国、美国等为代表的世界主要经济体高度重视碳中和顶层设计，基于不同经济发展阶段、资源禀赋、技术和产业基础等，从目标设定、关键部门减排、技术创新、财税激励等角度谋求构建相对系统但各有侧重的碳中和政策体系。本书通过文献调研和综合分析等方法，梳理世界主要经济体的碳中和战略取向、目标设定与政策措施，以期为我国碳中和政策制定和政策工具制定提供参考。

2.1.1.1.1 战略取向

碳中和将对世界各经济体竞争力和地缘政治产生深远的影响。鉴于国情差异性，很难要求各经济体采取统一的步骤推动碳中和。结合各经济体的主要战略和政策文件，相关经济体的碳中和的战略取向大致分为引领型、增长型、跟随型、摇摆型四类（表 2.1）。

表 2.1 主要国家的碳中和战略取向分类

类型	战略取向	主要举措	代表性经济体	国内政治基础和社会经济条件
引领型	以碳中和引领经济社会转型	制定系统的转型策略	欧盟、德国、法国、英国	绿色政治基础极为雄厚，经济较为发达
增长型	将碳中和视为经济增长的机会和工具	制定绿色增长战略	日本、巴西、韩国	有着较为强大的反对力量，不愿意付诸过大
跟随型	慎重平稳推进碳达峰、碳中和	不追求激进的举措，以自身客观需求为出发点	印度、印度尼西亚	客观上仍处在碳排放不断增长阶段
摇摆型	政策取向受政治驱动而不断摇摆	以行政手段推动碳中和，稳定支持技术创新	美国	国内拥护碳中和势力与反气候变化势力同样强大，特定政治体制下碳中和政策摇摆，技术创新能力强大

（1）引领型模式，即追求以碳中和引领经济社会转型。该战略取向强调碳中和在经济社会转型中的核心地位，要求以碳中和引领新经济增长、生产生活方式变革、能源供应、生态保护等，实现整个经济社会绿色发展转型。这主要以欧盟及德国、法国、英国等欧洲国家为主，其有着强大的绿色政治基础，并愿意承受一定的转型成本。这些经济体开展了系统的绿色发展转型战略设计并给予立法保障。例如：2020 年 1 月欧盟委员会通过的《欧洲绿色协议》提出 2050 年达到碳中和的目标，设计了欧洲绿色发展战略的总框架，强调要以此为基准统筹与协调欧盟所有政策与举措；法国政府 2015 年通过《绿色增长能源转型法》和首个《国家低碳战略》，提出至 2050 年减排目标，2020 年 4 月以法令形式通过修订后的《国家低碳战略》，提出 2050 年实现"碳中和"的目标。

（2）增长型模式，即将碳中和视为经济增长的机会和工具。该战略取向注重碳中和带来的产业发展机会，将其作为发展新经济的一种手段，但不愿意付出过大的社会经济代价，这主要以日本、巴西等经济体为主。日本 2020 年发布《绿色增长战略》，将应对世界变暖、实现绿色转型视为拉动经济持续复苏的新增长点，并预计到 2030 年该战略每年带来 90 万亿日元的经济效益。巴西在2021年启动了《国家绿色增长计划》，着力推动应对气候变化与经济增长的有效融合。但这些经济体也有着较为强大的力量反对碳减排。例如，日本目前仍高度依赖化石能源，传统汽车产业也较为庞大，在转型方面困难重重。

（3）跟随型模式，即慎重平稳推进碳达峰、碳中和。主要以尚未实现碳达峰的发展中国家如印度、印度尼西亚为代表。这些国家发展任务相对繁重，能源结构以煤炭为主，经济处在相对快速的增长阶段，总体上仍不得不依赖传统的工业化道路，尚无法支撑起全面的碳中和转型。印度尽管在2021年11月宣布到2070年实现碳中和，但还没有形成完整的脱碳计划，战略重点强调能源的安全和可负担供应，如煤炭清洁利用与发展可再生能源。

（4）摇摆型模式，即政策取向受政治驱动而不断摇摆。主要以美国为代表，其国内拥护碳中和势力与反气候变化势力同样强大，在特定政治体制下碳中和战略取向摇摆不定。在拜登政府上任后，美国扭转了特朗普政府时期的气候政策，2021年2月签署了"应对国内外气候危机的行政命令"，同年11月发布《迈向2050年净零排放的长期战略》。但由于特定的立法体制，美国应对气候变化立法没有实质性突破，拜登政府不得不以行政令为主推进碳减排，相关举措具有短期性。例如，被叫停的美加输油管道项目"拱心石XL"完全有可能在共和党总统上任后重新启动。但美国对绿色清洁技术创新的支持是长期而较为坚定的。

2.1.1.1.2 目标体系

目标引领对实现净零排放至关重要。从主要经济体的举措看，大都按照"目标路线图＋关键领域目标"的框架来构建目标体系，并构建起目标完成情况的统计、核算和监督体系。但不同战略取向的经济体在目标体系设定方面有一定的差异。

（1）制定中长期碳中和目标路线图。

按照《巴黎协定》的要求，主要经济体大都确立了碳中和时间表及阶段性目标。其中，欧盟、英国、日本等基本完成了碳中和目标立法，而美国、巴西和印度等尚未在法律中确立碳中和目标。除印度外，上述经济体从碳排放达峰到碳中和的时间尺度为35～60年，达峰时间越晚意味着实现碳中和的压力越大（图2.1）。

① 英国、法国、德国的碳排放峰值年份为1990年左右，但这三国在减排路径和目标设定上有较大的差异。英国的阶段性目标最为激进，其承诺2030年温室气体排放量比1990年至少降低68%，2050年实现碳中和；德国碳中和

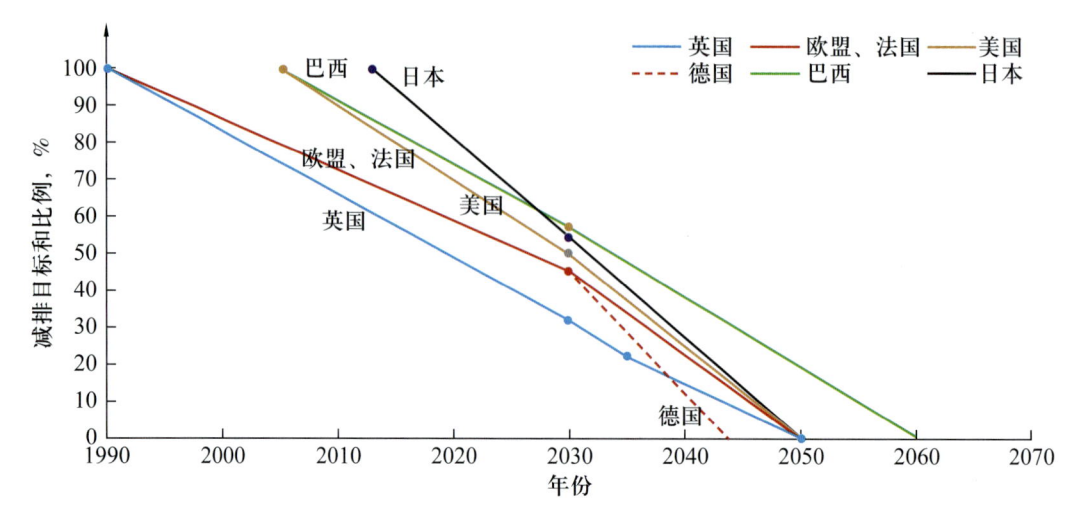

图 2.1 主要经济体的减排目标及阶段性目标设定简化示意图

注：1. 设定各国减排基准年碳排放为1，2030年阶段性减排目标为基准年的比例（通常情况下，各经济体是把碳排放峰值年为阶段性目标的基准年份）；
2. 欧盟、法国和德国的2030年减排目标一致，但实现碳达峰的年份有差异，故在图中德国以虚线来表示；
3. 因印度未达峰，没有设定绝对减排目标，故未在图中显示。

时间点最为激进，2030年阶段性减排目标为减少55%，但2021年《联邦气候保护法（修订案）》确立2045年实现碳中和，因此2030年后减排压力较大。

② 美国和巴西的碳达峰时间均为2005年，2030年阶段性目标是分别比2005年下降50%~52%和43%，碳中和时间分别为2050年和2060年。

③ 日本的碳达峰时间为2013年，其从碳排放达峰到碳中和仅有35年左右时间，减排压力相对较大。

④ 印度碳中和目标年份为2070年，目前尚不明确达峰时间，阶段性减排目标是到2030年单位国内生产总值（GDP）碳排放量比2005年降低45%。

（2）差异化设定关键领域减排目标。

在分领域减排目标上，各主要经济体采取了不同的策略，但总体上与各自碳中和战略取向相匹配。

① 设定严格的领域减排目标，确立每年度的目标任务并对目标完成情况进行奖惩。这主要以德国、法国等强调以碳中和引领经济社会转型的经济体为代表。德国《气候行动计划2030》明确建筑和住房、能源、工业、运输、农林等部门在2020—2030年的刚性年度减排目标，形成传导压力、落实责任、倒逼目标的强约束作用。法国在2015年通过的首个《国家低碳战略》确立了碳预算制度，其设定了分阶段碳预算，并细分至交通、建筑、能源、农业、工

业、垃圾处理等领域。

② 设立非约束性领域减排目标，该目标主要以政治宣示为主，缺乏严格的实施机制。主要以美国为代表。例如，美国将电力脱碳作为领域减排的重点，计划 2035 年实现 100% 清洁电力目标。

③ 回避领域的减排目标，将目标聚焦在可再生能源发展规模等方面。例如：日本从绿色增长角度，提出到 2040 年海上风电发电装机容量达到 4500×10^4kW；印度提出 2030 年 50% 的电力将来自可再生能源。

（3）构建碳减排目标的调整优化机制。

① 经济体碳中和相关总体目标的调整。欧盟、英国都曾经对 2030 年减排目标或碳中和目标进行调整。例如，欧盟早期的 2030 年减排目标为 40%，2020 年才调整至 55%。这反映世界主要经济体通常不纠结于"一诺千金"，而是根据形势做相应调整优化。

② 在一经济体内部为确保碳减排过程中的公开透明，对有关行业的减排情况进行统计核算、评估和调整优化。以德国为例，《联邦气候保护法》规定每年 3 月 15 日，德国联邦政府都会分别计算整个德国及各个行业上一年的温室气体排放水平，并由独立的气候问题专家委员会负责审查数据，联邦政府据此更新长期战略与行业年度上限。

2.1.1.2 中国绿色低碳政策

我国能源低碳转型进程加快，但大规模发展仍面临各方面问题，需要政策提供有力支撑。在政策引导和技术进步推动下，我国能源转型已取得初步进展，非化石能源消费快速增加，2020 年在一次能源消费中占比 15.9%，但仍然面临产业结构偏重、能源消费偏煤、能源利用效率偏低、碳中和窗口期偏短、新能源关键矿物供应不足等一系列挑战。国家政策在能源转型过程中发挥引导作用，相关政策体系是能源行业顺利实现低碳转型目标的根本遵循和有力保障。

自 2020 年 9 月中国提出"双碳"目标以来，从中央到地方相关政策不断出台，行业低碳发展进程加速推进。2021 年 10 月发布了碳达峰碳中和"1+N"政策体系中为首的两大文件《关于完整准确全面贯彻新发展理念做好碳达峰碳中和工作的意见》(以下简称《意见》)和《2030 年前碳达峰行动方案》(以下简称《方案》)，作为中国碳达峰碳中和政策体系中为首的文件。《意见》是党中央对碳达峰碳中和工作进行的系统谋划和总体部署，覆盖碳达峰、碳中和两个阶段，是管总管长远的顶层设计，在碳达峰碳中和政策体系中发挥统领作用。《方案》是碳达峰阶段的总体部署，在目标、原则、方向等方面与《意见》保持有机衔接的同时，更加聚焦 2030 年前碳达峰目标，相关指标和任务更加细化、实化、具体化（表 2.2）。

表 2.2 《意见》与《方案》重点工作内容一览

《意见》	《方案》
1. 推进经济社会发展全面绿色转型	1. 能源绿色低碳转型行动
2. 深度调整产业结构	2. 节能降碳增效行动
3. 加快构建清洁低碳安全高效能源体系	3. 工业领域碳达峰行动
4. 加快推进低碳交通运输体系建设	4. 城乡建设碳达峰行动
5. 提升城乡建设绿色低碳发展质量	5. 交通运输绿色低碳行动
6. 加强绿色低碳重大科技攻关和推广应用	6. 循环经济助力降碳行动
7. 持续巩固提升碳汇能力	7. 绿色低碳科技创新行动
8. 提高对外开放绿色低碳发展水平	8. 碳汇能力巩固提升行动
9. 健全法律法规标准和统计监测体系	9. 绿色低碳全民行动
10. 完善政策机制	10. 各地区梯次有序碳达峰行动

能源低碳转型政策体系已基本建立，为能源行业发展提供导向指引。能源领域低碳转型相关重要政策除《意见》和《方案》外，还包括能源领域"1+N"碳达峰实施方案和能源"1+N"系列规划等（表 2.3）。其中，能源领域"1+N"碳达峰实施方案暂不对外公开。能源"1+N"系列规划是能源产业发展总体指导性纲领，不仅涵盖低碳发展相关要求，也包括产业、科技等其他政策内容，其提出的发展路径和重点行动是能源行业相关企业遵照执行和规划发展的重要依据。

表 2.3 能源领域低碳转型重要相关政策

政策名称	发布时间	发布单位	内容概要
《关于完整准确全面贯彻新发展理念做好碳达峰碳中和工作的意见》	2021.10.24	中共中央国务院	作为我国碳达峰碳中和政策体系中的"1"。对碳达峰碳中和工作进行系统谋划和总体部署，覆盖碳达峰、碳中和两个阶段。提出了远期低碳发展目标和实现远期低碳转型的主要路径

2 绿色低碳转型的路径与机遇

续表

政策名称	发布时间	发布单位	内容概要
《2030年前碳达峰实施方案》	2021.10.26	国务院	作为我国碳达峰碳中和政策体系"N"中为首的文件,是碳达峰阶段的总体部署,提出了各类能源发展的重要指导性要求
《"十四五"现代能源体系规划》	2022.1.29	国家发展改革委国家能源局	作为我国能源"1+N"规划中的"1",提出了各类能源的总体发展要求,对各能源在发展不同时期进行定位
《"十四五"可再生能源发展规划》	2022.6.1	国家发展改革委等九部门	作为"十四五"时期我国可再生能源产业发展的顶层规划,明确了可再生能源相关发展目标、重点任务等内容
《"十四五"新型储能发展实施方案》	2022.3.21	国家发展改革委国家能源局	作为"十四五"时期我国新型储能产业发展的顶层规划,明确了重点的科技攻关、项目示范等相关工作
《抽水蓄能中长期发展规划（2021—2035年）》	2021.9.17	国家能源局	作为我国抽水蓄能产业中长期发展的顶层规划,明确了发展抽水蓄能的重要背景和机遇,提出了相关工作开展的重点方向
《氢能产业发展中长期规划（2021—2035年）》	2022.3.23	国家发展改革委国家能源局	作为我国氢能产业中长期发展的顶层规划,提升了氢能在我国能源体系定位中的重要性,对氢能制储运用等各个环节的重点发展内容进行了明确
《关于完善能源绿色低碳转型体制机制和政策措施的意见》	2022.2.10	国家发展改革委国家能源局	作为能源领域推进碳达峰、碳中和工作的综合性政策文件,坚持系统观念,从体制机制改革创新和政策保障的角度对能源绿色低碳发展进行系统谋划

2.1.1.2.1 能源绿色低碳转型总体政策要求内容

《意见》《方案》及能源"1+N"系列规划等提出了能源低碳转型的总体发展指标。政策要求，"到 2025 年，国内能源年综合生产能力达 46×10^8 tce 以上，单位国内生产总值能耗比 2020 年下降 13.5%，单位 GDP 二氧化碳排放五年累计下降 18%；到 2030 年，单位国内生产总值能耗大幅下降，单位国内生产总值二氧化碳排放比 2005 年下降 65% 以上，二氧化碳排放量达到峰值并实现稳中有降；到 2060 年，绿色低碳循环发展的经济体系和清洁低碳安全高效的能源体系全面建立，能源利用效率达到国际先进水平，非化石能源消费比重达到 80% 以上，碳中和目标顺利实现。"具体管控指标如图 2.2～图 2.4 所示。

图 2.2 中国 2015—2025 年能源生产情况

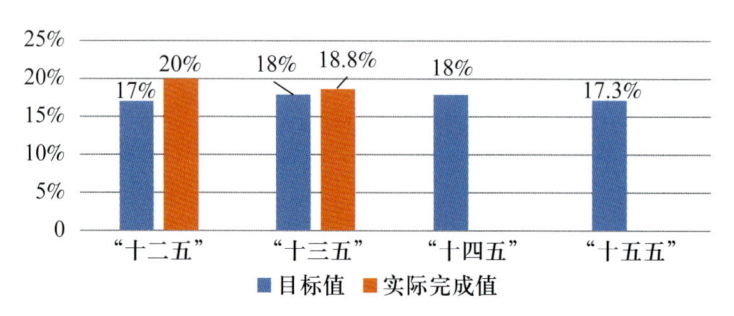

图 2.3 中国"十二五"至"十五五"碳排放强度情况

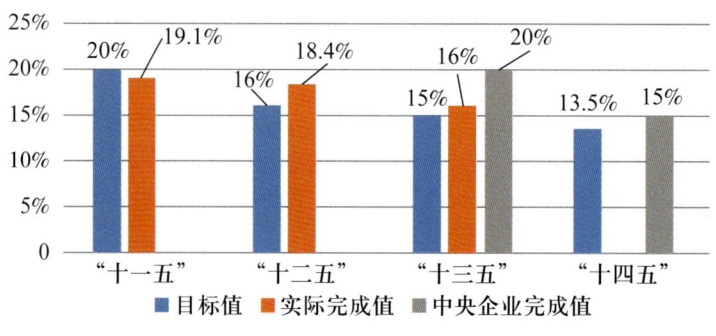

图 2.4 中国"十一五"至"十四五"节能情况

2.1.1.2.2 煤炭领域政策要求主要内容

《方案》明确了煤炭行业的总体发展节奏,并对使用煤炭重点领域进行了规划区分。政策提出,"'十四五'时期严格合理控制煤炭消费增长,'十五五'时期逐步减少。严格控制新增煤电项目,推动煤电向基础保障性和系统调节性电源并重转型。严控跨区外送可再生能源电力配套煤电规模,新建通道可再生能源电量比例原则上不低于50%。推动重点用煤行业减煤限煤。大力推动煤炭清洁利用,多措并举、积极有序推进散煤替代,逐步减少直至禁止煤炭散烧。"

煤电将从主体电源逐步向基础保障性和系统调节性电源转变,中短期内煤炭消费替代重点在工业和农村散煤替代。我国煤炭相关年二氧化碳排放量近$80×10^8$t,占我国碳排放总量70%以上,煤炭燃烧利用占煤炭消费量80%左右,是我国二氧化碳排放最主要来源。而在我国每年使用的燃煤中,一半用于燃煤发电,三分之一为工业用煤,其余约15%为分散燃煤,主要供分布在农村的民用生活、农业生产及村镇企业生产用小型锅炉和小型窑炉等使用。2021年煤电以不足50%的装机占比,生产了全国60%电量,承担了70%顶峰任务,发挥了保障电力安全稳定供应的"顶梁柱"和"压舱石"作用,我国以煤为主的资源禀赋,决定了煤电在相当长时期内仍将承担保障我国能源电力安全的重要作用。相比已经在规模化和清洁化方面走在世界前列的我国煤电产业,工业燃煤和农业用煤的碳排放强度明显更高,将是中短期实现煤炭消费减量替代重点领域。《方案》提出要推动重点用煤行业减煤限煤,推进散煤替代,逐步减少直至禁止煤炭散烧,将加快相关领域煤炭消费替代步伐,相关市场将获大量能源替代空间(表2.4)。

表2.4 我国2015年后散煤替代量统计

散煤类型	2015年剩余量 10^8t/a	2015—2019年减少量 10^8t/a	未来可替代量 10^8t/a
民用散煤	2.34	0.598	1.74
小型锅炉用散煤	2.2	0.264	1.94
小型窑炉用散煤	2.36	0.898	1.46
总计	6.9	1.76	5.14

2.1.1.2.3　油气领域政策要求主要内容

《"十四五"现代能源体系规划》和《方案》分别从中短期和中期的维度明确了油气行业的发展要求，《关于完善能源绿色低碳转型体制机制和政策措施的意见》明确了实现油气清洁高效开发的具体方式。政策提出，到2025年，原油年产量回升并稳定在 2×10^8 t 水平，天然气年产量达到 $2300\times10^8 m^3$ （图2.5）。在碳达峰阶段，"合理调控油气消费。保持石油消费处于合理区间，逐步调整汽油消费规模，大力推进先进生物液体燃料、可持续航空燃料等替代传统燃油，提升终端燃油产品能效。加快推进页岩气、煤层气、致密油（气）等非常规油气资源规模化开发。有序引导天然气消费，优化利用结构，优先保障民生用气，大力推动天然气与多种能源融合发展，因地制宜建设天然气调峰电站，合理引导工业用气和化工原料用气。支持车船使用液化天然气作为燃料"。油气清洁高效开发方面要求，"完善油气清洁高效利用机制。提升油气田清洁高效开采能力""完善油气与地热能及风能、太阳能等能源资源协同开发机制，鼓励油气企业利用自有建设用地发展可再生能源和建设分布式能源设施，在油气田区域内建设多能融合的区域供能系统"。

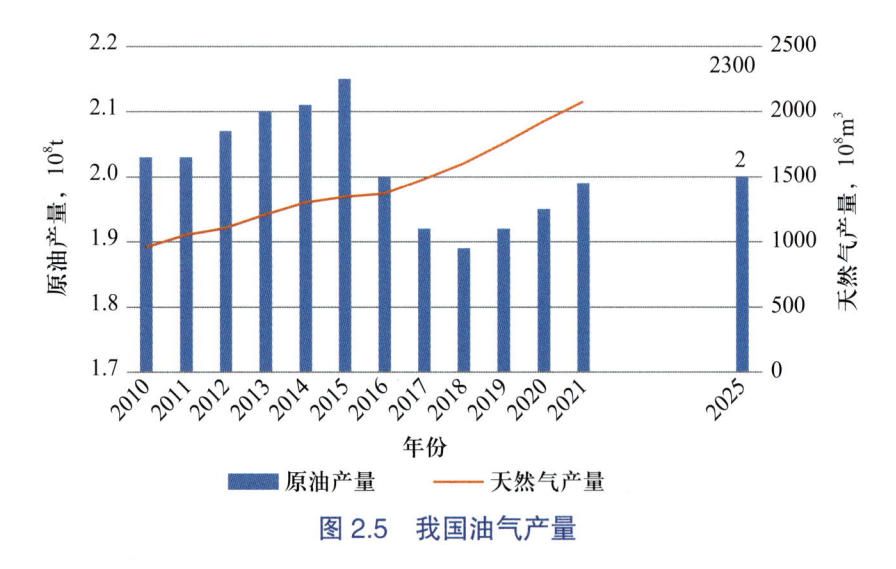

图 2.5　我国油气产量

2.1.1.2.4　非化石能源领域政策要求主要内容

近年来，我国可再生能源实现跨越式发展。在此基础上，《"十四五"可再生能源规划》《抽水蓄能中长期发展规划（2021—2035年）》《氢能产业发展中长期规划（2021—2035年）》等提出未来发展更高要求。政策明确，到2025年，新增水电 4000×10^4 kW 左右，常规水电装机达 3.8×10^8 kW 左右，地热能供暖、生物质供热、生物质燃料、太阳能热利用等非电利用规模达到 6000×10^4 tce 以上，抽水蓄能装机达 6200×10^4 kW 以上，在建抽水蓄能装机达 6000×10^4 kW 左右，新型储能装机达 3000×10^4 kW 以上，核电运行装机达 7000×10^4 kW 左右。到 2030 年，风、光发电总装机容量达 12×10^8 kW 以上，新增水电装机容量 4000×10^4 kW 左右，抽水蓄能电站装机容量达 1.2×10^8 kW 左右。表 2.5 为我国非化石能源发展数据统计。

表 2.5 我国非化石能源发展数据统计

非化石能源种类	2015 年	2020 年	2025 年	2030 年
风电光伏，10^8 kW	1.7	5.3		12
水电，10^8 kW	3.2	3.7	3.8	
核电，10^8 kW	0.3	0.5	0.7	
生物质，10^8 kW	0.1	0.3		
非化石能源装机占比，%	32	42.5	50	
抽水蓄能，10^6 kW	23	32	62	120
新型储能，10^6 kW		15	30	
氢能，10^4 t	1800	2500	3300	3700

《方案》对非化石能源发展做了总体定位。政策指出，"大力发展新能源。全面推进风电、太阳能发电大规模开发和高质量发展，坚持集中式与分布式并举，加快建设风电和光伏发电基地。加快智能光伏产业创新升级和特色应用，创新'光伏+'模式，推进光伏发电多元布局。坚持陆海并重，推动风电协调快速发展，完善海上风电产业链，鼓励建设海上风电基地。积极发展太阳能光热发电，推动建立光热发电与光伏发电、风电互补调节的风光热综合可再生能源发电基地。因地制宜发展生物质发电、生物质能清洁供暖和生物天然气。探索深化地热能及波浪能、潮流能、温差能等海洋新能源开发利用。进一步完善可再生能源电力消纳保障机制。因地制宜开发水电。积极推进水电基地建设，推动已纳入规划、符合生态保护要求的水电项目开工建设。推动西南地区水电与风电、太阳能发电协同互补。统筹水电开发和生态保护，探索建立水能资源开发生态保护补偿机制。积极安全有序发展核电。合理确定核电站布局和开发时序，在确保安全的前提下有序发展核电，保持平稳建设节奏。加快建设新型电力系统。构建新能源占比逐渐提高的新型电力系统，推动清洁电力资源大范

围优化配置。积极发展'新能源+储能'、源网荷储一体化和多能互补，支持分布式新能源合理配置储能系统"。

国际能源署署长法提赫·比罗尔2023年4月在《联合国气候变化框架公约》第二十八次缔约方大会（COP28）中国角举办的一场主题边会上说，中国在太阳能、风能等清洁能源和电动车行业发展方面成绩斐然，"是清洁能源领域的冠军"。2024年4月25日，DNV[1]在上海发布的《中国能源转型展望》报告揭示了中国能源转型的巨大成就及其复杂性，并显示出化石燃料在其能源结构中的持久性特征，该报告表明，中国正在以其可再生能源的规模与技术优势建立自己作为世界绿色能源领导者的地位。

2.1.2 世界主要国家能源转型进展

世界能源转型主要趋势包括能源效率的全面提升、现有能源利用系统的变革、可再生能源的大规模开发利用。各国由于资源禀赋、能源战略、技术水平等差异，走上了不同的转型道路。

2.1.2.1 世界能源主要转型路径

21世纪以来，为应对世界能源需求增长、油价波动和日益严峻的气候环境问题，许多国家开展了能源生产和消费的转型发展实践。纵观各国能源战略和具体措施，世界能源转型大致包括如下三方面主要路径。

第一，能源效率全面提升。20世纪70年代，能效开始作为"隐藏的能源"得到普遍关注并逐渐影响各国能源政策制定。世界能耗强度（单位国内生产总值能耗）持续下降，1970—2010年间，平均每年下降1.3%；2010年以来，平均每年下降2.1%，其中中国能耗强度降速最快、降幅最大。

根据国际能源署（IEA）在COP28期间发布的《2023年能源效率报告》（Energy Efficiency 2023）指出，由于认识到能效在提高能源安全和可负担性及加速清洁能源转型方面的重要作用，世界政策制定者正高度关注能效问题，预计2023年世界能源强度（衡量世界经济能源效率的主要指标）的增长速度将回落至1.3%，低于较长期趋势水平，而2022年的增幅为2%。较低的能源强度改善率在很大程度上反映了2023年能源需求将增长1.7%，而2022年同期为1.3%。图2.6为历年一次能源强度改善、净零情景及预测值。

---

[1] 风险管理和保障方面的独立专业机构

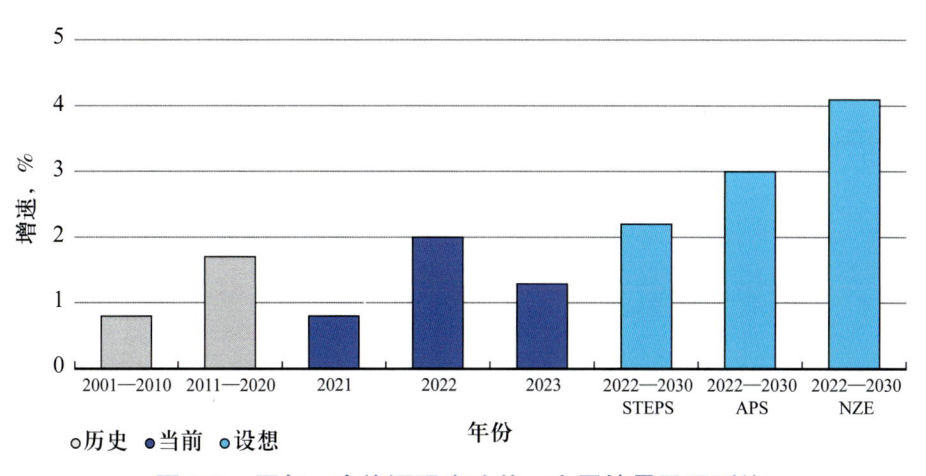

图 2.6　历年一次能源强度改善、净零情景及预测值

第二，现有能源利用系统变革，电力、氢能等二次能源消费规模不断扩大。电力在终端能源消耗中所占的比例已从 2000 年的 16%，增长到 2018 年的 20%。国际可再生能源署（IRENA）认为，世界电力需求量将持续高速增长，2050 年，电力在终端能源消费中所占比例将提高到 49% 左右。国际能源署认为，世界电力需求的增长在发达国家和发展中国家将表现出两条截然不同的路径：在发达国家，电力需求增长将被数字化和电气化技术进步带来的能效全面提升所抵消；在发展中国家，家庭收入的增长、工业规模的扩大和服务业的发展正在有力地推动电力需求增长，按照既定政策，预计 2019—2040 年，发展中国家对世界电力需求增长的贡献接近 90%。图 2.7 为世界电力需求量预测。

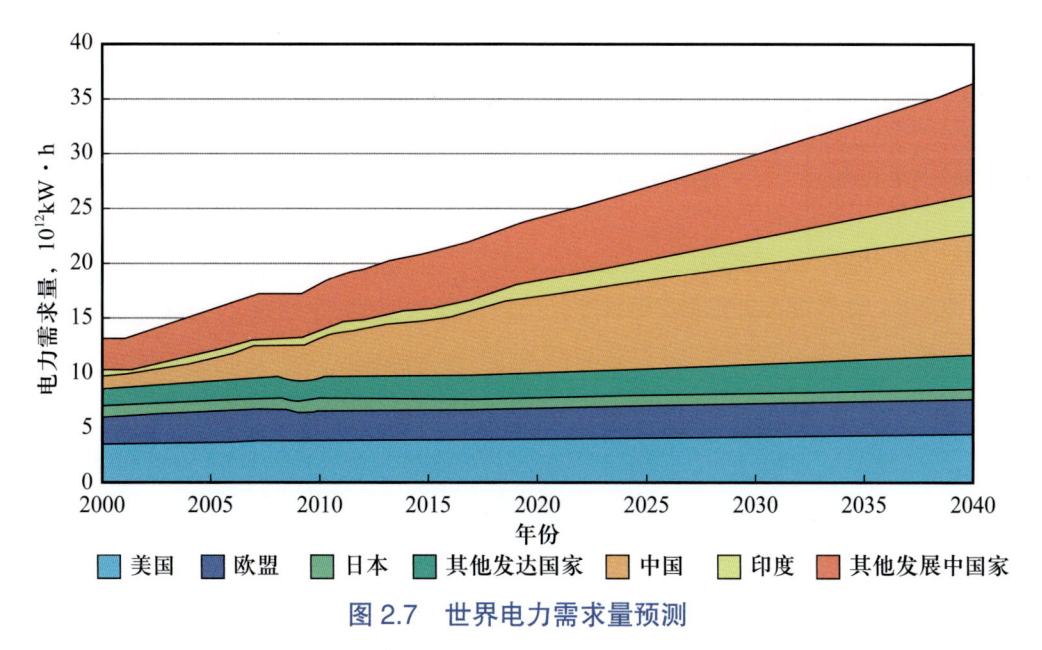

图 2.7　世界电力需求量预测

在20世纪70年代以来几次短暂的"氢能热"之后，近年世界能源清洁低碳化趋势和氢能技术进步共同推动氢能产业步入商业化发展早期。世界各国的支持政策和氢能利用项目数量迅速增加。截至2019年底，世界已建成432座加氢站，另有226座计划建设。国际氢能委员会（Hydrogen Council）认为：世界将从2030年开始大规模利用氢能，2040年氢能将承担世界终端能源消费量的18%，2050年氢能利用可以贡献世界二氧化碳减排量的20%；2020—2030年，氢的高压气态、液态及管道运输成本将分别下降60%、59%、63%，氢在合成氨、燃气轮机发电、大客车、重型卡车的应用成本将分别下降45%、35%、45%、50%。

第三，可再生能源大规模开发利用。风力发电和太阳能光伏发电成为世界成本下降最快、平均成本最低的可再生能源发电方式。除海上风电以外，世界各地多种可再生能源发电技术的成本开始具备较强的成本竞争力（图2.8）。在许多国家和地区，可再生能源已开始了对化石能源发电的存量替代。中国是世界上可再生能源利用规模最大、平均成本最低的国家，从2014年开始，每年的风电和太阳能发电量均超过全社会新增用电量。

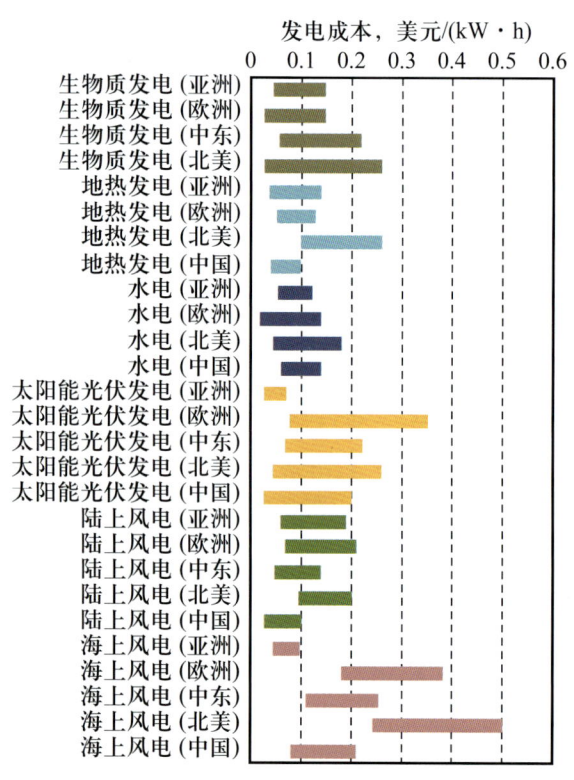

图2.8 世界可再生能源发电成本

2.1.2.2 美国能源转型进展

太阳能和储能快速发展。《基础设施投资与就业法案》和《通胀削减法案》对太阳能和储能产生了重要影响。在美国38个州宣布的920亿美元投资和520亿美元的实际投资中，公用事业规模太阳能占据了最大份额。在风险投资行业发展放缓的情况下，2023年前三季度用于太阳能和储能的风险投资资金却有所增加，而《通胀削减法案》的出台也抑制了利率的上升，因为太阳能的公共市场和债务融资也有所增长。2022年，太阳能的实际投资增长了34%，储能投资增长了51%，分布式可再生能源、储能和燃料电池投资增长了31%。

发电装机容量大幅增加。据美国能源信息署（EIA）预计，2024年美国的可再生能源装机将增长17%，达到42GW（吉瓦）[1]，约占其发电量的四分之一。该估值低于美国国家可再生能源实验室评估的低限，按照《通胀削减法案》（IRA）和《基础设施投资与就业法案》（IIJA）的条款，2023—2030年美国风能和太阳能年装机量分别提高至44GW和93GW，到2030年新公用事业规模太阳能、风能和储能的累计装机容量将达到850GW。

2023年的前10个月，美国有30家公司加入了"RE100"，这是一项完全从可再生能源中采购电力的世界企业倡议，该机构成员增至421位。约四分之一的成员将公司总部设在了美国，其中大部分公司承诺的目标期限是2025年。一些成员还在其整个供应链中推动"脱碳"目标实现。有关数据显示，企业可再生能源采购的交易客户数量在2022年上半年和2023年上半年之间增加了31%，其中，大科技公司占采购容量的大部分。2024年这一趋势可能还会增长，因为在生成式人工智能技术的助推下，这些公司实现并助力其他公司实现全天候和碳匹配目标。生成式人工智能的训练和使用使得其数据中心对清洁电力的需求大幅增加。2024年，越来越多的企业也将通过参与新兴的税收抵免转让市场来支持可再生能源发展。在此背景下，企业正积极参与到推动政府应对气候变化和加快能源转型的跨国行动中。在COP28召开之前，131家年营收近1万亿美元的公司发起了一项运动，敦促各国政府在2035年前逐步淘汰化石燃料。

2.1.2.3 德国能源转型进展

近年来，德国政府出台多项措施加速推动能源转型，其能源转型目标是到2030年实现可再生能源发电占总发电量的80%。德国联邦网络局2024年发布的最新数据显示，2023年德国可再生能源发电量在总发电量中占比首次过半，达到56%。可再生能源发电总装机容量增加了17GW，较2022年增长12%。与此同时，2023年德国使用煤炭的总发电量较2022年减少近三分之一，占总发电量的26%，为50多年来最低值。

风力发电是德国可再生能源发电的重要组成部分。据德国弗劳恩霍夫太阳能系统研究所发布的数据，2023年德国风电总装机容量达60.9GW，陆上风电以$1135×10^8 kW·h$的发电量创下历史新高，海上风电发电量也增至

---

[1] $1GW=10^9 W$

$251\times10^8kW\cdot h$。太阳能光伏发电也取得新进展，德国太阳能工业协会发布的数据显示，2023年德国新装100万套太阳能发电和供暖系统，同比增长85%，创下新纪录。

除风能和太阳能外，德国政府还积极发展氢能产业。2023年12月，德国成为第一个参与欧洲氢能银行"拍卖即服务"计划的欧盟成员国，德国政府将为电解槽项目提供3.5亿欧元的额外资金。德国国家氢能管道网络建设项目也在推进中，该项目计划利用现有60%的天然气管道，在德国建设一个长达9700km的氢能核心网络，连接港口、工业中心、储存设施和发电厂等。

2.1.2.4 日本能源转型进展

日本制定了三阶段建设"氢能社会"发展蓝图：第一阶段（2014—2025年），扩大氢能使用范围，提高燃料电池装机量；第二阶段（2026—2039年），全面发展氢发电产业，建立大规模氢能供应系统，全面利用海外生产、储存、运输氢能；第三阶段（2040年起），建立零二氧化碳供氢系统，全面实现零二氧化碳排放制氢、储氢、运氢。2030年步入氢能社会，2050年全面建成氢能社会，实现新能源快速发展。

日本政府正在调动政策工具，吸引公私部门投资，共同完善社会系统和基础设施的绿色转型。预算上，其政府构建了长期的财政制度支持框架。已在2020财年的第三次补充预算中预留了10年期，共计2万亿日元的基金。这一做法，可为能源转型从技术研发到项目落地的全过程提供持续性支持。在监管体制上，日本政府可根据《节能法》，在新建住宅中强制执行新节能标准。金融方面，气候变化投融资将成为重点发展领域，政府将大力促进企业的绿色投资，并通过加强信息披露和提高市场公信力来发展大规模绿色基础设施建设。2023年8月，日本经济产业省、环境省等相关政府部门在绿色转型实施会议上表明，将利用绿色转型国债募集总额超过1.2万亿日元资金，用以支持对氢能生产利用和下一代核电机组研发的投资。

目前，日本已有440家企业组成了绿色联盟组织，占国家碳排放总量的40%以上。政府将和该组织围绕碳税、碳排放交易等问题，进行专业领域对话，倾听企业意见。

2.1.2.5 中东能源转型进展

21世纪以来，世界能源格局发生重大变化，以美国页岩气革命为代表的非常规油气开采量爆发式增长，可再生能源产业高速发展，世界能源消费中心不断向发展中国家转移。这些因素促使中东国家对后石油时代进行战略思考。近年来，推进能源转型、扩大可再生能源应用比例逐步进入政府部门的视野，沙特、阿联酋、卡塔尔等相继制定了多项政策目标（表2.6）。

表2.6 中东部分国家的能源转型政策目标

国家	目标年份	目标名称
叙利亚	2030	可再生能源在一次能源消费总量中占比4.3%
阿联酋	2020	阿布扎比、迪拜可再生能源发电量在总发电量中占比7%
阿联酋	2021	可再生能源在一次能源消费总量中占比24%
阿联酋	2030	可再生能源发电量在总发电量中占比15%
阿联酋	2050	清洁能源消费量占比50%
卡塔尔	2020	可再生能源发电量在总发电量中占比2%
卡塔尔	2030	可再生能源发电量在总发电量中占比20%
也门	2025	可再生能源发电量在总发电量中占比15%
也门	2050	可再生能源发电量在总发电量中占比100%
沙特	2023	可再生能源发电装机容量 950×10^4 kW
沙特	2040	可再生能源发电装机容量 5400×10^4 kW，其中： （1）地热、生物质、风电装机容量 1300×10^4 kW； （2）太阳能光伏发电装机容量 2500×10^4 kW； （3）太阳能聚热发电装机容量 1600×10^4 kW

2.1.2.6 中国能源转型进展

能源转型是一项长期艰巨的任务，中国需立足国情走好通往低碳未来的过渡阶段。各国的转型战略和政策都立足于国情，面向长远未来精心设计。从当前到未来的低碳能源世界，各国选择了不同的过渡路径。美国在追求"能源独立"的前提下，增加对太阳能、储能等可再生能源的投资，推动能源结构清洁化。德国重视环境风险，减少化石能源消费，积极发展氢能产业，加速能源转型。日本资源禀赋贫乏，通过财政支持、政策监管等迎接能源转型。中东国家也在积极采取措施，进行能源转型。

博鳌亚洲论坛理事长潘基文说，在世界经济复苏迟缓、保护主义抬头的背景下，中国和其他发展中国家始终致力于解决发展问题，推动国际合作，为世界经济增长注入动力。中国提出的世界发展倡议、世界安全倡议、世界文明倡议等一系列重大倡议顺应时代大势，旨在推动合作共赢，在多边主义机制下实现共同发展繁荣。

党的二十大报告指出，中国式现代化强调人与自然和谐共生的现代化，要坚持积极稳妥推进碳达峰碳中和。立足中国能源资源禀赋，坚持先立后破，有计划分步骤实施碳达峰行动。推动能源清洁低碳高效利用，推进工业、建筑、交通等领域清洁低碳转型。

将中国建设成为能源强国，力争"能源独立"，"十六五"之前，以化石能源为主并提速新能源。到 21 世纪中叶，实现新能源规模化发展，再发展为新能源生产占主体地位，实现"能源独立"的总体目标。到 2060 年，清洁低碳安全高效能源体系全面建成，能源利用效率国际先进，新能源消费占比达 80% 以上。

中国煤炭、石油、天然气、新能源等不同能源在碳中和背景下的转型定位：煤炭继续发挥保障国家能源长远战略"储备"与"兜底"作用。石油回归原料属性，发挥保障国家能源安全"急需"与民生"原料"用品基石作用。天然气发挥保障国家能源"安全"与新能源最佳"伙伴"作用。新能源发挥保障国家能源战略"接替"与"主力"作用。碳中和下能源结构方面，由 2021 年的煤炭消费占比大（占比 56%），石油、天然气、新能源消费占比小（分别占 18.5%、8.9%、16.6%）的"一大三小"格局，向 2060 年煤炭、石油、天然气消费占比小（预测分别占比 5.0%、5.6%、9.4%），新能源消费占比大（预测占比 80%）的"三小一大"转型。能源消费与排放方面，由 2021 年含碳化石能源消费占比 80% 以上（83%），碳基能源二氧化碳排放 80% 以上（86%），到 2060 年非碳新能源消费占比 80% 以上，二氧化碳排放减少 80% 以上转变。

2023 年，非化石能源装机占比提高到 51.9% 左右，将首次超过化石能源，非化石能源消费占比提高到 18.3% 左右，风电、光伏发电量占全社会用电量比重达 15.3%，单位国内生产总值能耗同比降低 2% 左右，质量效率稳步提高，能源结构深入推进。预测 2060 年，新能源总装机 $56.3 \times 10^8 \text{kW}$，发电量占比 95%，能源结构进一步优化。

2 绿色低碳转型的路径与机遇

中国建立自主可控的"能源独立"思路是，以习近平新时代中国特色社会主义思想为指导，立足中国基本国情与发展阶段，深入践行"四个革命、一个合作"能源安全新战略；突出供给安全、环境安全、经济安全"三大安全"；树立节能是第一能源、绿色是最大经济"两大理念"；构建智慧能源生态系统、能源产消国大联盟、油气储备应急体系"三大体系"；实施洁煤稳油增气强新"一项计划"；实现常态条件下长久安全、极端条件下自主可控"两种安全"。初步预测，中国"能源独立"的发展路径分三步走，具体见表2.7。

表2.7 中国碳中和目标与"能源独立"路径初步预测

步骤	第一步 （2020—2035年）	第二步 （2036—2050年）	第三步 （2051—2100年）
目标	化石能源为主并提速新能源，支撑我国基本实现社会主义现代化	新能源规模化发展，支撑把我国建成富强民主文明和谐美丽的社会主义现代化强国	新能源生产占主体地位，支撑实现中华民族伟大复兴
关键技术	■ 煤清洁化形成产业链 ■ 常规稳产增产技术突破 ■ 煤岩+页岩油气工业开采 ■ 氢能产业链基本建成 ■ 可再生能源及核能规模化	■ 风光热储与智能形成体系 ■ "氢能中国"社会建成 ■ 核聚变等工业化突破 ■ CCUS形成工业体系	■ 新能源占比80%以上 ■ 新型能源体系建成 ■ 核聚变实现工业化 ■ CCUS形成规模工业体系
能源结构	提升新能源和油气供给 （2035年：新能源30%，天然气8%，石油22%，煤炭40%）	"降煤增新" （2050年：新能源52%，天然气8%，石油15%，煤炭25%）	新能源成为主体 （2060年：新能源80%，天然气9%，石油6%，煤炭5%）

注：CCUS是"二氧化碳捕集、利用与封存"的缩写。

2.2 世界石油公司绿色低碳实践

2.2.1 国外石油公司转型之路

2.2.1.1 国外石油公司碳中和目标

2015年《巴黎协定》设定了21世纪后半叶实现净零碳排放的目标。为了应对世界气候变暖危机，近年来越来越多的国家将碳中和纳入了国家发展战略。在2021年全国两会上，碳排放达峰、碳中和被首次写入政府工作报告，并定为2021年八大工作重点之一。实现碳中和目标对能源行业是一个巨大的改变，甚至是一次彻底的革命。积极顺应《巴黎协定》要求，加快调整生产方式减少碳排放，已成为大型石油公司的共识。

欧洲石油公司在碳减排和能源转型方面步伐较快，美国石油公司则相对保守。主要石油公司碳减排目标见表2.8。具体来看，欧洲石油公司致力于向综合型能源公司的根本性转变，并配合欧盟的要求在2050年前实现碳中和，如壳牌、道达尔等先后宣布要在2050年前分阶段实现世界业务的碳中和。英国石油公司（BP）也宣布要在2050年之前实现碳中和，并将所有销售产品的碳强度减少50%。意大利埃尼公司更加激进，提出到2030年实现上游板块零碳排放，到2040年实现全产业链碳中和。西班牙雷普索尔石油公司提出到2040年碳排放降低40%，2050年实现碳中和。法国道达尔计划将名称由道达尔石油公司（Total Oil）改为道达尔能源公司（Total Energies），以弱化石油公司形象，转型为新型综合型能源公司。相较于欧洲石油公司，北美石油公司的转型之路相对缓慢，特别是在特朗普执政的四年里，能源政策重新向传统化石能源倾斜。以埃克森美孚和雪佛龙为代表的美国石油公司秉持对化石能源长期发展的信念，并没有宣布明确的碳中和目标。但随着拜登政府转为支持可再生能源、减少碳排放和2050年实现碳中和的执政理念，重新加入了《巴黎协定》，预计未来美国石油公司向综合能源公司的转型进程将有所加快。

2.2.1.2 主要石油公司碳中和路径

在此背景下，越来越多的石油公司绘制了碳中和路线图，制定了碳中和战略路径。壳牌、BP、道达尔、埃尼、艾奎诺、雷普索尔是六家在碳中和战略布局方面处于世界领先地位的石油公司。研究其碳中和战略路径和指标体系，对于中国石油公司制定碳排放达峰、碳中和战略路径具有一定的指导意义。

表 2.8 主要石油公司碳减排目标

石油公司	减排目标
BP	到 2023 年，安装甲烷检测系统，甲烷逸散浓度降低 50%；增加对非油气项目的投资比例；在 2050 年之前实现碳中和，所有销售产品的碳强度减少 50%
壳牌	2021 年碳排放量较 2016 年减少 3%，2035 年减少 30%，2050 年实现碳中和
道达尔	2050 年前实现碳中和，碳强度降低至少 60%，欧洲产品去碳化
雷普索尔	到 2025 年，在 2016 年的基准水平降低 10% 碳排放，到 2030 年降低 20%，到 2040 年降低 40%，到 2050 年实现碳中和
埃尼	到 2030 年实现上游板块零碳排放，2040 年实现碳中和
艾奎诺	到 2030 年上游油气勘探、生产领域减排二氧化碳约 40%，减排总量约占挪威全国碳排放量的 10% 左右；到 2040 年减排目标为 70% 以上，2050 年实现碳中和
西方石油公司	2050 年将实现碳中和
埃克森美孚	到 2025 年，上游排放强度下降 15%~20%，甲烷排放强度下降 40%~50%，燃除强度下降 35%~45%
雪佛龙	总平均碳强度降低至 20kg 二氧化碳当量 / 桶油当量

图 2.9 展示了这六家石油公司的碳中和路线，各公司都提出了分阶段实现净零碳排放的战略路径。其中壳牌、BP、道达尔、雷普索尔提出到 2050 年前，实现公司业务净零碳排放（范围 1+2）；埃尼和艾奎诺提出到 2050 年实现全生命周期净零碳排放（范围 1+2+3）。埃尼将公司业务净零碳排放目标（范围 1+2）的完成时间提前到 2040 年；艾奎诺更是提出到 2030 年实现世界业务碳中和的目标（范围 1+2）。在这六家公司中，埃尼制定的碳中和路线图对其战略路径做出了最全面细致的解释，在 2021 年、2024 年、2025 年、2030 年、2035 年、2040 年、2050 年七个时间节点上，对各阶段战略目标进行了详细阐述。埃尼公司的碳中和路线图针对全生命周期碳排放量、净碳排放强度、火炬燃烧

量、碳效率指数（主要油气生产活动产生的碳排放强度）等关键指标，制定了分阶段的碳减排目标；针对碳捕集和储存量、碳汇吸收量等指标制定了分阶段的碳补偿目标；同时从生物质炼油、可再生能源业务、油气业务、零售等业务层面制定了支持碳减排目标实现的相关阶段性目标。

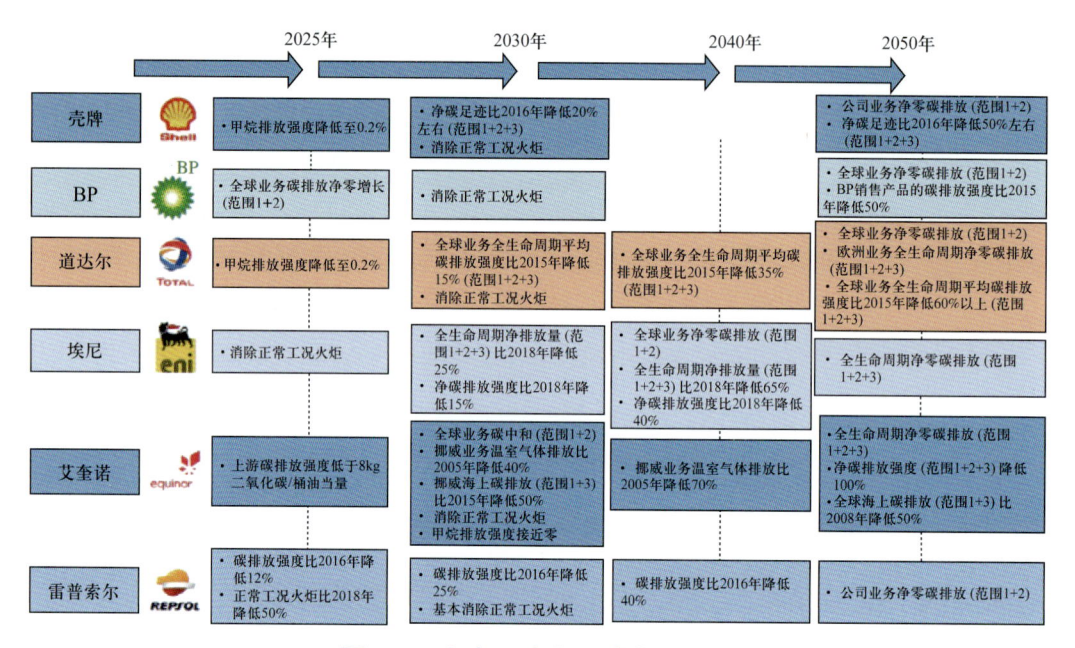

	2025年	2030年	2040年	2050年
壳牌	·甲烷排放强度降低至0.2%	·净碳足迹比2016年降低20%左右（范围1+2+3） ·消除正常工况火炬		·公司业务净零碳排放（范围1+2） ·净碳足迹比2016年降低50%左右（范围1+2+3）
BP	·全球业务碳排放净零增长（范围1+2）	·消除正常工况火炬		·全球业务净零碳排放（范围1+2） ·BP销售产品的碳排放强度比2015年降低50%
道达尔	·甲烷排放强度降低至0.2%	·全球业务全生命周期平均碳排放强度比2015年降低15%（范围1+2+3） ·消除正常工况火炬	·全球业务全生命周期平均碳排放强度比2015年降低35%（范围1+2+3）	·全球业务净零碳排放（范围1+2+3） ·欧洲业务全生命周期净零碳排放（范围1+2+3） ·全球业务全生命周期平均碳排放强度比2015年降低60%以上（范围1+2+3）
埃尼	·消除正常工况火炬	·全生命周期净零排放量（范围1+2+3）比2018年降低25% ·净碳排放强度比2018年降低15%	·全球业务净零碳排放（范围1+2） ·全生命周期净零排放量（范围1+2+3）比2018年降低65% ·净碳排放强度比2018年降低40%	·全生命周期净零碳排放（范围1+2+3）
艾奎诺	·上游碳排放强度低于8kg二氧化碳/桶油当量	·全球业务碳中和（范围1+2） ·挪威业务温室气体排放比2005年降低40% ·挪威海上碳排放（范围1+3）比2015年降低50% ·消除正常工况火炬 ·甲烷排放强度接近零	·挪威业务温室气体排放比2005年降低70%	·全生命周期净零碳排放（范围1+2+3） ·净碳排放强度（范围1+2+3）降低100% ·全球海上碳排放（范围1+3）比2008年降低50%
雷普索尔	·碳排放强度比2016年降低12% ·正常工况火炬比2018年降低50%	·碳排放强度比2016年降低25% ·基本消除正常工况火炬	·碳排放强度比2016年降低40%	·公司业务净零碳排放（范围1+2）

图2.9 六家石油公司碳中和路线

注：各公司对碳排放强度指标的称谓不同，壳牌称为"净碳足迹"，艾奎诺公司和埃尼公司称为"净碳排放强度"，道达尔和雷普索尔称为"碳排放强度"。

2.2.1.3 各公司碳中和行动方案及其实施效果

2.2.1.3.1 行动方案

在战略路径的指引下，六家公司都制订了应对气候变化、实现碳中和目标的行动方案。总体来看，这些行动方案主要体现在改进工艺和产品，减油增气和发展新能源业务，碳捕集、利用和封存及碳汇，管理机制创新，绿色金融五个方面。

在改进工艺和产品方面，主要通过改进工艺提高能效，减少生产作业中的碳排放量，同时改进公司产品以帮助客户降低碳排放量。例如，为了促进各业务板块改进工艺，壳牌公司规定，每年碳排放量超过 5×10^4 t 的作业资产必须制订温室气体管理计划，以改进碳排放绩效。为了帮助客户降低排放量，壳牌针对船运行业的客户，开发出帮助引导船只水中定位的软件，以及先进的发动机润滑油，以减少燃料消耗和降低排放量。

在减油增气和发展新能源业务方面，主要通过提高天然气在油气生产总量中的比例，大力发展新能源业务来降低温室气体排放量。壳牌提出，到2030年将天然气业务占比提高到55%以上，到2050年达到75%。壳牌还计划到2050年销售200个大型海上风电场的发电量，销售25家生物燃料公司生产的燃料。埃尼公司提出，到2024年、2030年和2050年分别实现可再生能源装机容量达到4GW、15GW和60GW。埃尼还计划到2024年使生物质炼厂的产能翻番，达到约$200×10^4$t/a，到2050年增加5倍。艾奎诺宣布，到2026年可再生能源装机容量将从2019年的0.5GW提高到4～6GW。

在碳捕集、利用和封存及碳汇方面，主要通过大力开发和部署碳捕集、利用和封存技术及种植森林等措施，来实现碳补偿或碳抵销。例如，壳牌提出到2035年建设25个与加拿大Quest项目规模相当的碳捕集和封存设施，新增$2500×10^4$t/a的碳储存能力。埃尼提出到2030年建成储存能力达$700×10^4$t/a的碳捕集和封存项目，到2050年碳储存能力达$5000×10^4$t/a；建设一级和二级森林保护项目，到2050年补偿相当于$4000×10^4$t/a的二氧化碳排放量。

在管理机制创新方面，主要通过优化治理结构、调整绩效政策、实施内部碳价等方式来促进碳减排措施的推广和应用。在公司治理方面，六家石油公司都根据自身情况建立起应对气候变化的治理结构。其中，BP公司建立了一套自上而下，涵盖董事会、高级管理层、业务板块和职能部门的健全的治理结构，包括董事会下设的安全与可持续发展委员会，2020年新成立的战略与可持续发展部，协调各部门的碳领导小组，以及生产与运营板块健康安全环境（HSE）与碳管理部门。战略与可持续发展部主要负责可持续发展计划的制订和实施进度的掌控，其下级机构碳领导小组主要负责监督整个集团碳管理方面的战略、政策和绩效，以及协调各部门碳管理活动。生产与运营板块健康安全环境与碳管理部聚焦于生产与运营板块低碳计划的制订与实施。在绩效政策方面，六家石油公司都将高级管理人员及员工的薪酬与减排目标挂钩，充分调动全员积极性，确保公司减排目标的实现。例如，壳牌将16500多名员工的薪酬与降低其净碳足迹的目标挂钩，目前薪酬主要与近期目标挂钩。BP于2019年将其员工（包括领导层）的年度现金奖励与其2019年可持续减排量指标挂钩；2020年，BP又将高级管理人员股权奖励的5%～30%与低碳绩效挂钩，领导团队成员绩效工资的25%也与公司总体低碳目标的实现情况挂钩。在内部碳价机制方面，六家公司都将内部碳价应用于新项目投资决策和现金流预测。壳牌认为，在目前的碳排放水平基础上，世界碳价每增加10美元/t，壳牌的税前现金流就会减少约10亿美元。通过将碳价纳入现金流预测模型中，可以对潜在的碳价变化做出准确判断，并确保在面临这些变化时，公司现金流可以保持稳健水平。艾奎诺在对新项目进行投资评估时，通常会考虑净现值、盈亏平衡价格、碳排放强度和碳价四项关键指标。其中盈亏平衡价格和碳排放强度指标适用于上游油气项目，净现值和碳价指标则适用于上游、下游及电力项目。六家公司其他管理机制方面的创新举措还包括一些以减排为主题的行动计划，例如BP的低碳行动认证计划[Advancing Low Carbon（ALC）Accreditation］。

在绿色金融方面，六家公司主要通过发行绿色债券、建立绿色产业基金等各种方式来筹集资金，用于支持应对气候变化和提高资源利用效率的经济活动。雷普索尔是油气行业第一家发行金额达5亿欧元（约合38.5亿元人民币）绿色债券的公司，这些绿色债券用于资助提高能效的项目和发展低碳技术。

2.2.1.3.2 实施效果

从关键绩效指标来看，各家公司部署的减排行动方案都取得了较好的实施效果。

通过改进工艺提高能效，以及减油增气和发展新能源业务，各公司重要减排指标大幅改善。例如，壳牌公司的净碳足迹（net carbon footprint）是其碳中和路线图上的一项重要指标。2020年，通过采取上述措施，壳牌的净碳足迹降至每兆焦75g二氧化碳当量，比2019年减少4%，比2016年减少5%。可持续减排量（sustainable emissions reduction）是BP公司特有的一项重要指标。2018年，BP公司在"减少—改进—创造"（RIC）框架下设定了三个目标。其中一项重要目标就是在2016—2025年实现350×10^4t的可持续减排量，如今BP已经提前六年实现了这一目标，到2020年底BP实现可持续减排量约490×10^4t二氧化碳当量。2020年，BP通过实施提高能效和火炬系统优化等作业工艺改进措施，实现了100×10^4t的可持续减排量。BP于2020年2月又提出了新的10项碳减排目标，现已取代以前的碳减排框架和目标，其中仍然包括可持续减排量指标的实施目标，并且该指标的完成情况依然与员工薪酬挂钩。道达尔的碳排放强度指标估算了其能源产品全生命周期内每单位能量所对应的平均温室气体排放量，涵盖从生产到最终使用的全过程。2015—2019年，道达尔的碳排放强度指标下降了6%，在整个油气行业处于领先水平。

通过大力发展碳捕集、利用和封存技术及碳汇项目，各公司也取得了不少成果，但是很多项目正处于建设过程中，只有少数公司披露了一些项目的减排绩效。在碳捕集、利用和封存技术方面，壳牌的 Quest 碳捕集和储存项目从 2015 年投入运行，到 2020 年末已经捕集并储存了 5500×10^4t 二氧化碳。在碳汇方面，BP 于 2020 年收购美国森林碳汇公司的控股权，该公司拥有 50 个碳排放项目，并已储备超过 5000×10^4t 的森林碳汇。此外，BP 在英国、美国和德国执行"员工碳补偿计划"，2020 年为员工碳排放和企业航空旅行抵销 10×10^4t 二氧化碳当量。

通过管理机制创新举措，各公司也取得了良好的减排绩效。例如，BP 公司于 2017 年启动了推进低碳行动认证计划，鼓励公司所有部门识别低碳机会，以支持其净零碳排放目标。每项行动都通过减少自身碳排放，改进公司产品和创建低碳业务来支持 BP 碳中和路线的进展。这些行动包括减少温室气体排放，发展可再生能源，采取碳补偿措施，推进低碳研发项目等。自 2017 年启动以来，该计划激励了 BP 公司的员工推动低碳发展，2018 年获得认证的行动数量为 52 项，2019 年提升到 76 项。德勤公司对推进低碳行动进行独立认证，评估这些行动的工艺和标准应用情况，确认这些行动所带来的温室气体排放减少量或补偿量。BP 估算，自 2017 年以来，低碳行动认证计划在公司内部约减少了 6400×10^4t 二氧化碳排放量，在合作伙伴中减少了 540×10^4t 二氧化碳排放量。

在绿色金融创新行动方面，雷普索尔公司于 2017 年 5 月开始发行绿色债券，并每年针对债券资助项目的情况开展第三方审查。2018 年 6 月，公司开展了第一次外部审查，结果表明，已投入了 2.52 亿欧元（约合 19.4 亿元人民币）绿色债券，由此减少了 66.33×10^4t 的二氧化碳排放，分别完成了 51% 的债券发放和 55% 的债券减排目标。雷普索尔还成立了一个专业委员会，每半年对这些项目情况进行检查，以保证符合预期进展。另外，雷普索尔还每年审核并发布债券使用监测报告。

2.2.2 中国石油公司转型之路

2.2.2.1 中国石油

2.2.2.1.1 《中国石油绿色低碳发展行动计划 3.0》主要内容

2022 年 6 月 5 日，中国石油发布《中国石油绿色低碳发展行动计划 3.0》

（以下简称《行动计划》）。《行动计划》提出发展"碳循环经济"的能源企业碳中和路径，部署"绿色企业建设引领者、清洁低碳能源贡献者、碳循环经济先行者"三大行动、十大工程。

《行动计划》将绿色低碳发展行动分为三个阶段。其中，2021—2025年为清洁替代阶段，以生产用能清洁替代为抓手，产业化发展地热和清洁电力业务，加强氢能全产业链、CCS/CCUS等战略布局，力争到2025年新能源产能比重达到中国石油一次能源生产的7%。2026—2035年为战略接替阶段，积极扩大地热、清洁电力，产业化发展氢能、CCS/CCUS业务，大幅提高清洁能源生产供应能力和碳减排能力，力争2035年实现新能源、石油、天然气三分天下格局，基本实现热电氢对油气业务的战略接替。2036—2050年则为绿色转型期。其核心是锚定碳中和目标，继续规模化发展地热、清洁电力、氢能、CCS/CCUS等新能源新业务，助力社会碳中和。计划于2050年热电氢能源占比50%左右，实现绿色低碳转型发展。

《行动计划》从"我们做出的努力""我们期许的未来——迈向2050碳循环经济""我们的行动目标""行动部署""行动保障""展望"六个方面，系统展示中国石油为全力迈向2050碳循环经济之路所做的努力及行动部署。在具体行动部署方面，《行动计划》提出实施绿色企业建设引领者行动、清洁低碳能源贡献者行动和碳循环经济先行者行动。其中，绿色企业建设引领者行动包含节能降碳工程、甲烷减排工程、生态建设工程及绿色文化工程。清洁低碳能源贡献者行动包含"天然气+"清洁能源发展工程、"氢能+"零碳燃料升级工程及综合能源供给体系重构工程。循环经济先行者行动则包含深度电气化改造工程、CCUS产业链建设工程及零碳生产运营再造工程。

此外，《行动计划》提出要全力减少能源产品全生命周期碳排放强度，2035年比2020年下降30%，2050年比2020年下降55%。努力发展CCUS产业链，2035年埋存能力超过$1×10^8$t，2050年形成引领CCS/CCUS产业发展的能力。

2.2.2.1.2 中国石油绿色低碳实践实例

大庆油田锚定"双碳"目标，全力推进绿色低碳油田建设，加强重点工程建设，大庆喇嘛甸油田低碳示范区喇五光伏基地项目建成规模成倍增长，已建成风光发电项目$42.3×10^4$kW，与2022年相比提高16倍。同时，全力开发"黑龙江+广西"两大市场，建立千万千瓦级风光项目储备池，清洁能源供应基地逐步靠实。截至2023年，大庆油田新能源指标获取任务超额完成，其中，新获取清洁电力并网指标完成年计划的175%，较去年同期增长83%；新获取地热供暖指标完成年计划的186%。

辽河油田在CCUS领域重点发力，致力于扩大CCUS规模，将稠油热采过程中伴生的二氧化碳捕集起来，用于碳驱油。辽河油田首座二氧化碳捕集液化站——欢喜岭采油厂二氧化碳捕集液化站自2022年3月31日投运以来，累计处理伴生气$1396×10^4m^3$，液化二氧化碳7000t，提供燃料气$198×10^4m^3$，日产液态二氧化碳110t。截至2023年，辽河油田CCUS试验累计注入二氧化碳$9.3×10^4t$，累计增油$1.6×10^4t$。

长庆油田加快推进清洁电力、地热供暖、CCUS等业务协同发展。兰州、杨凌$2000×10^4m^2$地热开发利用战略合作框架协议顺利签订，公用地热工作取得实质性突破；宁夏$300×10^4t/a$ CCUS示范项目顺利开工，是世界首次实现现代煤化工和大型油气田开采之间的绿色减碳合作，建成后将成为我国最大的CCUS全产业链示范基地。截至2023年，长庆油田建成分布式光伏$18×10^4kW$，年发电能力达到$2.8×10^8kW·h$，分散式风电指标实现零的突破，油气与新能源融合发展成效进一步凸显。

塔里木油田加快"沙戈荒"新能源基地建设，全力增加能源总当量，结合新疆地域实际，依托油区及周边资源，因地制宜深耕塔里木盆地太阳能、地热等特色资源，先后在南疆巴州和喀什地区建成装机规模共计$70×10^4kW$的光伏发电项目，清洁能源开发利用能力持续提升，发电量达到$2.53×10^8kW·h$，形成了"$20×10^4kW$商业运行，$50×10^4kW$全面试运，$60×10^4kW$全面建成，$200×10^4kW$全面启动"的良性发展格局。塔里木油田"追光逐日"步履铿锵，进一步缓解了中下游用电快速增长的需求，为助力地方能源结构、产业结构、经济结构转型升级点燃了"绿色引擎"。

新疆油田锚定向"油气热电氢"综合性能源公司转型目标，完善新能源业务组织架构，稳步推进$264×10^4kW$新能源及配套煤电、碳捕集一体化项目（一期）、重37稠油高温光热利用先导试验项目、阿勒泰天然气管道工程配套新能源项目（一期）、克拉玛依"风光气储氢"一体化项目等重点项目，实现油田内外新能源业务的同步发力。截至2023年，新疆油田完成新能源并网指标获取量$344×10^4kW$，新能源产量当量增量$22.38×10^4toe$（吨标准油），节能量$7.15×10^4tce$，其中，新能源并网指标获取量已超额完成。

吉林油田加快风电、光伏新能源项目建设启动，全力构建绿色低碳、清洁替代、多能互补新格局。以吉林省"陆上风光三峡"工程启动为契机，充分发挥中国石油上下游协同优势，率先启动了 $15\times10^4\mathrm{kW}$ 风光发电项目，该项目共包含风电 $7.8\times10^4\mathrm{kW}$、光伏 $7.1\times10^4\mathrm{kW}$，年可发绿电 $3.6\times10^8\mathrm{kW\cdot h}$，节约标准煤 $11.09\times10^4\mathrm{t}$，实现碳减排 $28.2\times10^4\mathrm{t}$，所发电量全部用于吉林油田油气生产用电自消纳，实现了全油田四分之一用电量的清洁替代。截至12月19日，吉林油田风光发电 $2.76\times10^4\mathrm{kW\cdot h}$。2023年11月，中国石油在建单体规模最大集中风电项目——$55\times10^4\mathrm{kW}$ 风电项目首台风机成功吊装，预计2024年7月88台风机将全部建成投运。

青海油田已获取新能源指标 $100\times10^4\mathrm{kW}$，部署清洁替代、外部供能、风光制氢、地热利用、伴生资源利用等新能源项目13项，已开工建设四项，已建成一项。截至2023年，青海油田新能源光伏电站投运以来累计发电量超过 $400\times10^4\mathrm{kW\cdot h}$。2023年7月1日，青海油田边远区块光伏建设项目完工并投运，包括七个泉油田、油泉子油田、盐湖气田三个光伏电站。截至2023年12月21日，发电 $177\times10^4\mathrm{kW\cdot h}$，日均发电 $1.1\times10^4\mathrm{kW\cdot h}$。

华北油田稳步推动包含北京城市副中心地热供暖示范项目、任丘西部新城、河间城区、晋州城区地热供暖项目在内的在建项目，其中，由华北油田承建的北京市首个中深层地热供暖试点示范项目顺利投运，供暖面积达 $35.3\times10^4\mathrm{m}^2$，服务居民3000多户，预计年可减少二氧化碳排放 7650t，相当于造林11.4万亩。与此同时，任丘市西部海蓝城油田地热供暖项目已经收官。截至2023年，华北油田累计建成投运地热供暖面积超过 $2000\times10^4\mathrm{m}^2$，跑出地热产业高质量发展加速度。

冀东油田积极获取风光发电指标，坚持集中式与分布式风光发电项目并重，大力拓展大基地项目和屋顶分散式自消纳光伏项目，提升清洁能源对外供应能力，促进转型升级和绿色发展，清洁电力生产初现规模。截至2023年11月21日，冀东油田建成和在建光伏项目12个，总装机规模 68.5MW，年节约标准煤 $2.77\times10^4\mathrm{t}$。

玉门油田锚定建设清洁转型示范基地目标，全力推进油气与新能源融合发展的战略部署，开启多轮驱动新纪元。中国石油首个规模化绿氢生产项目——玉门油田可再生能源制氢项目一期工程开工建设，2024年1月投运；甘肃省首条中长距离纯氢输送管道投运，初步在甘肃—宁夏—新疆形成氢气供应链，截至 2024 年 10 月，已销售氢气 $141.5\times10^4 m^3$，提前两个月完成全年氢气销售任务。围绕"油气并举、多能驱动"战略部署，玉门油田全力加快布局新能源业务，实现 300MW 集中式光伏发电项目全面并网发电，截至 2023 年 12 月 25 日，玉门油田共生产绿电 $4.56\times10^8 kW\cdot h$。

2.2.2.2 中国石化

2.2.2.2.1 《中国石油化工集团有限公司绿色低碳发展白皮书》主要内容

2023 年 1 月 13 日，《中国石油化工集团有限公司绿色低碳发展白皮书（2022）》正式发布，从战略理念、体制机制、大力发展清洁能源、资源节约利用等八个方面向社会各界集中展示中国石化的绿色低碳理念和实践。这是中国石化自 2012 年发布《环境保护白皮书》后再次发布白皮书。

中国石化是首个发布《环境保护白皮书》的中国企业。2012 年，中国石化首次发布了《环境保护白皮书》，向社会作出实施绿色低碳发展、创建环境友好企业的承诺。10 年来，中国石化秉承"能源至净、生活至美"品牌理念，大力开展"碧水蓝天"环保专项行动，深入实施"绿色企业行动计划""能效提升计划"，纵深推进污染防治攻坚和长江、黄河流域企业生态保护，发布"2030 年前碳达峰行动方案"，连续 12 年获"中国低碳榜样"称号，成为获得该奖项次数最多的能源央企，走出了一条具有石化特色的绿色低碳高质量发展之路。

《中国石油化工集团有限公司绿色低碳发展白皮书》是新时代 10 年，中国石化推动绿色低碳发展的一个生动缩影和集中体现。中国石化将以发布白皮书为新的起点，大力实施世界领先发展方略和高质量发展行动要求，处理好发展和减排、整体和局部、短期和中长期的关系，坚持降碳、减污、扩绿、增长协同推进，加快绿色低碳发展步伐，增强绿色低碳竞争优势，为中国能源化工行业绿色低碳转型、实现"双碳"目标作出新的更大贡献。

白皮书指出，未来，中国石化将继续走好绿色发展之路，处理好发展和减排、整体和局部、短期和中长期的关系，推动实施 2030 年前碳达峰八大行动，不断夯实绿色发展根基，加快形成绿色低碳循环的生产生活方式，努力争当可持续发展的排头兵，加速打造世界领先洁净能源化工公司。

此前，中国石化发布了《中国石化 2030 年前碳达峰行动方案》，提出要以碳达峰、碳中和目标为引领，重点实施清洁低碳能源供给能力提升行动、炼化产业结构转型升级行动、能源结构优化调整行动、节能降碳减污行动、资源循环高效利用行动、绿色低碳科技创新支撑行动、绿色低碳保障能力提升行动、绿色低碳全员行动等"碳达峰八大行动"。

2.2.2.2.2 中国石化绿色低碳实践实例

2023年底，胜利油田百万吨级CCUS全流程示范工程入选2023"双碳"创新示范案例。该示范工程于2022年8月全面建成投产，将齐鲁石化煤制气装置排放尾气中的二氧化碳进行捕集，通过管道输至胜利油田，注入地下进行驱油与封存，是国内首个百万吨级CCUS全流程项目，也是我国首个石油—石化低碳、零碳产业链的示范工程。该示范工程是集二氧化碳捕集工程、管输工程、驱油封存、安全监测于一体的多领域、多节点系统工程。胜利油田持续实施"蓝天、碧水、净土"行动，扎实推进"无废油田"建设，积极构建油气开发绿色低碳融合创新产业体系。2019年以来，氮氧化物排放量下降26.7%，碳排放强度下降12.0%。

齐鲁石化—胜利油田百万吨级CCUS项目年封存二氧化碳百万吨，预计15年增油近300×10^4t。齐鲁石化积极响应国家"双碳"能源战略，先后建设投用两期光伏发电项目，每年可节约标准煤0.55×10^4t、减排二氧化碳1.66×10^4t，相当于植树14万棵，环保效益、社会效益和经济效益可观。

中原油田持续推进减污降碳技术措施，普光气田采用国内首创的"微负压氮气气提、溶氧气浮、化学氧化、沉淀"组合除硫工艺，确保气田采出水达标回注，采用加氢还原吸收工艺进行废气处理，硫磺回收率、尾气排放控制率均远优于行业平均水平。投产至今，普光气田持续对当地大气、水体、土壤、噪声等五类40项环境指标，水稻、玉米、胡桃等15种作物植物的粒重、叶绿素、含硫量和物种多样性等生理指标开展跟踪监测。结果显示，气田开发建设没有对周围环境和生态带来不良影响。中国石化兆瓦级可再生电力电解水制氢示范项目自2022年12月25日在中原油田投产以来，成为现阶段与风电、光电耦合度较好的电解水制氢技术路线，日产高纯度绿氢1.12t。该项目集成风光电、电解水制氢、氢气纯化等系统，是中原油田绿氢产业发展的"桥头堡"。中原油田将以该项目为起点，积极打造豫北地区绿氢供应中心，为构建"化石能源+绿色能源"双轮驱动发展新格局打下坚实基础。

围绕固体废物减量化和资源化，江苏油田全面推广"泥浆不落地"工艺，利用专业设备对钻井液岩屑进行固液分离处理、液相回用、固相作原料等，实现变废为宝。该油田共有12套钻井液处理设备投入使用，累计处理钻井液

$45.8\times10^4m^3$。

江苏油田以"油气+新能源"清洁生产为核心，加快推进以风能、光伏为主的新能源开发利用，为油田绿色低碳发展提供强劲动力。截至2023年，江苏油田共建设风电机组11台、光伏电站161座。2023年一季度，该油田自发自用绿电占比突破36%，其中，在小纪油区建设了四台风电机组，装机容量12.5MW；在崔庄油区，建设了三台风电机组，装机容量8.5MW。"大风车"成为水乡油田一道亮丽风景线。

2020—2023年，江汉油田共组织建成光伏发电站46座，总装机规模达107MW，历年累计发绿电近$1.9\times10^8kW\cdot h$，全部由油田电网消纳用于生产，减少二氧化碳排放近11×10^4t，为江汉油田高质量绿色发展提供了有力支撑。

2023年以来，华东油气分公司南川页岩气田已经完成超4000段页岩气井全电动压裂，累计减少近20×10^4t二氧化碳排放，实现了绿色开发清洁能源。

2023年7月6日，氢能源沪甬城际物流干线实现首次示范运行。一辆标载49t的氢能重卡从上海始发行驶230km后进入镇海炼化加氢示范站加氢返沪，至此氢能重卡往返半径从200km增加到400km，这也是镇海炼化积极推动氢能客运、氢能重卡、氢能冷链运输规模化应用的又一实践。

中国石化新星公司负责实施新疆库车绿氢项目，全面投产后可将所制绿氢就近供应中国石化塔河炼化公司，每年可减少二氧化碳排放48.5×10^4t，开创了绿氢炼化新发展路径。

近年来，青岛炼化把光伏发电作为能源结构转型的重要抓手，因地制宜利用企业厂房屋顶、停车场等资源，大力推进光伏项目建设，借光生"金"助力绿色低碳发展，每年可发电超过$200\times10^4kW\cdot h$，减少二氧化碳排放超过1800t。

2023年，销售华南分公司在北海区域中心建成销售公司最大光伏发电项目，目前已建成光伏发电设施总装机容量为12518kW，年发电量可达$1400\times10^4kW\cdot h$，每年可减少二氧化碳排放超过1.17×10^4t，节约标准煤4296.6t，经济和环境效益显著。

2021年以来，内蒙古呼和浩特石油在六座基层库站利用空闲区域建设风能光伏发电项目，累计投用光伏发电规模341.96kW，风力发电规模5kW，截至2023年总计发电量$77.62\times10^4kW\cdot h$，累计实现碳减排量766.61t，节约标准煤 306.64t，相当于植树 4.19 万棵。

塔河炼化贯彻绿色发展理念，将污水处理后循环利用，从源头、过程、末端强化污水处理各环节管控，节约水量达 168t/a，节约成本 500×10^4t/a。

2023 年 7 月 9 日，吉林石油引进的三次油气回收设备在松原石油青年大街加能站成功安装。三次油气回收设备通过层层分离与净化，降低有机物排放量 95% 以上，减少环境污染，还将被回收的油气资源转化为可利用的资源，为加能站创造经济效益，为守护碧水蓝天助力。

近年来，重庆石油积极推进节能减排工作，通过积极开展节能降耗宣传、淘汰落后电机、优化生产工艺实现电耗同比下降 6.44%。

新疆哈密石油积极营造节能降碳浓厚氛围，落实"双碳"行动，为节约用水，站内自动洗车设备安装污水过滤器，每年至少节水 200t。

3 中国海油绿色低碳发展足迹

3 中国海油绿色低碳发展足迹

中国海油的发展历史是一部波澜壮阔的史诗，从初步的探索与起步，到正式成立与稳步发展，再到不断地创新与突破，中国海油始终坚定地走在节能低碳的道路上。随着全球业务的不断扩展和多元化战略的深入实施，中国海油不仅实现了跨越式发展，更在节能低碳领域取得了令人瞩目的辉煌成就。

3.1 绿途回望，回溯发展历程

3.1.1 中国海油发展历程

早在1957年，莺歌海的油气苗就为中国海洋石油工业的起步揭开了序幕。随着国家对于海洋资源的重视，海洋石油勘探与开发逐渐成为国家战略的重要组成部分。在"上山、下海、大战平原"的号召下，海洋石油人肩负"我为祖国献石油"的使命，在艰苦创业中起步，在对外合作中前行。20世纪80年代初，中国国家海洋局开始探索南海油气资源，并组建南海油气勘探局，进一步推动了海洋石油工业的发展。1982年2月15日，经国务院批准，中国海洋石油总公司正式挂牌成立，这标志着中国海洋石油工业进入了一个新的发展阶段。在此后的几十年里，中国海油积极引进国外先进技术和设备，加强与国际石油公司的合作，不断提升自身的勘探开发能力。1987年，中国第一个海上油井——现代18-1油田油井投产，这标志着中国海洋石油开发进入工业化阶段。随着技术的不断进步，中国海油开始在深水领域进行勘探开发。20世纪90年代，中国开始在南海开展深水油气勘探，首次在南海发现深水油气田。

进入21世纪，中国海油在深水油气勘探开发方面取得了重大突破。2002年，我国首次自主研发建造的深水海洋石油钻井平台"蓝鲸一号"投入使用，这标志着中国深水油气勘探能力的提升。随后，2004年我国深水油气生产实现突破，实现商业化生产。2011年，中国自主设计建造的深水钻井平台"蓝鲸二号"投入使用，进一步提升了中国在海洋石油领域的技术能力。2014年，由中国海油首个自主运营的深水大气田荔湾3-1气田投产，标志着中国的南海能源开发战略迈出了坚实的一步。2021年，"深海一号"超深水大气田成功投产，标志着我国海洋油气开发实现了挺进1500m超深水的历史性跨越。

从天津塘沽、湛江坡头的沿海一隅，发展到遍及全球，形成多个产业集群。40年深耕蓝疆，中国海油高效建成多个国家级海洋油气生产基地，累计

供应油气近 15×10^8 t 油当量，近三年国内原油增产量占全国总增量 70% 左右，勇当增储上产主力军。中国海油成功打造了一体化、多元化、全球化的现代能源产业，确立了"1534"总体发展思路，建成油气勘探开发、炼油化工销售、天然气与发电、专业技术服务等一体化的产业集群。中国海油积极与国际石油公司合作，引进外资和技术，随着实力的增强其业务逐渐从国内扩展到海外。

在保障国家能源安全方面，中国海油发挥着越来越重要的作用。其油气产量从年产 9×10^4 t 增长到超过 1×10^8 t，实现了从浅水到深水、从海上到陆地、从国内到海外的三大历史性跨越。当前，中国海油正全力实施"三大工程""一个行动"，即增储上产攻坚工程、科技创新强基工程、绿色发展跨越工程、提质增效升级行动，同时着力构建油气资源供给保障中心、海洋工程技术研发中心、海洋装备设计建造中心、人本理念践行示范中心等"四个中心"，勇当建设海洋强国排头兵，为保障国家能源安全、建设海洋强国贡献海油力量！

3.1.2 绿色低碳转型

在全球气候变化的严峻挑战下，绿色低碳转型已成为全球共识和各国发展的必然趋势。中国作为全球最大的能源消费国和碳排放国之一，面临着巨大的减排压力和转型需求。为了推动经济的可持续发展，党的十九大首次将"必须树立和践行绿水青山就是金山银山的理念"写入了报告，与"坚持节约资源和保护环境"的基本国策一并成为新时代中国特色社会主义生态文明建设的基本思想和方略。2020 年 9 月，习近平总书记明确提出我国二氧化碳排放力争于 2030 年前达到峰值，努力争取 2060 年前实现碳中和，中国将致力于通过绿色低碳转型来实现经济的高质量发展。

善弈者谋势，善谋者致远。"十一五"期间，中国海油积极转变发展模式，将节能减排视为企业应尽社会责任，以及促进公司发展、打造公司竞争实力的重要契机。中国海油将节能减排作为一项基本制度，初步建立节能减排组织体系和制度体系，积极实施节能减排项目。党的十八大以来，中国海油党组不断提高政治站位，深化思想认识，深入贯彻习近平生态文明思想，秉承"绿水青山就是金山银山"的理念，不断推进绿色发展的脚步，全力投入到海洋生态环境保护的"国家级行动"中，开展了一系列根本性、开创性、长远性工作，使海上油田呈现更加生态友好的和谐局面。

中国海油向海而生、因海而兴，诞生之日起就肩负着开发蓝色国土、保障国家能源安全的职责使命。中国海油的绿色转型之路，是一条创新驱动、科技先行的发展之路。中国海油将绿色低碳发展理念确定为"1534"总体发展思路的重点内容，明确提出要实现从传统油气向新能源跨越的转型目标，提出"到2050年全面建成中国特色国际一流的清洁能源生产和供给企业"的远景目标。发展清洁能源产业是中国海油贯彻新发展理念的具体体现和行动实践，也是中国海油应对低油价挑战、优化业务结构、提升中国海油资产质量、打造新增长极的必然需要。

3.1.2.1 转型特点

中国海油绿色低碳转型将继续做好发展海洋能源产业这篇大文章，主要呈现四大方面特点：

一是"保障转型"。坚定不移推进油气增储上产，着力提高国内天然气供应量，充分发挥天然气作为能源转型过渡桥梁的价值。

二是"借势转型"。发挥传统油气产业与新能源产业融合发展的优势，实现油气产业链低碳发展和零碳负碳产业快速发展"双向发力"。

三是"拓展转型"。立足二氧化碳封存源汇匹配优势，加快推进海上CCS/CCUS产业集群建设，探索和培育海洋碳汇产业，提供规模化的碳去除解决方案。

四是"合作转型"。携手国内能源企业和国际合作伙伴推进重大研究项目，积极吸收国内外先进的科学技术和经营理念，共同推动绿色低碳发展。

3.1.2.2 转型历程

中国海油自1982年成立之初，就肩负起了推动中国海洋石油工业发展的重任。随着时代的变迁和环保意识的提升，中国海油积极响应国家低碳政策号召，从最初的环境保护、资源节约到如今的"双碳"时代，公司通过不断探索与发展，开启了具有海油特色的绿色低碳发展之路。

中国海油绿色低碳发展历程大体可分为"探索—起步—建设完善—全面推动"四个阶段。

一是探索阶段（1982—2006年），率先进入液化天然气（LNG）领域，加大对海上油气田高含碳天然气综合和渤海高酸重质原油的综合利用，以减少能源使用过程中温室气体排放，成立节能处和新能源办公室，全系统建立能耗统计和报告制度，探索风电、光伏、生物质等新型能源。

二是起步阶段（2007—2015年），制定《中国海油应对气候变化的策略》和《2010年中国海油应对气候变化行动方案》，加大天然气勘探开发力度，立足国内煤炭资源优势，发展煤基清洁能源产业，构建 LNG 接收、储运和销售为一体的清洁低碳能源供应体系；建立节能减排管理制度和标准化框架体系，严格落实固定资产投资项目节能评估和审查制度，完成中国境内下属企业碳盘查，积极参与地区碳试点建设及配额履约，开发清洁发展机制（CDM）项目。

三是建设完善阶段（2016—2020 年），制订《中国海油落实"五个战略"实施方案》，发布《绿色发展行动计划》，推进"碳达峰、碳中和"行动方案的研究部署，打造贯穿油气田、终端、炼厂、电厂、LNG 接收站、制造基地、码头的绿色低碳产业链；成立"碳达峰、碳中和"领导小组，持续推进节能精细化管理，构建低碳管理体系，率先实施固定资产投资项目碳排放影响评估，探索建立碳资产管理模式；加快推进绿色制造示范企业创建，积极开展节能降碳改造项目、推行合同能源管理、加强能效控制和低碳信息化建设。

2019 年 6 月 10 日，中国海洋石油集团有限公司在京发布了《绿色发展行动计划》（图 3.1），该行动计划顺应当今全球能源转型升级发展大势，积极响应国家生态文明建设，从绿色油田建设、清洁能源供给和绿色低碳发展三个层面，形成了中国海油绿色发展的整体框架和发展思路，助推我国海洋石油工业高质量发展。

2019 年，中国海油在国务院国有资产监督管理委员会 2016—2018 年任期考核中获评节能减排突出贡献企业（图 3.2），在国务院国有资产监督管理委员会公布的 2022 年度中央企业负责人经营业绩考核 A 级企业名单中，中国海油位列第一。至此，中国海油已连续第 19 次在国务院国有资产监督管理委员会年度考核中获评 A 级。

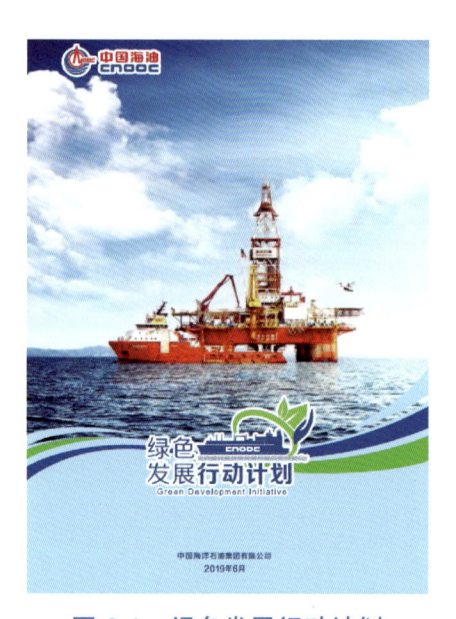

图 3.1 绿色发展行动计划

四是全面推动阶段（2021 年至今），实行绿色低碳战略，发布中国海油"碳达峰、碳中和"行动方案，持续推进海上油气田清洁生产，完成优化下游产业布局，积极推动下游能效提标改造，加快新能源产业培育，"战新"产业培育稳健有序，绿色工厂、绿色码头、绿色船舶和绿色加油站相继建成，进一步加大新能源、节能、碳排放监测、二氧化碳制化学品及二氧化碳捕集、利用

3 中国海油绿色低碳发展足迹

与封存（CCUS）等低碳技术研发投入，实现全过程低碳管控和低碳产业与技术开发及应用。积极构建清洁低碳、安全高效的能源体系，完成管理制度体系整合优化，积极实施上游开发项目碳排放控制，推动形成自主海上平台碳捕集、处理、注入、封存和监测全套技术和装备体系。低碳已成为企业发展和文化建设的重要组成部分，全面开启绿色低碳转型发展新征程。

图 3.2 中国海油获评节能减排突出贡献企业

2022年6月29日，中国海油正式发布《中国海油"碳达峰、碳中和"行动方案》（图3.3），力争2028年实现碳达峰，2050年实现碳中和，非化石能源产量占比超过传统油气产量占比，成为实现我国"双碳"目标和保障国家能源安全的中坚力量。按照"双碳"行动方案，中国海油将实施清洁替代、低碳跨越、绿色发展"三步走"策略：第一步为清洁替代阶段，时间跨度为2021—2030年。这个阶段是国家实现碳达峰的关键时期，总体特征是碳排放达峰、碳强度下降，产业结构调整取得重大进展，负碳技术获得突破。第二步为低碳跨越阶段，时间跨度为2031—2040年。这个阶段是中国海油实现低碳跨越的重要时期，总体特征是油气产业实现转型、新能源快速发展，碳排放总量有序下降，负碳技术实现商业化应用。第三步为绿色发展阶段，时间跨度为2041—2050年。这个阶段是中国海油全面建成中国特色国际一流能源公司的重要时

图 3.3 中国海油"碳达峰、碳中和"行动方案发布会

期，总体特征是推进碳排放总量持续下降并实现净零排放，基本构建多元化低碳能源供给体系、智慧高效能源服务体系，以及规模化发展的碳封存和碳循环利用体系。图 3.4 为中国海油绿色低碳发展时间轴。

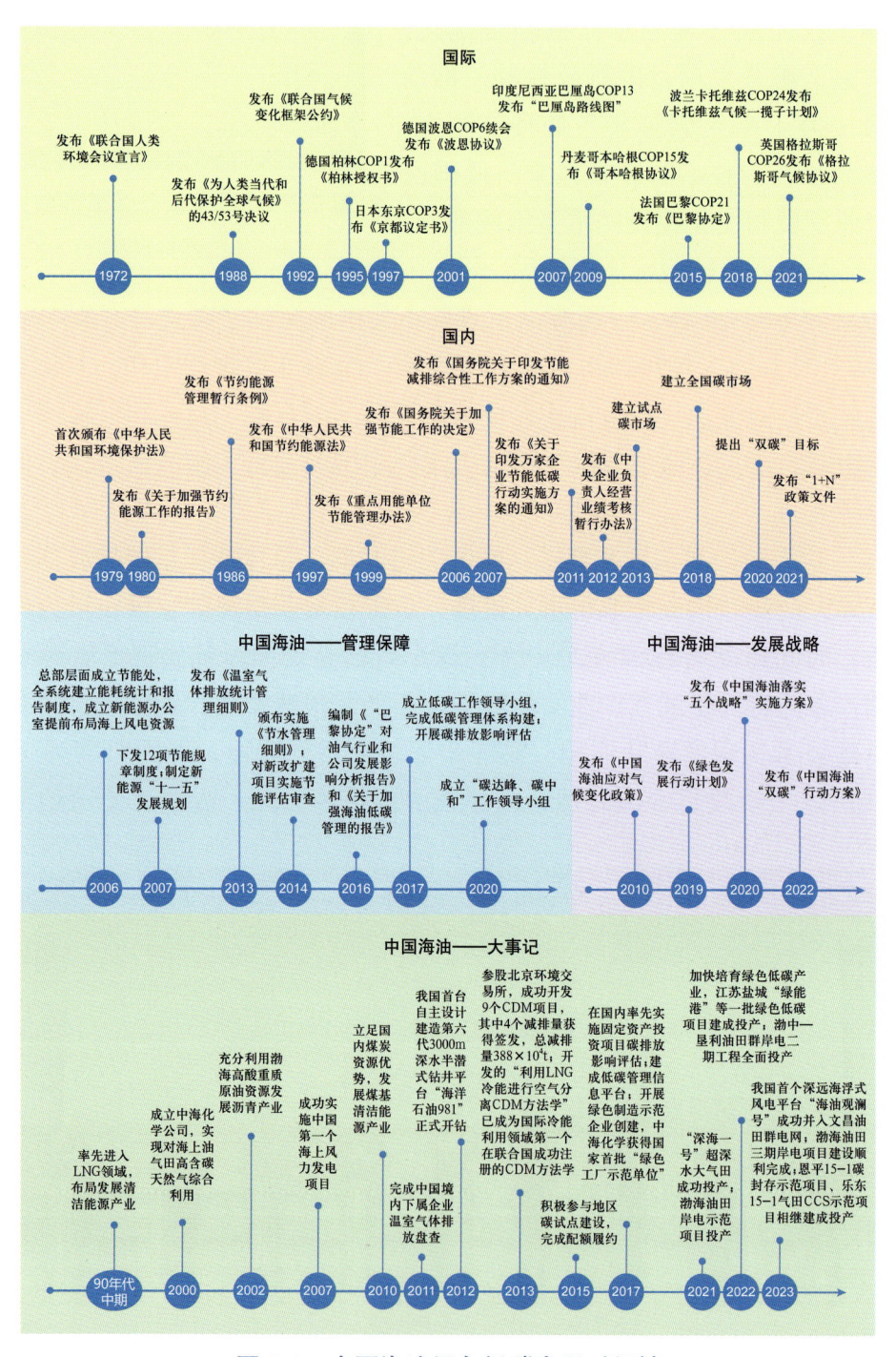

图 3.4　中国海油绿色低碳发展时间轴

3.2 绿动未来，构建绿色低碳发展战略

绿色低碳发展战略的制定至关重要，它不仅是企业应对全球气候变化、减少温室气体排放的迫切需求，也是推动经济转型升级、实现高质量发展的内在要求。通过科学规划并有效实施这一战略，企业能够引导资源优化配置，促进能源结构向清洁、低碳方向转变，同时激发绿色技术创新，培育新的经济增长点，为构建人与自然和谐共生的美好未来奠定坚实基础。

3.2.1 绿色低碳战略目标

为深入落实习近平生态文明思想，贯彻党和国家重大决策部署，中国海油作为国家重要的海洋石油企业，担负新的历史使命，以实际行动践行新发展理念，服务国家战略，保障国家能源安全，引领公司实现高质量发展。中国海油深刻认识到绿色低碳转型的重要性，一直秉持着可持续发展的理念，以建设有中国特色的世界一流能源公司为己任，于2018年提出建设中国特色世界一流能源公司的战略目标和"创新驱动、国际化发展、绿色低碳、市场引领、人才兴企"五个战略，正式将绿色低碳发展作为公司未来发展战略之一。

到2025年，中国海油绿色低碳整体指标同比达到国内领先水平，进一步扩大绿色制造试点建设，多方位推进中国特色世界一流的清洁能源生产和供给企业建设。到2035年，中国海油绿色低碳整体指标同比达到国际先进水平，基本完成绿色制造体系建设，初步建成中国特色世界一流的清洁能源生产和供给企业。到2050年，中国海油绿色低碳整体指标同比达到国际领先水平，完成绿色制造体系建设，全面建成中国特色世界一流的清洁能源生产和供给企业。

构建中国海油绿色低碳发展新模式：

一是构建绿色清洁生产模式。建立生产过程全生命周期的生态环境保护长效机制，提升环境风险分级防控能力，加强资源和能源高效利用，实施全过程污染物和温室气体排放管控，推动节能减排低碳管理的数字化发展，淘汰落后工艺设备，构建绿色制造体系，促进产业升级和高质量发展。

二是推进绿色低碳产业发展。全力提升天然气供给能力，加大清洁低碳能

源产品供给，积极构建绿色低碳能源供给体系。加快新能源技术路径研究及产业化体系构建，积极稳妥推进新能源业务。构建绿色低碳能源服务支撑体系，发展绿色环保产业。

三是统筹培育战略性新兴产业。持续探索具有中国海油特色的战略性新兴产业发展道路，持续优化深水深层油气开发、非常规油气综合利用、高端装备制造等领域产业结构，积极谋划部署新材料、新能源、新一代信息技术等新产业新业务。

四是打造绿色低碳文化理念。树立与自然和谐共处的绿色环保意识，践行绿色环保的生活方式和办公方式。通过倡导员工在办公及日常生活中关注和实践绿色低碳行为习惯，培养员工简约适度、绿色低碳的思维方式，成为绿色生活方式的实施者和倡导者。

3.2.2 绿色低碳发展方向

为贯彻落实中国海油绿色低碳发展战略，持续加强战略规划指引，中国海油将采取源头控碳、过程降碳、末端固碳等全过程降碳、控碳措施，进行低碳管理。同时，通过统筹培育壮大战略性新兴产业，打造公司新质生产力。

3.2.2.1 源头控碳

（1）加强源头管控。

加强对传统产能改造，淘汰落后产能，推动新旧动能转换和产业转型升级。对低产低效生产井，结合经济性评价结果，考虑关停措施，消减能耗和温室气体排放总量。

严格落实新建项目节能审查和碳排放影响评估审查制度，把好项目准入关。从源头把控生产工艺选择、设备选型，实现能源利用效率最大化，温室气体减排措施最优化和项目经济利益最大化。将节能低碳融入新建设项目的全生命周期，建立审查意见层层落实制度，着力实施固定资产投资项目全过程闭环节能低碳管理。

（2）优化能源消费结构。

大力推进能源消费结构绿色低碳转型。大规模推广岸电入海，替代海上平台原油及天然气发电。鼓励开发利用可再生能源，持续推进风能、核能、海洋能等海洋新型能源及其他新型绿色低碳能源的探索、研究、试开发；持续优化重点用能单位的用能结构，积极推动燃煤替代、燃油替代、清洁电力利用等措施。

推进外购电力清洁化。结合国家绿电交易机制的落地情况，逐步加大可再生能源电力、核电和水电等绿色零碳电力的采购，提高外购电力中绿色电力使用比例。

3.2.2.2　过程降碳

（1）加强资源和能源的综合利用。

减少生产过程温室气体排放。研究油田放空甲烷伴生气的增压外输、回注驱油、发电供热、制成 CNG 或 LNG 等多种综合利用的可行性。推动输气管网建设，实现区域互联互通，将伴生气外输利用。优化火炬系统设计，提高燃烧效率。持续开展逸散甲烷气监测和减排，强化炼化和 LNG 生产、储存、运输过程的甲烷泄漏监测和回收。

积极开展海上平台区域电力组网。实现发电设备互用互备，提高供电可靠性与稳定性，有效提高电站利用率。

大力推广余热回收技术。采用透平燃气发电机废热回收装置，利用余热进行发电供热，提高余热能源利用率。

加强水资源循环利用。采取海水淡化、污水综合利用、中水回用等措施。

（2）推进节能增效和数字化发展。

持续推进能效提升工程。以"全局用能最优"为原则，不断优化生产工艺流程，持续降低生产过程对能源需求，深化热量梯度利用和低温热回收，优化热源热阱的匹配，提高换热效率和热联合直供比例，持续推动生产过程操作优化，实现最低的能源消费强度。

实施节能改造重点工程。用能单元节能技改方面，持续推动用能单元节能技改项目的实施。海上油气田关注用能设备效率提升，推进生活设施用能优化，开展大功率用电设备变频调控、永磁调速、谐波治理等项目。炼油化工企业实施大型往复式压缩机流量无级调控、螺杆膨胀动力驱动、永磁涡流柔性传动、变频等项目，不断提升设备能效。发电企业重点推广实施节能优化运行、真空泵节能改造、汽机汽封节能改造等项目，降低厂用电率。持续推动以合同能源管理模式开展节能技改工作，主动利用外部资金，为节能技改项目实施提供资金保障。LNG 冷能回收方面，加快推进冷能综合利用项目建设，优化冷能空分技术，降低冷能利用装置电耗，提升能效。

继续加大节能低碳监督监测力度。强化目标责任考核，完善节能低碳监督监测体系，制定严于国家及行业的监测指标，明确须定期开展的节能低碳监督监测工作，落实能源计量统计制度，淘汰落后工艺和用能设备产品，不断提高能源利用效率。

积极开展能管中心系统建设。根据"总体推进、分步实施、试点先行"的原则，在油气开采、炼油化工、化肥、发电等板块全面有序推进能耗在线监测系统、能源管理中心建设。

（3）持续打造绿色低碳企业文化。

树立"与自然和谐共处"的绿色环保理念。倡导"尊重自然、融入自然，与自然和谐发展"的绿色价值观，培养"思前、行后"的绿色环保思维方式，倡导绿色环保的消费观念和消费模式，培养简约适度的生活理念和行为习惯。

践行绿色环保的生活方式。关注生态环境，学习环保知识，积极并科学地参与环保实践；合理利用能源资源，减少浪费，减少污染；减少塑料制品的使用；倡导低碳出行；分类投放垃圾，不随便扔垃圾；倡导食用低碳健康的饮食。

践行绿色办公。营造绿色办公氛围，加强绿色办公宣传和引导；创建资源节约型机关，杜绝资源浪费；践行绿色环保办公、绿色会议和绿色差旅；创建绿色办公大楼，倡导办公楼固体废物源头减量化、分类收集和处置。

组织开展形式多样的节能宣传周、全国低碳日、世界环境日主题活动，持续培养全员节约资源、保护环境和低碳发展的自觉行动意识，逐步树立员工绿色低碳发展的文化理念。在全系统范围内定期组织开展环保、节能、节水、绿色、低碳相关的办公和生活"金点子"征集和评比活动，形成全员参与的绿色低碳文化培育活动。

3.2.2.3 末端固碳

（1）大力发展CCUS技术。

加强二氧化碳驱油提高采收率与地质封存技术研究，围绕二氧化碳驱油油藏适应性研究、注采与驱替技术、二氧化碳高效回收技术，地质封存潜力评估、二氧化碳监测与安全性评估技术等开展攻关与示范，形成二氧化碳驱油提高采收率、地质封存的工程化技术能力和规模化实施能力，稳步推进CCUS产业化进程。

（2）推进二氧化碳化学利用技术研发和应用。

加强二氧化碳化学利用制取高附加值化学品技术研发，探索发展二氧化碳制含氧化合物、高分子聚合物等技术，使富碳天然气资源得到高质化利用；密切关注二氧化碳化学利用前瞻性技术进展，努力拓展二氧化碳化学转化利用渠道。针对高浓度二氧化碳排放区域，探索二氧化碳直接利用的方式。研究利用合成氨副产二氧化碳生产尿素产品，推进工业级、食品级二氧化碳装置建设。

（3）关注海洋和林业碳汇等控碳新技术。

利用中国海油海上作业平台和海洋工程技术优势，开展海洋碳汇储碳机制研究工作，评估各海域固碳能力和储碳潜力。积极参与国际、国内生态项目，寻求地方政府合作，考虑设置林业碳汇基金，以投资营林管理养护、碳汇开发为主要模式，探索林业碳汇试点建设。

3.2.2.4 大力发展战略性新兴产业

战略性新兴产业是引领国家未来发展的重要决定性力量，对我国形成新的竞争优势和实现高质量发展至关重要。《中华人民共和国国民经济和社会发展第十四个五年规划和2035年远景目标纲要》提出发展壮大战略性新兴产业。党的二十大报告强调，推动战略性新兴产业融合集群发展，构建新一代信息技术、人工智能、生物技术、新能源、新材料、高端装备、绿色环保等一批新的增长引擎。2022年中央经济工作会议提出，发展新质生产力，打造若干战略性新兴产业，加快传统产业转型升级。这是在新的历史起点上，加快建设现代产业体系，推动经济高质量发展，开启全面建设社会主义现代化国家新征程的重大战略部署。

中国海油牢牢把握中央企业的时代定位，坚定贯彻落实国家对战略性新兴产业发展要求，持续探索具有中国海油特色的战略性新兴产业发展道路，通过战略性新兴产业的发展，推动公司转型升级，培育新的增长点，为实现高质量发展奠定坚实基础。在保障国家能源安全的同时，积极响应国家"双碳"目标，推动绿色低碳发展。

3.2.2.4.1 产业定位

大力发展战略性新兴产业是中国海油服务国家战略的必然选择。

大力发展战略性新兴产业是培育发展新动能、获取未来竞争新优势的关键领域。

大力发展战略性新兴产业是引领中国海油高质量发展的先导性产业。

大力发展战略性新兴产业是支撑中国海油可持续发展的动力源。

3.2.2.4.2 总体目标

到 2025 年，基本建成较为完善的"战新"产业体系和管理体系。

到 2030 年，战略性新兴产业结构进一步优化、布局进一步完善，成为中国海油营业收入和利润的重要来源。

3.2.2.4.3 产业规划

中国海油按照"强基拓新""重点突破""创新培育"三种发展节奏有序推进，构筑中国海油战略性新兴产业发展体系（表 3.1）。

表 3.1　中国海油战略性新兴产业发展体系

强基拓新	重点突破	创新培育
非常规油气和油砂（节能环保）	可再生能源发电	氢能、负碳、储能
深水深层油气开采（节能环保）	新一代信息技术	绿色金融（相关服务业）
海洋油气装备制造	新材料	绿色甲醇（生物）
LNG 工程技术服务（相关服务业）	高碳天然气利用、冷能、节能工程	天然气水合物、海洋矿产

3.2.2.4.4 实施情况

中国海油已完成公司战略性新兴产业体系框架的构建，成立了由董事长任组长的中国海油"战新"产业工作领导机构及专项工作组，形成了《中国海油战略性新兴产业实施方案》和《中国海油战新产业发展初步工作方案》，提出了各领域发展目标和任务部署。2021 年至 2023 年底，中国海油已累计完成"战新"产业投资超过 1000 亿元，公司在深水深层油气开发、非常规油气综合利用、高端装备制造等领域取得了一定成效，并积极谋划部署新材料、新能源、新一代信息技术等新产业新业务。未来，中国海油将持续优化产业结构，实现"战新"产业的稳健发展。表 3.2 为中国海油战略性新兴产业实施情况。

表 3.2　中国海油战略性新兴产业实施情况

年份	取得成效
2020	结合国家分类目录，基于产业发展现状及未来布局，经过系统梳理拟定了包含八个类别、300 余项重点产品和服务的中国海油新兴产业目录清单，初步构建了中国海油战略性新兴产业体系框架，并在"十四五"发展规划中围绕新能源、新产业等六个方面提出规划部署，包括： （1）差异化布局新能源业务； （2）加快发展化工新材料业务； （3）加快发展节能环保业务； （4）实现陆上非常规天然气跨越式发展； （5）加快推进数字化转型和智能化发展； （6）持续加强深水装备制造能力
2023	以国家统计局 2018 版和 2023 版"战新"产业分类目录为基础，结合国资委[1]工作要求和中国海油产业发展需要，经过系统梳理、深入研究，初步制订了涵盖七大领域和部分海油特色产品、服务的《2023 版中国海油战略性新兴产业目录（初稿）》，绘制了产业地图，为产业发展夯实基础，并有效开展 2023 年度数据统计。 完成《中国海油战略性新兴产业实施方案》制订，提出"加快培育绿色低碳产业，加快新能源、新材料、工业软件等战略性新兴产业布局，差异化培育发展新能源、化工新材料和工业软件产业"
2024	成立由董事长任组长的中国海油战略性新兴产业和未来产业工作领导机构，下设领导小组办公室和七个专项工作组，在中国海油上下形成合力统筹推动海油"战新"产业发展。 围绕国资委提出的"9+6"重点领域，系统谋划中国海油战略性新兴产业 / 未来产业发展思路，形成了海油"战新"产业发展初步工作方案，提出了各领域发展目标和任务部署

---

[1] "国务院国有资产监督管理委员会"简称"国资委"

3.3 双碳框架筑基，构建双碳管理体系

中国海油通过建立健全组织保障、制度标准，全面加强节能减排低碳科学管理。"十三五"期间，中国海油成立了专门的节能减排低碳领导小组，下设节能减排低碳办公室，确保各项工作有序推进。各所属单位设置了从公司到班组的节能减排低碳管理三级网络。成立了节能减排低碳专业技术机构，从源头设计、过程实施等环节将绿色低碳理念、技术嵌入到企业的制度体系、生产过程。同时，中国海油制定了一系列与节能低碳相关的管理制度和标准，从源头把控能源消耗，推动绿色低碳发展。这些举措不仅提升了中国海油的能源利用效率，也为行业的可持续发展树立了典范。

3.3.1 优化组织机构设置

"十四五"期间，中国海油为加强工作谋划和统筹协调，进一步优化组织领导体系，将节能减排低碳工作领导小组并入公司"碳达峰、碳中和"工作领导小组，成立了中国海油"碳达峰、碳中和"工作领导小组办公室。各所属单位也相应在原节能减排低碳组织机构基础上进行了调整（图3.5）。

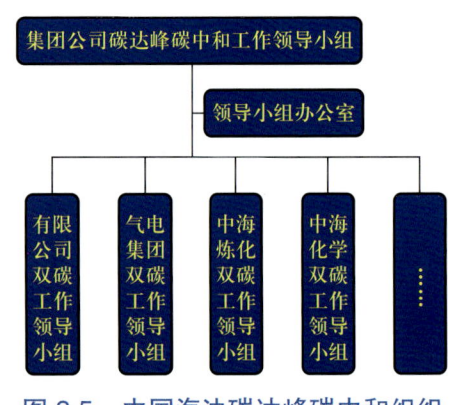

图 3.5 中国海油碳达峰碳中和组织机构示意图

3.3.1.1 中国海油管理机构

3.3.1.1.1 "碳达峰、碳中和"工作领导小组

中国海油"碳达峰、碳中和"工作领导小组的组长由公司党组书记、董事长、党组副书记、总经理共同担任，成员包括：中国海油党组专职副书记、副总经理、纪检监察组组长、总会计师，有限公司总裁，中国海油总经理助理，有限公司执行副总裁。

领导小组主要职责为：负责推动中国海油实施绿色低碳战略，审批"碳达峰、碳中和"愿景下中国海油行动方案、中国海油年度"碳达峰、碳中和"工

作要点，研究决定"碳达峰、碳中和"管理工作中的重大事项。

3.3.1.1.2 "碳达峰、碳中和"工作领导小组办公室

中国海油"碳达峰、碳中和"工作领导小组办公室设在能源经济研究院，承担"碳达峰、碳中和"工作领导小组的日常工作。中国海油副总经理（联系能源经济研究院）兼任办公室主任，中国海油质量健康安全环保部、企业管理部、研究总院、能源经济研究院等部门或单位的主要负责人兼任办公室副主任，中国海油人力资源部、规划计划部、财务资产部、工程建设部、资金部、科技信息部、法律合规部、勘探部、开发生产部、财务部、中海石油气电集团有限责任公司、中海石油炼化有限责任公司、中海石油化学股份有限公司、中海油能源发展股份有限公司等部门或单位的主要负责人担任办公室成员。

领导小组办公室主要职责为：负责组织编制修订"碳达峰、碳中和"愿景下中国海油行动方案、中国海油年度"碳达峰、碳中和"工作要点，经领导小组批准后推动实施；协调"碳达峰、碳中和"工作中的重大事项；协调与国家有关部委和地方省市的工作联系；督促检查领导小组议定事项的贯彻落实情况。

3.3.1.2 支撑单位机构

中国海油为做好碳达峰碳中和管理工作，不但在公司和各所属单位建立了相应的组织体系，还成立了从事不同业务领域的专业机构，各专业机构技术方向各有侧重，在技术发展上互相支持，形成了上下联动、多维互促的绿色低碳组织保障体系，为中国海油"双碳"管理工作提供技术支撑（表3.3）。

表3.3 中国海油成立的不同业务领域的专业机构

类型	成立时间	公司名称	公司简介
金融信托	1988年	中海信托股份有限公司	公司创立于1988年7月，是由中国海洋石油集团有限公司和中国中信有限公司共同投资设立的国有银行业非存款类金融机构。公司注册资本25亿元人民币，其中，中国海洋石油集团有限公司持有95%股权，中国中信有限公司持有5%股权。公司总部位于上海，业务开展遍及全国

续表

类型	成立时间	公司名称	公司简介
监测审计	2007年	中国海洋石油集团有限公司节能减排监测中心	作为中国海油唯一的节能低碳监督监测技术机构，在碳排放监测、审计、碳盘查、碳核查、碳评价、低碳咨询、节能监测与评价、智慧用能等领域具备技术优势。自成立以来，一直作为集团公司健康安全环保部管理支持机构，承担了集团各板块节能减排数据采集、监测、审核、分析、应用等，直接参与了中国海油双碳数字化平台的设计、开发及运维，积累了丰富的数据信息
研究咨询	2012年	中海油研究总院有限责任公司工程研究设计院安全节能室	隶属于研究总院工程设计研究院，负责海上油气田开发ODP和基本设计节能篇编写，海上油气田开发项目节能评估报告编写和审查工作，陆上工程节能篇、节能评估等相关工作的审查，节能减排标准或相关领域的研究工作及节能减排相关技术支持工作
专业服务	2012年	中国海油节能环保服务有限公司	主要从事节能、环保、低碳工程项目的实施。主营业务包括四部分：一是水处理工程服务，包含生产污水处理（数字化在线管理）和生活污水处理技术服务（海上平台）；二是机电节能工程服务，包含机电节能、系统节能优化（循环水）和绿色照明技术服务；三是气体净化工程服务，包含烟气脱S、N，天然气脱S、C、H_2O和VOCs气体检测、治理技术服务；四是新能源工程服务，包含余热利用技术服务和新能源技术服务
研究咨询	2016年	中海油研究总院有限责任公司新能源研究院	主要从事国内外碳税调研，低碳方法学研究、碳减排项目研究、新建项目碳评、低碳发展对标研究、CCUS及二氧化碳在煤层气、致密气开采中作为驱气介质的探索性研究等工作

续表

类型	成立时间	公司名称	公司简介
政策研究	2020年	中国海油集团能源经济研究院	能源经济研究院是中国海油集团有限公司直属的公司智库,为中国海油集团有限公司的战略决策参谋部和经营决策与管理创新支撑中心、重大项目评价与咨询论证中心、能源经济与信息对外交流合作中心。主要负责统筹整合研究资源,建设一流能源智库,健全集团公司决策咨询支撑体系。聚焦油气行业及能源转型新趋势、公司未来发展方向等重要领域开展全局性、战略性、前瞻性研究,充分发挥战略支撑作用、引领发展作用、决策参谋作用、咨询服务作用、理论基础作用,为中国海油建设中国特色国际一流能源公司作出智力贡献
专业服务	2020年	中海油电力投资有限公司	作为中国海油全资、唯一的购、售电业务平台公司,主营业务包括购售电交易、碳资产管理、天然气发电项目投资等。在我国电力体制市场化改革快速推进的形势下,海油电投致力于全海油气、电产业链的协同发展,实现气电集团燃气电厂发电量的足量、高价值销售,保障上游海气平稳消纳,完成天然气拓市增效任务
专业服务	2021年	中海油能源发展股份有限公司清洁能源分公司	公司由原海油发展管道公司、新能源技术项目组整合而成。该公司将重点培育以海上风电为核心的新能源产业,大力推动海上风电,探索分布式能源、地热能、氢能等清洁能源的开发和利用

3.3.2 建立制度体系框架

制度体系是节能工作的保障,中国海油积极开展节能、减排、环保、低碳制度体系建设,规范各环节的能源利用、碳排放管理等工作。中国海油已形成节能、减排、环保、低碳管理等多个办法与实施细则,管理制度结构更加清晰，内容更加完善，特别是新制定的《低碳管理办法》和其相关细则，明确了低碳职责分工及统计、核证减排量（CCER）、碳评、碳资产、考核等各项低碳管理要求，在国内大型企业中率先建成较为完善的碳资产管理制度体系，为开展碳排放管控和积极参与碳排放权交易市场奠定了基础。

3.3.2.1 建设历程

中国海油节能低碳制度体系的建设历程可归纳为以下四个阶段：

第一阶段：制度体系初步建立（2006—2010 年）。

该阶段属于中国海油节能工作起步期，主要开展报告及考核等制度建设工作。2006 年 9 月，中国海油制定并向各所属单位印发了《中国海洋石油总公司节能工作暂行办法》，首次将节能计划和考核纳入对节能工作的管理范围内，并与列入国家千家企业的所属单位签订节能目标责任书，落实目标分解。

为落实《国资委关于报送节能工作实施方案的通知》要求，中国海油编制了《关于中国海洋石油总公司节能工作实施方案的报告》和《中国海洋石油总公司节能减排考核奖惩办法》，明确了节能考核和激励机制的管理要求，把所属企业节能减排情况纳入公司绩效考评办法，作为企业负责人经营业绩考核的重要内容。

第二阶段：制度体系逐步提升（2011—2015 年）。

该阶段中国海油节能制度建设工作进一步得到了提升，加大了对重点用能单位的考核。2012 年 3 月，中国海油印发了《关于加强中国海油所属年综合能源消费量 1×10^4tce 以上重点用能单位节能工作的通知》，要求各单位高度重视，并积极和属地政府对接沟通，制定合理的节能目标。梳理了系统内所属年综合能源消费量达到 1×10^4tce 以上的企业，并加强对其监督管理，对未完成节能目标，而被国家发改委[1]通报的所属万家企业，对其及其所在二级单位实行"一票否决制"，给予年度节能目标责任考核零分处理。

2013 年 2 月，为确保"十二五"节能目标的实现和加快"资源节约型、环境友好型"企业的建设，切实发挥节能在转变经济发展方式中的重要抓手作用，中国海油对纳入 2012 年度生产经营业绩考核的所属单位及部分万家企业进行了现场评价考核。

第三阶段：制度体系发展完善（2016—2019 年）。

该阶段为节能工作制度建设全面推动阶段，建立了节能、减排、环保、低

---

[1] "中华人民共和国国家发展和改革委员会"简称"国家发改委"

碳管理等多个办法与实施细则，管理制度结构更加清晰。为树立"清洁、绿色、低碳和循环经济"的发展理念，促进节能降耗，建设资源节约型、环境友好型企业，2016年，中国海油发布了《关于进一步加强节能管理工作的通知》，通知对节能的目标管理、组织管理、资金管理等提出了进一步要求。2017年1月，中国海油发布了《中国海洋石油总公司节能管理办法》，明确了公司节能管理的组织机构体系、职责分工、管理原则、规划与计划管理、固定资产投资项目节能评估和审查管理、专项资金管理、监督管理、宣传教育与培训等方面的要求，规范了节能管理程序。

2018年5月，中国海油在充分洞悉企业碳排放现状基础上，明确了各业务部门职责分工，制定并发布了《中国海洋石油集团有限公司低碳管理办法》，提出了碳排放统计与报告、固定资产投资项目碳排放影响评估和审查、CCER项目开发、碳资产及低碳考核等管理要求，规范低碳管理程序，在国内的大型企业中率先建成较为完善的低碳管理制度体系。

第四阶段：制度体系优化整合（2020—2023年）。

该阶段为中国海油节能低碳工作制度建设优化整合阶段，根据《完整准确全面贯彻新发展理念做好碳达峰碳中和工作的意见》《2030年前碳达峰行动方案》等国家"双碳"1+N系列政策相关要求及《中国海油"碳达峰、碳中和"行动方案》中关于"创新体制机制"的工作部署，结合公司节能低碳工作实际与未来规划，对节能低碳制度体系进行了整合优化，以适应国家节能低碳政策法规要求，进一步增强管理效能，提升中国海油整体节能低碳管理水平。

2023年8月，中国海油发布了《中国海洋石油集团有限公司节能低碳管理办法》，该办法明确了公司节能低碳管理职责分工，在机构设置、制度建设、规划与计划管理、固定资产投资项目管理，以及统计、报告与监测管理、专项检查、节水管理、碳减排项目开发与碳交易管理、宣传培训和考核等方面规范节能低碳管理内容及要求，确保节能低碳指标完成和管理合规。

3.3.2.2　制度体系内容

《中国海洋石油集团有限公司节能低碳管理办法》共包含三个管理细则，分别是：固定资产投资项目节能低碳管理细则、节能低碳统计报告与监测管理细则及节水管理细则。

3.3.2.2.1　固定资产投资项目节能低碳管理细则

为了加强中国海油固定资产投资项目节能低碳评价与审查管理，规范项目节能报告和碳排放影响评价报告审查，以及验收、后评价等工作程序和要求，该细则依据《中华人民共和国节约能源法》《固定资产投资项目节能审查办法》及《中国海洋石油集团有限公司节能低碳管理办法》等法律法规与管理制度，规定了中国海油各有关部门和所属单位的职责分工，以及审查制度、审查原则、评价报告深度等管理要求。

3.3.2.2.2　节能低碳统计报告与监测管理细则

为了有效落实中国海油对所属单位的能源消耗、碳排放和水资源消费的统计、节能低碳监督监测管理工作，该细则依据《重点用能单位节能管理办法》《中央企业节能减排监督管理暂行办法》《关于印发〈企业温室气体排放报告核查指南（试行）〉的通知》及《中华人民共和国节约能源法》等法律法规与管理制度，规定了中国海油对所属单位实施节能低碳监督管理的事项，包括及时、准确报告自身的能源消耗、碳排放和水资源消费数据，负责实施节能低碳监督监测计划，开展节能监测、能源审计、低碳审计、绿色制造体系评价、节能技改项目节能量和减碳量审核等各项节能低碳监督监测工作。

3.3.2.2.3　节水管理细则

为了加强中国海油对所属单位的用水管理，规范取水定额，明确建设项目节水管理要求，该细则依据《中华人民共和国水法》《中国海洋石油集团有限公司节能低碳管理办法》规定了所属单位节水基础管理、取水定额管理及节水技术要求等工作内容，要求所属单位设立节水机构，配备专职或兼职节水管理人员，建立节水责任制，把节水工作纳入本单位日常生产经营管理。采取分质用水、一水多用、中水回用，提高水的重复利用率，减少取水量和废水排放量，推广废水资源化和"零"排放技术。

3.3.3　制定标准化管理体系

3.3.3.1　标准体系顶层设计

标准是节能工作的有效支撑，中国海油积极组织开展节能标准的制修订工作，不断完善节能标准体系，规范生产各环节的能源利用。公司标准化委员会节能低碳专标委是节能标准的管理组织机构，专标委办公室设置在公司质量健康安全环保部，统一负责节能标准化的相关工作。

标准体系框架分为两个层次：

第一层次：分为四类，包括节能标准、节水标准、低碳标准、绿色标准。

第二层次：节能标准分为节能设计、建设与验收、设备经济运行、计量与监测、能源审计、能效评估、系统优化；节水标准分为节水设计、消耗定额与计量、节水测试；低碳标准分为基础通用、核算与核查、技术与装备、监测标准、管理与评价；绿色标准分为绿色工厂、绿色供应链、绿色产品。

每年下半年，中国海油组织开展下一年度标准的立项申报工作，并且在下一年初发布该年度标准的制修订计划。各标准编制单位按照计划要求，在规定时间内分别完成标准征求意见一稿、征求意见二稿、送审稿及报批稿的编写工作。制修订的标准在通过节能低碳专标委和中国海油总标委组织开展的专家评审后，统一进行发布与出版。

每年节能低碳专标委将组织一次年度工作会，各二级单位和重点用能单位的节能管理人员广泛参与，在节能低碳专标委开展年度汇报的同时，邀请标准化相关讲师为参会人员进行培训，并由上一年度新发布标准的起草人对标准进行宣贯与答疑。

节能低碳标准体系结构如图 3.6 所示。

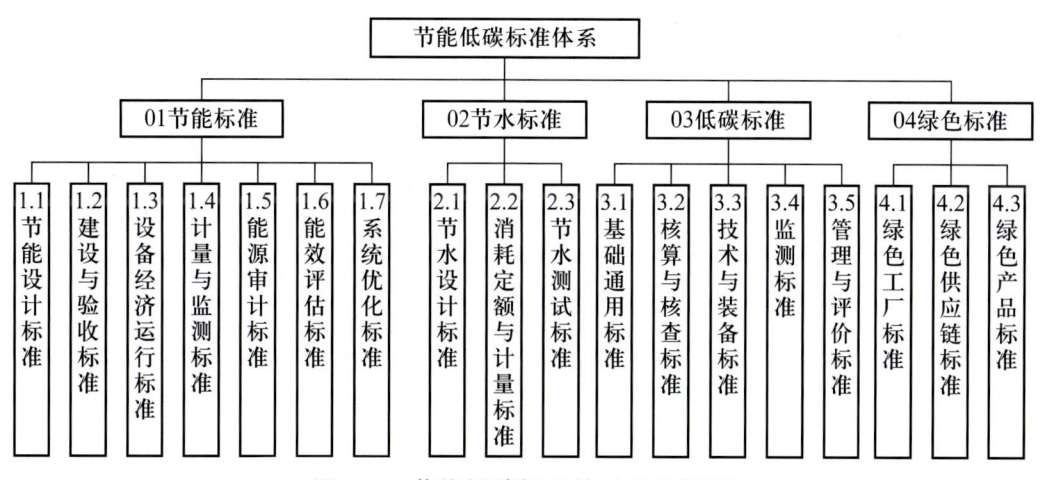

图 3.6 节能低碳标准体系结构框图

3.3.3.2 绿色低碳现行标准

中国海油注重企业标准化管理，强化标准化体系建设。承担和参与了 3 项行业标准编制，组织制修订企业标准共44项，将标准贯穿于项目设计、运行、操作、维护等全过程，充分体现标准化引领的作用。表3.4为中国海油节能低碳标准一览表。

表3.4 中国海油节能低碳标准一览表

序号	类别	类别细分	标准名称	标准编号
1	01 节能标准	1.1 节能设计标准	固定资产投资工程项目可行性研究及初步设计节能篇（章）编写通则	Q/HS 13006—2023
2			海上油气田工程设计节能技术规范	Q/HS 13008—2023
3			楼宇节能设计和运行规范	Q/HS 13033—2023
4			海上油气田余热余压与伴生气利用导则	Q/HS 13034—2018
5		1.2 建设与验收标准	固定资产投资项目节能报告编制规范	Q/HS 13023—2019
6			能源管控中心建设指南	Q/HS 13032—2023
7			海上油气田能耗在线监测系统建设指南	Q/HS 13035—2021
8			固定资产投资项目节能后评价通则	Q/HS 13040—2019
9			固定资产投资项目节能验收指南	Q/HS 13049—2022
10		1.3 设备经济运行标准	海上油气田加热炉经济运行标准	Q/HS 13039—2019
11			石化企业加热炉经济运行规范	Q/HS 13043—2021
12			液化天然气接收站经济运行规范	SY/T 7638—2021
13		1.4 计量与监测标准	能源消耗统计指标与计算方法	Q/HS 13000—2019
14			节能统计管理规范	Q/HS 13005—2019
15			能源计量器具配备和管理要求	Q/HS 13007—2017
16			海上油气田能源计量器具配备与管理要求	Q/HS 13011—2022
17			海洋石油船舶节能监测评价方法	Q/HS 13017—2013
18			石油化工管式加热炉节能监测规范	Q/HS 13026—2015
19			节能量计算方法	Q/HS 13027—2020
20			单位产品能源消耗及碳排放定额	Q/HS 13030—2022
21			海上油气田节能监测规范	SY/T 6953—2013

续表

序号	类别	类别细分	标准名称	标准编号
22	01 节能标准	1.5 能源审计标准	能源审计规范	Q/HS 13013—2022
23		1.6 能效评估标准	石油化工压缩机组能效测试与评价规范	Q/HS 13050—2022
24		1.7 系统优化标准	合同能源管理项目实施指南	Q/HS 13029—2016
25	02 节水标准	2.2 消耗定额与计量标准	用水单位水计量器具配备和管理要求	Q/HS 13015—2018
26			节水量计算方法	Q/HS 13028—2020
27			取水定额	Q/HS 13031—2022
28		2.3 节水测试标准	水平衡测试工作指南	Q/HS 13052—2023
29	03 低碳标准	3.1 基础通用标准	温室气体排放管理术语	Q/HS 13019—2018
30			碳中和术语	Q/HS 13046—2022
31			海上 CO_2 咸水层场地封存量分类	Q/HS 13047—2022
32		3.2 核算与核查标准	海上油气田温室气体排放核算方法	Q/HS 13021—2019
33			煤层气生产过程温室气体排放核算方法与报告指南	Q/HS 13042—2021
34		3.3 技术与装备标准	碳中和设施创建要求及评价指南	Q/HS 13053—2023
35			海上 CO_2 封存项目监测方案设计指南	Q/HS 13054—2023
36		3.4 监测标准	固定燃烧源二氧化碳排放监测规范	Q/HS 13024—2019
37		3.5 管理与评价标准	固定资产投资项目碳排放影响评估报告编制指南	Q/HS 13041—2019
38			海上油气田温室气体排放统计管理规范	Q/HS 13045—2022
39			海上 CO_2 咸水层封存场地适宜性评价方法	Q/HS 13048—2022
40			海上油气田产品碳足迹评价指南	Q/HS 13055—2023

续表

序号	类别	类别细分	标准名称	标准编号
41	04 绿色标准	4.1 绿色工厂标准	海上油气田绿色工厂评价导则	Q/HS 13036—2018
42			中下游企业绿色工厂评价导则	Q/HS 13037—2019
43			绿色码头评价导则	Q/HS 13051—2022
44			石油化工建设工程项目绿色施工规范	Q/HS 13038—2019
45			绿色液化天然气动力守护供应船技术要求	Q/HS 13044—2021
46			绿色海洋移动式平台技术要求	Q/HS 13056—2023
47			合成氨行业绿色工厂评价导则	HG/T 5512—2018

在标准制修订过程中，一方面以企业的需要作为出发点和落脚点，使标准用得上、踩得准、打得牢；另一方面，会同国家、行业和同行企业的专家参与审查，保证了标准的高质量和行业水平。将标准化工作内容拓展和衍生到节能、节水、绿色、低碳领域，构建上中下游生产过程绿色低碳发展、生产过程能源利用效率提升、单位产品能耗和水耗下降、温室气体排放控制的新型节能标准化体系。

下面分别从节能、节水、绿色、低碳等方面对典型标准的特点及主要内容进行简要介绍。

（1）海上油气田工程设计节能技术规范。

该标准规定了海上油气田工程设计中应贯彻节约能源的原则，提高能源利用率，减少排放，提高经济效益，统一设计标准和技术要求。其中，设计中节能原则包括：应采用能量利用合理、油气损耗低的先进工艺和设备；应根据油气田全生命周期变化特点，确定工程规模、处理流程和能耗设备，也可分期配置设备；主要用能设备选型应明确能效不得低于节能水平（能效2级），优先选用能效达到先进水平（能效1级）的产品设备；可根据油气田具体情况，优先使用非化石能源（如风能、太阳能等）。

（2）水平衡测试工作指南。

该标准规定了中国海油用水单位开展水平衡测试的技术要求及分析评价方法。标准围绕用水单位划分、测试数据处理、测试结果分析评价和报告编制等四方面进行了详细说明，明确漏损水量测试方法，从而指导用水单位或监测机构实施水平衡测试。

（3）节能量计算方法。

该标准规定了中国海油所属单位节能量分类、计算的基本原则和计算方法，将节能量分为产品节能量、产值节能量、技术措施节能量。节能量计算的基本原则包括：节能量计算应根据不同的目的和要求，采用相应的比较基准；产品产量（工作量、价值量）应与能源消耗量的统计计算口径保持一致；当采取一个考察期间能源消耗量推算统计报告期能源消耗量时，应说明理由、推算方法和数据的合理性等。

（4）海上油气田绿色工厂评价导则。

该标准规定了海上油气田绿色工厂评价的评价指标及要求，海上油气田绿色工厂应在保证海上油气开采及生产过程中健康安全的前提下，优先选用绿色工艺、技术和设备，满足基础设施、管理体系、能源与资源投入、产品、环境排放、绩效等方面评价要求。

（5）海上油气田温室气体排放核算方法。

该标准规定了海上石油、天然气生产企业（包括陆上终端）温室气体排放量的核算边界、核算步骤与核算方法的内容和要求，并结合现场实测结果，给出了海上油气田天然气系统和石油系统不同设施甲烷排放因子推荐值。

（6）海上油气田产品碳足迹评价指南。

该标准规定了海上油气田产品碳足迹评价的内容和要求，明确了海上油气田产品碳足迹评价的系统边界、数据收集、计算方法及产品碳足迹报告等内容的具体要求。

3.3.3.3 标准体系发展规划

3.3.3.3.1 发展目标

（1）总目标。

全面加强中国海油节能低碳专业标准化管理，持续推进标准制修订、研究工作，到2025年基本建成具有中国海油特色的节能低碳标准体系，标准化工作实现闭环管理，标准化组织和人才建设满足公司发展需要，为公司建成国际一流能源公司提供技术支撑和基本保障。

（2）具体目标。

到2025年，在原有标准基础上，形成节能低碳标准58项。具体目标如下：

① 形成国家标准 2 项，行业标准 4 项，企业标准 51 项，团体标准 1 项。
② 科技成果转化形成标准 2 项。
③ 标准复审率、宣贯完成率达到 100%。

3.3.3.3.2 重点工作

节能低碳标准化工作紧紧围绕影响中国海油发展的重大问题，对相关标准的制修订统筹计划推进，重点任务如下：

（1）优化完善标准体系。按照"准确定位、系统配套、市场导向"的原则，做好标准体系顶层设计，满足中国海油"全面落实绿色低碳发展战略，大力推进绿色低碳发展规划"战略规划要求。

（2）加快重点领域标准的研制。根据国家、行业及中国海油绿色低碳发展要求，加快节能监测、温室气体核算、绿色评价等重点领域节能标准的制修订，指导企业绿色低碳发展。同时在标准的修订工作中，加大现行标准的整合力度，倡导形成综合性标准，合理提高单项标准的集成度。

（3）强化标准的宣贯实施。重点对设计人员、生产运行管理人员进行节能节水设计、经济运行、绿色低碳等标准的宣贯培训，标准宣贯要以服务企业、贴近生产为宗旨，注重宣贯的有效性。

3.3.3.3.3 重点领域、重点技术

节能低碳专业标准化工作的重点领域、重点技术确定为四个方面：节能标准、节水标准、低碳标准和绿色评价标准。

重点制定标准和标准研究项目见表 3.5 和表 3.6。

表 3.5 重点制定标准

序号	标准名称	拟定级别
1	海上 CO_2 咸水层封存场地适宜性评价方法	国标
2	海上 CO_2 咸水层场地封存量分类	国标
3	石化化工产品碳足迹评价通则	企标
4	减碳量计算方法	企标
5	液化天然气接收站温室气体排放核算方法	企标
6	海上油气田主要用能设备能效指南	企标
7	固定资产投资项目节能低碳后评价指南	企标

续表

序号	标准名称	拟定级别
8	海上风电项目 CCER 开发实施规范	企标
9	碳减排机制下碳信用开发实施指南	企标

表 3.6　标准研究项目

序号	标准研究项目	时间
1	海上油气田主要用能设备能效指南研究	2023—2024 年
2	中国海油"双碳"标准体系研究	2024—2025 年

3.4 闭环管理，实现全生命周期节能低碳管控

我国从"十一五"开始实行能耗强度控制，从"十三五"实施能耗"双控"，能耗"双控"制度作为节能低碳工作的核心制度，推动了能源利用效率大幅提升，减缓了能源消费增速。"十四五"以来，随着国家从"能耗双控"向"碳排放双控"转变政策的深入实施，中国海油积极响应国家号召，始终将节能低碳管理工作置于企业发展的核心位置。公司不断加强节能低碳的全过程管理，从源头设计开始，就注重项目的绿色化、低碳化，通过优化设计方案，采用先进节能技术及高效设备，确保项目在初始阶段就达到低碳标准。在项目实施过程中，中国海油严格执行节能低碳措施，确保各个环节都符合管理要求，减少不必要的能源消耗和碳排放。同时，中国海油还建立了完善的督查考核机制，对项目碳排放管控工作进行定期检查和评估，确保各项措施得到有效执行。一直以来，中国海油以实际行动践行绿色发展理念，为推动公司早日实现碳达峰、碳中和目标贡献力量。

3.4.1 强化源头能碳管控

固定资产投资项目能源消耗源头管控，是落实节能低碳工作的一项重要举措。通过对固定资产投资项目的审查，可以发掘投资项目节能减排的空间，并通过项目在设计、建设阶段的改进，使新建项目在投产后能耗、碳排放等指标上达到先进水平。2017年12月19日，首先纳入发电行业的全国碳排放权交易体系正式启动，1×10^4tce的准入门槛使全国碳市场几乎涵盖了所有主要火电企业。专家分析，选择电力行业启动全国碳市场，是把电力行业作为全国碳排放交易体系建设的一个突破口，多个重点排放行业将逐步纳入进来。如果石油石化行业纳入碳市场，必将对二氧化碳高排放企业提出新的要求。"碳约束"会对项目投资收益率及产业方向产生影响，因此，企业对新建和改扩建项目进行"碳评"势在必行。

中国海油作为大型能源央企，为更好地适应全国统一碳市场的要求，努力降低碳市场的开启对上游企业的影响，急需进一步摸清二氧化碳排放对新开发

油气田建设方案的影响程度。中国海油所属单位大多属于油气开采、石化、发电、化工等行业，一些单位达到了2014年国家发改委在《关于组织开展重点企（事）业单位温室气体排放报告工作的通知》中圈定的重点企事业报告的基准，即"2010年温室气体排放达到13000t二氧化碳当量，或2010年综合能源消费总量达到5000tce"。2017年8月，中国海油发出《关于对固定资产投资项目开展碳排放影响评估工作的通知》，要求对新建、改扩建固定资产投资项目实行碳排放影响评估和审查制度，这是油气行业内首次将温室气体排放影响纳入项目投资决策。

3.4.1.1 完善制度保障

国家发展和改革委员会于2010年9月制定并发布了《固定资产投资项目节能评估和审查暂行办法》，由此，我国正式开始推行能评制度。为了加快推进能评制度，中国海油在此基础上，发布了《中国海洋石油总公司固定资产投资项目节能评估和审查管理办法》，中国海油能评工作揭开大幕。此后公司高度重视该项工作，2016年发布的《关于进一步加强节能管理工作的通知》中重申了能评工作的重要性：切实落实公司对固定资产投资项目实行节能评估和审查制度的要求；项目在设计阶段，应对节能评估文件及其审查意见要求的节能措施予以落实。

为了加强碳排放源头管控，2017年，中国海油对固定资产投资项目开始实施碳排放影响评估工作，从专业角度为公司科学测算、管控碳排放量及碳排放成本，为积极有效应对国家低碳政策形势提供技术支撑。2018年5月公司发布的《中国海洋石油集团有限公司低碳管理办法》（以下简称《低碳管理办法》）中，《固定资产投资项目碳排放影响评估和审查管理细则》作为《低碳管理办法》细则之一，列入管理办法之中，标志中国海油碳评工作正式开启了制度化、系统化的建设进程。碳排放影响评价是在项目实施前可研阶段，对项目的碳排放总量、碳排放强度进行测算，并结合行业标准及国家相关政策对未来碳价进行预测，进而对项目的全生命周期碳排放水平及经济性进行评估，从碳排放及碳资产管理角度出发，论证项目的可行性，给出节能减碳的相关措施与建议。

"十三五"以来，党中央、国务院持续对"双碳"工作决策部署，不断推动产业提质升级，相继发布了《完善能源消费强度和总量双控制度方案》（发改环资〔2021〕1310号）、《碳排放权交易管理办法（试行）》（生态环境部令第19号）、《关于统筹和加强应对气候变化与生态环境保护相关工作的指导意见》(环综合〔2021〕4号)、《关于加强高耗能、高排放建设项目生态环境源头防控的指导意见》(环环评〔2021〕45号),对固定资产投资项目节能低碳评价与审查管理提出了相关要求。2023年8月,中国海油发布的《中国海洋石油集团有限公司节能低碳管理办法》中,《固定资产投资项目节能低碳管理细则》作为《低碳管理办法》细则之一,列入管理办法之中,该细则是在整合原《固定资产投资项目节能审查管理细则》和《固定资产投资项目碳排放影响评估和审查管理细则》基础上,进一步落实国家节能低碳趋严管理要求,加强固定资产投资项目事前、事中、事后管理,明确节能报告和碳评报告编制和审查要求,以及项目设计、建设、验收和后评价各阶段的节能低碳管理要求,标志着中国海油项目源头管控工作制度化、系统化建设进入新阶段。

在制度保障的同时,为了规范固定资产投资项目评价工作,中国海油先后发布了《炼油化工固定资产投资项目可行性研究及初步设计节能篇(章)编写规范》(Q/HS 13018—2013)、《固定资产投资工程项目可行性研究及初步设计节能篇(章)编写通则》(Q/HS 13006—2017)、《海上油气田节能评估报告书编制规范》(Q/HS 13023—2014)、《固定资产投资项目节能报告编制规范》(Q/HS 13023—2019)、《固定资产投资项目节能后评价通则》(Q/HS 13040—2019)、《固定资产投资项目碳排放影响评估报告编制指南》(Q/HS 13041—2019)、《固定资产投资项目节能验收指南》(Q/HS 13049—2022)等企业标准,确保了评价工作标准的统一。

3.4.1.2 强化报告审查

中国海油明确了固定资产投资项目节能报告和碳评报告编制原则及深度要求,对于满足不单独编制节能报告和碳评报告要求的项目,应在项目立项报告或可研报告中对项目能源利用、节能措施、能效水平和碳排放情况进行分析,并在项目设计和建设阶段落实各项节能低碳措施。

3.4.1.2.1 报告编制

(1)应编制节能报告的固定资产投资项目:年综合能源消费量1000tce及以上或年电力消费量 500×10^4 kW·h及以上的项目,列入《不单独进行节能审查的行业目录》(发改环资规〔2017〕1975号)的项目除外。

(2)应编制碳评报告的固定资产投资项目:年综合能源消费量 1×10^4 tce及以上或脱碳直排二氧化碳 1×10^4 t以上的项目。

（3）改扩建项目按照建成投产后年综合能源消费量增量计算，其他项目按照建成投产后年综合能源消费量计算，电力折算系数按当量值。

3.4.1.2.2 报告审查

中国海油对固定资产投资项目的节能报告和碳评报告分级审查，并对审查的项目开展节能低碳措施落实、竣工验收及后评价等节点的监督检查。

（1）节能报告审查的项目类别：年综合能源消费量 3×10^4tce 以上的上游油气开发项目、年综合能源消费量 5×10^4tce 及以上的中下游项目、建筑面积 $5\times10^4m^2$ 及以上的公共建筑项目；改扩建项目按照建成投产后年综合能源消费量增量计算，电力折算系数按照当量值。

（2）碳评报告审查的项目类别：年碳排放量 10×10^4t 二氧化碳当量及以上的上游油气开发项目，年碳排放量 15×10^4t 二氧化碳当量及以上的中下游项目。

3.4.1.3 应用实践

中国海油碳排放影响评估和审查制度的发布，将温室气体排放影响纳入项目投资决策。投资前先算"碳账单"，就是要一同算清环保账、经济账。一方面，将温室气体排放因素考虑进项目的开发方案或建设方案的优化比选中，使节能措施、减排措施的设计更加合理。另一方面，通过碳排放评估工作的研究，可以充分权衡和选择企业实现碳排放履约的措施和手段，比如是通过管理和采用先进技术减排来实现，还是直接在碳市场购买配额来实现达标排放等，以达到项目经济利益最大化。

如何对新建、改扩建项目的温室气体排放量进行准确合理的计算，是"碳评"工作的重要基础和基本条件。目前"碳评"的深度、编制方法与审查办法等，国家或行业层面尚未出台指南性文件或标准。现有与中国海油业务相关的石油和天然气生产、石化、发电、化工等行业温室气体排放核算方法与报告指南，主要是针对在运行项目进行核算，虽然有一定参考意义，但因计算边界有差别、获取活动水平数据的方式不同及部分排放因子不适用等原因，无法直接使用。中国海油提出针对海洋石油天然气生产的新建、改扩建项目碳排放量计算方法，让海上油田有了更清晰的"碳账户"。

结合海上油气田开发项目的特点，中国海油开展了新建、改扩建项目碳排放量计算方法的研究工作，提出一套针对海洋石油天然气生产的新建、改扩建项目碳排放量计算方法。首先，初步建立两大数据库，即海上油气田在运行设施碳排放活动水平数据库和海上油气田温室气体排放因子数据库。两个数据库系统分析各海上油气田生产和温室气体排放的特点，收集总结近五到十年海上油气田项目历史能源消耗数据及排放情况，为活动水平数据和排放因子数据的获取提供指导。其次，为了保证计算结果的合理准确，通过构建数据模型对生产装置上的不同排放类别及减排方式进行计算，细化了排放源，充分了解各生产设施的排放水平，为进一步优化工艺，实现有效减排奠定了基础。

基于此方法，中国海油已完成"十三五"和"十四五"规划的 35 个新建油气田项目的碳排放量计算工作。这是中国海油充分利用项目碳排放评估这一有力手段，从源头上做好碳减排工作的有益尝试，不仅为实施油气田绿色低碳开发奠定基础，也为"美丽中国"建设贡献中国海油方案。

3.4.2 深化节能项目管理

大力实施节能减排项目，是企业降低能耗、提升能效、减少排放的最为直接的手段，是实现企业绿色低碳发展的现实路径。中国海油一方面通过强化新建项目对先进工艺、装置、设备和管理的利用，从源头上进行能源消耗管控；另一方面通过深入挖潜实施节能减排改造，提升生产过程绿色清洁生产。为确保节能减排项目按计划实施并发挥预期效益，中国海油严格落实项目过程管控和效果后评价，并将项目实施情况列入年度绩效考核，形成全过程管理闭环。

在海上油气开发业务板块，中国海油通过推动油田群电网重组和无功补偿、油田伴生气回收、余热利用、重点用能设备（压缩机、大排量传输泵）节能改造等，提升综合能效；有效应用生产生活污水深度处理和回用技术手段，减少污水排放。炼油化工及气电业务板块，通过加热炉能效提升、余热余压回收、工艺操作优化、热物料直供、循环水系统节电、大型耗能机泵节能改造等，降低能源消耗；持续开展污水处理、烟气脱硫脱硝和低氮燃烧的提标改造项目，实现节能增效，促进管理提升。

"十一五"至"十三五"，中国海油共投资 71.95 亿元用于节能降碳技术改造，共实施技术改造项目 2221 个，实现年均节能量 32×10^4tce，年均经济效益 1.8 亿元。

3.4.2.1 实施制度建设

节能减排改造项目涉及大量改造资金的使用，因此，完善的制度是推动改造项目的保障。在 2006 年中国海油制定并向各所属单位印发的《中国海洋石油总公司节能工作暂行办法》中，首次提出实施节能重点工程（即节能项目）实现节能量，并根据国家关于实施重点节能工程的有关内容，确定了节能工程重点领域，包括重大耗能设备、锅炉等的改造，区域热电联产，余热余压及冷能利用工程，电动机系统节能工程，能量系统优化及建筑节能等。

2007 年 8 月，中国海油印发的《中国海洋石油总公司节能减排工作实施方案》中，提出了建立节能减排专项资金的投入机制和节能减排工作的激励机制，并明确了实施一批重点节能减排项目的专业范围，包括：

（1）海油油气勘探开发领域：

① 油田伴生气回收；

② 平台透平和船舶燃油添加剂；

③ 平台透平燃料优先利用油田伴生气；

④ 油田天然气回注；

⑤ 油田生产污水回注；

⑥ 洗井、压井柴油的回收利用；

⑦ 氮气泡沫液洗井；

⑧ 水处理系统改造；

⑨ 优选化学药剂；

⑩ 风力发电技术在海上平台应用；

⑪ 生活楼安装利用太阳能；

⑫ 电机系统节能；

⑬ 三用工作船耗油总包策略等。

（2）中下游企业：

① 高温烟气能量回收；

② 瓦斯气的利用；

③ 瓦斯脱硫系统；

④ 常减压装置节能挖潜；

⑤ 优化换热工艺流程；

⑥ 蒸汽系统改造；

⑦ 燃料油系统改造；

⑧ 成品油、燃料油调和系统改造；

⑨ 高压蒸汽锅炉改造；
⑩ 雨水收集，直排水、中水回收二次利用；
⑪ 使用天然气替代燃料油；
⑫ 推广使用油品自动脱水器；
⑬ 节约和替代石油；
⑭ 能量系统优化等。

2008年7月，为了引导所属单位加大节能减排资金投入，大力推进节能减排工作，加快资源节约型和环境友好型企业的建设，中国海油决定设立节能减排专项资金。为加强节能减排专项资金的管理，提高资金使用效益，制定了《中国海洋石油总公司节能减排专项资金管理暂行办法》。

2017年1月，中国海油发布的《中国海洋石油总公司节能管理办法》中，《节能专项资金管理细则》作为《中国海洋石油总公司节能管理办法》细则之一，列入管理办法之中，进一步明确了节能技术示范引导项目可以使用节能专项资金，包括高效节能节水产品、技术和节能新机制的研究及示范推广。

2020年10月，中国海油将节能作为全面落实绿色低碳战略的重要抓手，经梳理国家发布的节能低碳技术推广目录和借鉴吸收同行业节能技术的基础上，确定形成了"十四五"中国海油上游（油气开采板块）和中下游（石油炼化、化工、发电等生产板块）推广应用技术各10项，并提出技术应用具体要求。表3.7为上游推广应用技术清单，表3.8为中下游推广应用技术清单。

表3.7 上游推广应用技术清单

序号	技术名称	技术简述
1	海上平台及陆地终端伴生气回收与利用技术	对原油进行稳定处理过程中，所产生的富气含有大量 $C_1 \sim C_4$ 组分，通过增设伴生气处理和回收装置，回收 C_1、C_2 组分替代原油用作电站、热站的燃料；或通过增加液化石油气处理回收装置、将伴生气中 C_3、C_4 组分分离、回收
2	闪蒸气回收利用技术	对气田开发的凝析油处理过程产生的闪蒸气和原油开发处理系统产生的低压分离气，通过采用射流增压和增加压缩机等技术手段回收该部分伴生气，可大幅削减火炬气量和放空天然气，解决由于天然气燃烧产生的碳排放问题

续表

序号	技术名称	技术简述
3	变频调速节能技术	变频调速技术采用单元串联多电平技术或者 IGBT 元件直接串联变频器等技术，消除电网谐波污染，实现变频调速的高输出功率，通过实施变频调速技术，改善大型功率风机、泵类电动机系统的调节方式，适应不同操作工况
4	陆地终端锅炉空气预热技术	陆地终端锅炉排烟温度一般在 180~200℃，排烟热损失较大，通过加装空气预热器，将锅炉尾部烟道中排出的高温烟气通过散热片与进炉空气进行换热，提升进炉空气温度，节约燃料气消耗，提升锅炉热效率
5	内燃机/燃气透平发电机/燃气压缩机尾气余热回收技术	海上平台及陆地终端配置的锅炉、压缩机组和发电机组等动力模块，考虑安全运行，其设计功率普遍较大，排烟温度高，能量利用率低，通过增设余热回收装置，与其他介质进行热交换，回收热量，供生产使用，提高能源利用率
6	烟气/缸套水余热海水制淡技术	海上平台需要大量淡水，将热源引入造淡机，热源与海水进行热交换，将海水加热到一定温度后引入闪蒸室，通过控制热海水对应饱和蒸气压等条件，热海水在闪蒸室急速部分气化，产生的蒸气被海水冷凝后即为所需的淡水
7	海上油气田电力组网技术	海上油气田配置电站负荷低，依托已建油气田群平台（终端）发电机组，科学测算电力盈余，通过动力电缆连接，实现各平台（终端）的电力组网，在此基础上建设电网能量智能管控系统，科学调配电力需求，提高机组效率
8	油田生产模块和钻机模块供电系统优化技术	海上钻采平台都会配置钻井发电机组，但是在设计时，平台主电站无法向钻井设备供电，钻井发电机也无法向生产组块反向供电。通过设计实现平台与钻机模块之间的互供电，降低柴油机能源消耗的同时提高平台透平发电机组效率

续表

序号	技术名称	技术简述
9	海上平台供电质量提升技术	随着海上平台变频节能技术的应用，电网产生谐波，可通过谐波治理和无功补偿的方式来降低谐波对电力系统的危害及无功负荷的影响，提升用电系统安全性，最大限度地减少电网的损耗，提升用电质量，降低发电能耗
10	换热设备超声在线防、除垢技术	该技术通过利用超声脉冲振荡波在换热器管、板壁传播，在金属管、板壁和附近的液态介质之间产生效应，破坏污垢的附着条件，防止换热设备在运行过程中结垢，提高换热设备传热能力，降低停工检修频率，减少能源消耗

表 3.8 中下游推广应用技术清单

序号	技术名称	技术简述
1	压缩机系统无级调速技术	无级气量调节系统是为往复式压缩机开发的液压式气量无级调节系统，通过计算机即时处理压缩机运行过程中的状态数据，并将信号反馈至执行机构内电子模块，控制进气阀的开启与关闭时间，实现压缩机排气量 0～100% 无级调节
2	循环冷却水系统整体优化技术	通过对循环水系统进行整体和局部能耗分析，建立管网水力数学模型，按生产实际"按需给能"，同时根据最佳系统运行参数，充分考虑安全裕度，量身定制高效节能循环水泵，优化风冷系统，减少系统损失，提升系统整体能效
3	加热炉耐腐蚀空气预热器技术	重型式空气预热器的基本形式为四管程管式外扩面管结构，其低温段采用搪瓷传热光管（或耐酸露点腐蚀的石墨、玻璃等材料），换热元件不易积灰，可以长期控制较低的排烟温度，解决低温烟气露点腐蚀问题，可深度回收烟气余热
4	机械抽真空技术	在石化行业减压蒸馏装置中，配备一级、二级、三级蒸汽抽真空系统，蒸汽耗量大且产生污水。机械抽真空成为常减压装置节能技术的一种有效的选择，相对于传统蒸汽抽真空系统，机械抽真空技术具有能耗低、结构紧凑、占地少的特点
5	换热网络夹点优化技术	工业生产中存在着大量的需要换热的工段，夹点技术以热力学为基础和经济费用为目标函数，对换热网络进行优化，使得工艺过程中多股冷、热物流充分换热，尽可能回收热量，最大限度地减少公共供热或供冷，达到节能的目的

续表

序号	技术名称	技术简述
6	换热设备超声在线防、除垢技术	该技术通过利用超声脉冲振荡波在换热器管、板壁传播，在金属管、板壁和附近的液态介质之间产生效应，破坏污垢的附着条件，防止换热设备在运行过程中结垢，提高换热设备传热能力，降低达到同样工艺要求所需的能耗量，实现节能
7	变频/永磁调速节能技术	变频调速采用单元串联多电平技术或者 IGBT 元件直接串联变频器等技术，永磁调速器利用导体转子与永磁转子啮合面大小进行调节，通过应用变频或永磁调速器技术，改善机、泵类设备的运行适用范围，提升运行能效
8	LNG 冷能回收利用技术	天然气低温高压下液化为 LNG 后，重新气化为天然气外输的过程中，回收利用 LNG 气化过程中释放的冷能，目前 LNG 冷能利用技术主要是直接利用冷能提供空气分离的冷源，生产液氧和液氮，冷能发电，产生冷媒或景区造雪等
9	加热炉耐高温辐射涂料技术	使用高热导率陶瓷涂层对锅炉等换热面表面进行涂覆，涂料涂在炉体衬里表面后形成致密的金属陶瓷涂层，可提高换热面吸热和传热能力，热超导涂层既保护基材，又大大提升了传热效率，提升加热炉能效
10	低温余热利用技术	企业生产在高温物流进行换热系统夹点优化设计的基础上，对存在的低温余热进行综合利用。根据低温余热回收的温位，采用换热热源加热装置低温物料、采用溴化锂制冷或低温余热发电等技术手段，尽可能回收利用生产过程余热

3.4.2.2 开展节能量审核

为保证企业节能改造项目节能量数据的准确性，中国海油实行节能量审核制度，通过对节能改造项目的节能量审核，总结项目的实际节能情况及项目运行情况，分析类似节能项目在海油其他企业推广的可行性。节能量审核制度实现了节能改造项目的闭环管理。

为了规范节能项目节能量的审核方法、审核程序，中国海油发布了企业标准《节能量计算方法》（Q/HS 13027），规定了中国海油节能量的分类、节能量计算的基本原则和节能量的计算方法，充分考虑了海油各板块的业务特点，从而使标准既符合国家、行业节能标准的一般原则，又能确保标准的先进性、实用性和可操作性，以满足国家对实现节能量的要求和为中国海油开展节能管理工作提供科学依据。根据所属单位各板块业务特点，标准中规定了企业对不同业务可采用不同的方法计算节能量，但对相同业务的计算方法应统一的原则，企业各业务节能量推荐算法见表3.9。

表3.9 企业各业务节能量推荐算法

类别	节能量		
	产品	产值	技术措施
油气生产	**	*	***
炼油	***	**	*
化工化肥	***	**	*
天然气发电	***	**	*
专业服务	**	***	*

注：表中"*"的多少表示计算方法的推荐程度，"*"越多表示推荐程度越高。

中国海油对节能量审核工作不断总结，通过对项目类型、项目金额、项目节能量及项目推广价值等进行综合分析，逐步确定了纳入节能量审核的项目范围，包括：

（1）投资金额1000万元以上或年节能量折合3000tce以上的节能技改项目建成投产运行满一年后，应在当年或下一年度组织开展节能量审核工作。

（2）投资金额1000万元以下及年节能量折合3000tce以下的节能技改项目，如项目节能效果纳入报送地方政府或中国海油节能量考核完成指标的统计范围，各所属单位应将该类项目以总体打包形式，在当年或下一年度组织开展综合节能量审核工作。

在国家大力提倡节能减排，低碳经济、保护环境，促进经济可持续发展的大背景下，为确保节能改造项目按计划实施并发挥预期效益，中国海油严格落实项目过程管控和效果后评价，并将项目实施情况列入年度绩效考核，每年组织专业机构对所属单位实施的重点节能减排技术改造项目开展节能量审核工作，形成全过程管理闭环。

3.4.2.3 推进合同能源管理

合同能源管理是一种基于市场的节能专业化和先进管理模式，可实现节能项目的低成本和高效率运作。但在实际应用中，存在着和企业原有的投资采办、项目建设、财务资产等多方面管理流程壁垒和矛盾冲突。

中国海油为将合同能源管理模式落地实施，做了多方面适应性制度规范和流程再造工作。在项目招投标中强化节能技术含量和项目长期运营服务质量等因素的权重，明确了投标资格审查方式，规定了项目节能效果和投资回收期的核算方法，制定了项目合同期内节能服务费的财务记账和合同结束后的资产处置方式，创立能源托管型一站式综合解决方案，在集团内联合多部门理顺和规范了管控流程，构建合同能源管理项目实施新机制。

3.4.2.3.1 制度建设

为贯彻落实国务院国资委 2012 年中央企业节能减排视频会议精神，深入推进中国海油节能减排工作，中国海油创新节能减排管理，大力推行合同能源管理模式，建立健全节能减排管理、监督、服务"三位一体"的节能减排管理体系。

2015 年 1 月，中国海油在北京组织召开了节能专题会议，对推进合同能源管理做出要求：一要加大合同能源管理宣传力度，提高各单位和部门对合同能源管理的认识；二要大力开展同中海油节能环保服务公司等节能服务公司的合作，促进节能深入挖潜；三要加强对合同能源管理政策与制度的研究，及时解决合同能源管理推行中存在的问题，促进合同能源管理的良性发展。

2017 年 2 月，为充分调动用能单位节能改造积极性，推动节能项目的实施，体现节能项目实施在降本增效工作中的作用，引导并鼓励用能单位采取合同能源管理模式，降低用能单位技术应用风险和资金投入风险，充分发挥节能服务公司作用。中国海油印发了《关于发布合同能源管理项目实施要求的通知》，并结合《合同能源管理技术通则》（GB/T 24915）的有关规定和公司所属生产企业实际，制定了企业标准《合同能源管理项目实施指南》（Q/HS 13029），明确了合同能源管理项目立项、项目合同、项目建设、项目运营、项目资产移交、项目风险管理和项目财务管理方面的规范要求，并联合公司规划计划部、财务资产部、采办部，理顺并规范了内部管控流程，共同发布了合同能源管理项目实施要求，以便于推动合同能源管理项目有序开展。

（1）项目立项。

用能单位根据当前用能状况，提出编制项目节能技术方案的需求。节能服务公司通过现场调查用能单位工艺、设备等的运行状况，收集运行数据，必要时辅以测量，确定用能单位工艺、设备等的用能状况，判断是否存在节能潜力。

用能单位参照采办管理模式，通过综合考虑节能技术、效益分享比例、分享周期及项目生命周期收益等因素，比选确定节能技术方案和节能服务公司。根据技术方案的比选结果，按照生产经营性项目进行内部立项审批。

（2）项目合同签订。

项目立项审批通过后，用能单位和节能服务公司双方签订合同能源管理项目的合同。

项目合同文本中除常规合同条款之外，体现合同能源管理特有的约束性内容，主要有以下几个方面：规定明确的项目建设期和节能效益分享期限；规定项目立项、设计、建设、运行、验收、资产转移等全过程用能单位和项目实施单位的责任义务；规定明确的项目节能量计算方法和节能效益分享方式；规定项目实施后所形成固定资产所有权和风险责任。

（3）项目建设和运营。

项目合同签订后，项目实施单位制订项目施工方案，并报用能单位进行审核批准。节能措施改造完成后，连续正常运行时间达到合同约定的试运行时间，性能满足正常生产要求，技术指标达到合同约定，则试运行通过。试运行时间由用能单位和节能服务公司根据节能改造项目特点协商确定。

项目在合同期内的资产属于项目实施单位所有，其运营维护主要由项目实施单位承担，用能单位有义务做好运行和维护的配合工作。

3.4.2.3.3.2 项目实践

近年来，中国海油积极组织召开多部门联席会议，打通了合同能源管理模式的制度流程，明确了合同能源管理项目的操作细则，为合同能源管理项目的顺利实施做好制度保障。同时，积极组织所属单位推动采用合同能源管理模式实施节能项目，吸引外部专业技术和资金，实施节能技改项目，有效规避了投资风险，取得了良好的效益和节能成效。

（1）海南化学循环水节能改造项目。

海南基地共有四套循环水系统，主要为海南基地化肥和甲醇生产装置提供循环冷却水，主要耗能设备为循环水水泵和凉水塔风机，年耗电量为 $8600 \times 10^4 kW \cdot h$，年上缴电费为6270万元。经过对节能技改方案进行对比分析，结合海南基地实际及改造风险可控原则，海南基地确定循环水系统整体优化节能改造思路为：通过更换高效节能水泵和定制高效叶轮，提高循环水水泵运行效率；通过循环水系统余压驱动水轮机替代原有风机电动机节电；通过安装换热器在线优化监测系统，合理分配循环水流量和压力，对系统进行优化调整。

项目实施后，年可节约电量 $2573\times10^4 kW\cdot h$，电费约 1801 万元，节电率 28.7%，设备使用寿命预计 20 年，总计可节约成本 3.6 亿元。

（2）华鹤煤化循环水系统整体优化项目。

中海石油华鹤煤化有限公司循环水系统水泵和风机年耗电量约为 $6518\times10^4 kW\cdot h$，经检测分析，系统在换热器、管网、冷却塔、机泵效率等方面存在节能潜力。通过项目的实施，可提升循环水系统的装备水平和运行控制水平，实现关键换热器可视化监控、水压/水量精细化管理和设备的高效化运行，在节电的前提下实现循环水系统管网水量合理分配，强化瓶颈换热器换热能力。

系统扬程优化。释放系统背压，供水压力由 0.46MPa 降至 0.44MPa，回水压力由 0.33MPa 降至 0.28MPa，系统整体压差由 13m 升至 16m。系统流阻降低，系统流量升高，同时保持最高位换热器压差（压差不变，其通过流量不变）保持不变。

更换高效叶轮。针对系统特点，水泵进口管径 DN900，出口管径 DN800，如单泵流量过大，则会导致泵进出口流速过大，引起水泵汽蚀现象。改造后单泵叶轮实际设计流量最大可达 $11500\sim12000 m^3/h$，运行四台水泵最大流量达到 $46000\sim48000 m^3/h$。根据系统运行压力与实际所需流量，利用开发专有技术"基于三维 CAD-CFD 联合的叶片泵整体优化技术"，设计并加工制造高性能循环水泵叶轮，以满足系统实际运行的需要。

采用整体优化技术后，预期每 365 生产日节电量为 $1204\times10^4 kW\cdot h$，节电率 18%，节电效益为 349 万元。

3.4.3 加强统计计量管理

能源管理的基础是节能统计，作为国民经济核算的重要组成部分，节能统计不仅是企业实现节能低碳科学管理的重要抓手，也是企业编制发展规划、制定绩效指标、开展技术改造的重要依据。

3.4.3.1 执行节能统计管理

中国海油高度重视节能统计工作，建立了从上到下的统计网络，要求各用能单位指定一名主管领导负责本单位的节能统计工作，并责成相关部门设置专人具体负责组织落实节能统计工作，确保节能统计渠道畅通、数据准确。同时，为了规范统计工作，2008年，发布了《能源消耗统计指标与计算方法》（Q/HS 13000），2009年，发布了《节能统计管理规范》（Q/HS 13005）。为了满足节能工作要求的改变，两项标准均及时进行了更新，在执行的均为2019年版。

中国海油要求各企业统计的内容主要包含能源消费统计、单位能源消耗量统计、节能量统计、主要用能设备情况统计、节能项目实施情况统计。在统计的基础上需要对数据进行分析，概述用能基本情况，分析数据发展趋势，甄别异常数据并进行原因分析。中国海油对节能统计人员开展了系统培训，通过培训统计人员掌握了比较分析法、结构分析法、因素分析法、动态分析法和平衡分析法等各种数据分析方法。数据的质量是统计工作精准性的保障，中国海油对数据质量控制工作提出了很高的要求，包括：

（1）用能单位应加强节能统计数据质量管理，建立节能统计数据质量控制的各项管理制度和评估制度，确保数据准确、可靠，统计数据小数点后保留两位有效数字，特别要求除外。

（2）用能单位应严格审核报表数据，确保上报的能源品种、计量单位、核算方法等内容符合能源统计制度的规定，发现问题应及时更正。上级用能单位对接收的基层单位能源统计报表应进行严格审核，发现问题应及时跟踪修正，并留有审核跟踪的详细记录。

（3）用能单位在统计报表报出前，应将统计数据与生产经营、效益等相关指标进行逻辑审核，运用趋势分析等方法对数据质量进行评估。上级用能单位不仅应对所属基层单位上报的数据进行评估，也应对本级综合汇总数据进行评估，确保数据的准确性和合理性。

（4）统计数据报出后，如果发现差错，应及时向受表单位更正并留有记录。在能源统计报表接收和数据处理过程中审核出问题或接到上级单位查询，应及时向填表单位核证，查询结果和修正情况应进行记录。上级用能单位不得代替所属基层单位填写统计报表或更改统计数据。

在众多统计数据中，能源消耗统计作为最重要的一项，涉及多项统计指标。中国海油制定了指标体系，将能源消耗指标体系分为一级能耗指标和二级能耗指标。一级能耗指标主要用于统计、考核所属企业的用能水平。二级能耗指标主要为用于所属企业统计、考核下属单位用能水平的能源消耗指标。一级能耗指标包含单位生产价值量、油气生产、炼化生产、化工化肥生产、天然气与发电、新能源、专业服务及其他等七类，每一大类根据生产的特点确定了指标，一级能耗指标见表3.10。

表 3.10 中国海油一级能耗指标

指标分类	指标名称
单位生产价值量	单位产值综合能耗
	单位增加值综合能耗
	可比价单位产值综合能耗
	可比价单位增加值综合能耗
油气生产	单位油气生产综合能耗
	单位液量生产综合能耗
	单位天然气生产综合能耗
	单位非常规气生产综合能耗
炼化生产	炼油（单位）综合能耗
	单位能量因数能耗
	乙烯单位产品综合能耗
	对二甲苯单位产品综合能耗
	对苯二甲酸单位产品综合能耗
	煤制氢单位产品综合能耗
化工化肥生产	合成氨单位产品综合能耗
	尿素单位产品综合能耗
	甲醇单位产品综合能耗
	纯碱单位产品综合能耗
	煤制天然气单位产品综合能耗

续表

指标分类	指标名称
天然气与发电	发电标准煤耗
	供电标准煤耗
	单位输气周转量综合能耗
	单位LNG生产综合能耗
	单位LNG外输量综合能耗
新能源	风电场等效利用小时数
	光伏电站等效利用小时数
专业服务及其他	单位钻井进尺综合能耗
	单位地震资料采集综合能耗
	单位钢材加工量综合能耗
	船舶单位马力船天综合能耗
	运输船舶单位周转量综合能耗
	单位面积建筑能耗

二级能耗指标包含油气生产、炼化生产、化工化肥生产、天然气与发电、新能源、专业服务及其他等六类，每一大类根据生产的特点确定了指标，二级能耗指标见表3.11。

表3.11 中国海油二级能耗指标

指标分类	指标名称
油气生产	单位油气处理综合能耗
	单位天然气处理综合能耗
炼化生产	炼油加工单位耗电
	炼油装置单位加工量能耗
	炼油综合损失率
	乙烯单位产品耗电
	煤制氢单位产品耗标准原料煤

续表

指标分类	指标名称
化工化肥生产	合成氨单位产品耗天然气
	合成氨单位产品耗电
	合成氨单位产品耗标准原料煤
	合成氨单位产品耗标准燃料煤
	甲醇单位产品耗天然气
	甲醇单位产品耗标准原料煤
	甲醇单位产品耗标准燃料煤
	甲醇单位产品耗电
	纯碱单位产品耗电
	煤制天然气单位产品耗标准原料煤
	煤制天然气单位产品耗标准燃料煤
天然气与发电	厂用电率
	单位输气周转量电耗
	单位输气周转量气耗
	单位LNG外输量电耗
新能源	风电上网电量
	光伏发电上网电量
专业服务及其他	单位钢材加工量耗电
	单位面积建筑耗电

在确定指标的基础上，中国海油参照国家、行业等相关标准，制定了科学的指标计算方法。上述所有指标均对应着详细的计算边界及计算方法，通过培训等方式，各用能单位统计人员对计算方法均有了很好的理解，确保了统计过程中计算的准确性。

3.4.3.2 完善能源计量管理

准确的计量数据采集、科学的能耗统计分析能为企业的节能工作提供可靠、准确的指导方向。为此，中国海油高度重视对各用能单位能源计量和统计工作的监管，要求各用能单位按照国家有关技术标准要求，完善能源计量器具、原始记录、基础台账，加强用能计量和检测，做好能源计量及能源统计资料记录及积累和分析等工作，并在此基础上，参照国家及行业标准制定了《能源计量器具配备和管理要求》（Q/HS 13007）。

中国海油要求重点用能单位需建立能源计量管理体系，并实施、保持和持续改进，建立、保持和使用文件化的程序来规范人员行为、管理计量器具和进行计量数据的采集、汇总和处理。对于所有用能单位，要求设有专人负责能源计量器具和计量数据的管理；对于重点用能单位，要求能源计量管理人员、能源计量操作人员和能源计量器具的维修人员，需通过相关管理部门的培训考核，持证上岗。

配备率、完好率高的计量系统是能源统计工作的基础保障。中国海油对用能单位的能源计量器具配备率和技术性能做出了明确要求，并要求用能单位需备有完整的能源计量器具配备一览表，表中需列出计量器具的名称、型号规格、准确度等级、测量范围、生产厂家、出厂编号、所属用能组织名称或编号、安装使用地点、状态（指合格、准用、停用等）和量值溯源方式等。一览表中按用能组织层次分级，按计量品种分类。为确保计量器具计量的准确性，中国海油要求用能单位需制订能源计量器具的周期检定/校准计划，并按计划对能源计量器具实施检定/校准，确保计量器具量值能溯源到国家计量基准。同时，用能单位需建立能源计量器具档案，档案内容主要包括：使用说明书、出厂合格证、历次（或最近两个连续周期的）检定或校准证书、检修记录、其他相关的信息。

计量数据对于能源统计管理是非常重要的，中国海油要求能源统计报表数据需能追溯至计量检测记录。并对计量检测记录做出了如下要求：

（1）用能单位能源计量数据记录应采用表格式样，计量检测记录表格应便于对数据的汇总与分析，应说明直接读数与被测量或记录量之间的转换方法或关系。

（2）能源计量数据应如实读取并准确记录，应记录读取量值的时间和人员。

（3）能源计量数据应分级采集，按级统计。

（4）对能源计量器具的检定/校准结果或其他方法进行数据修正时，应制定程序文件规定数据修正依据、修正理由、修正幅度和修正人员等，并保存修正的数据记录。

（5）重点用能单位可根据需要建立能源计量数据中心，利用计算机技术实现能源计量检测数据的网络化管理，能源计量数据及有关记录保存期限应不低于五年。

中国海油所属用能单位严格执行公司的管理制度及标准，建立了能源计量管理制度，计量仪表的配备率、完好率均符合公司的相关要求。以下以某海上油气开采公司为例，介绍中国海油所属公司的能源计量器具管理工作。

（1）能源计量器具分类。

用能单位（一级计量器具）：包括输入到分公司的能源（油气井产油产气，输入平台的柴油、淡水、外购电等），外售的能源（天然气、原油、凝析油、LPG等），火炬或冷放空的计量等属于此类。

主要次级用能单位（二级计量器具）：即油气田、终端，包括分公司范围内油田、气田、终端之间能源输入输出的计量属于此类（例如海上平台外输的天然气进入终端时平台的外输计量和终端接收计量、电力组网中油气田间的电力输入和输出）。

主要用能设备（三级计量器具）：即达到《用能单位能源计量器具配备和管理通则》（GB 17167）中规定限值的用能设备输入输出的能源计量属于此类。另外根据标准的解释，对于可单独考核的用能单元（装置、系统、工序、工段等）和集中管理同类用能设备的用能单元（锅炉、泵、压缩机组等）的单元能源计量也属于此类。

（2）计量器具配备要求。

能源计量种类：包括原油、天然气、电力、柴油、轻油、液化石油气等各种资源；蒸汽、热水、压缩空气、氮气、新水等载能工质。

计量范围：包括输入、输出海上油气田的能源及载能工质，海上油气田主要用能设备消耗的能源及载能工质，海上油气田主要用能设备自产的能源及载能工质，海上油气田和主要用能设备可回收利用的余能资源。

配备的基本要求：满足能源分类计量的要求，满足企业实现能源分级分项考核的需求。

（3）计量器具管理。

企业建立了完善的能源计量器具检验制度，仪表部门负责进行流量计的半年自检，并委托有资质的单位进行年度校准、校验。同时，企业组织建立了各油气田能源计量器具管理档案，各油气田建立了"计量器具全生命周期管理表"，各计量器具整个生命周期都有完整的管理记录。

3.4.3.3 能耗在线监测建设

能耗在线监测系统是从企业能源综合利用角度出发，深入到车间和重点用能设备，对各种耗能设备实现精准用能采集计量和能源利用效率分析，是工业数字化、智能化发展和实际应用落地的重要细分应用场景。

2013年，国家发改委印发《关于开展重点用能单位能耗在线监测试点工作的通知》（发改办环资〔2013〕330号），首次提出要在石油、石化和电力行业试行能耗在线监测系统建设。2017年9月，国家发改委联合国家质检总局共同印发《关于印发〈重点用能单位能耗在线监测系统推广建设工作方案〉的通知》（发改环资〔2017〕1711号）要求各地方加快建设重点用能单位能耗在线监测系统，健全能源计量体系，加强能源消费总量和强度"双控"形势分析和预测预警，推动完成"双控"目标任务。2019年4月，国家发改委、市场监管总局《关于加快推进重点用能单位能耗在线监测系统建设的通知》（发改办环资〔2019〕424号）要求确保2020年底前，完成各地区全部重点用能单位的接入端系统建设，并实现数据每日上传。

中国海油顺应形势，积极推进海上能耗在线监测系统建设，印发了《关于进一步落实能耗在线监测系统建设的通知》，要求各所属单位高度重视能耗在线监测系统的建设，针对海上油气田生产设施：

（1）上游已投产项目，2010年后投产的油气田要三年内完成能源在线监测系统的建设；处于中后期阶段的油气田，根据自身情况进行改造完善；不满足建设条件的油气田，要逐一进行说明。

（2）上游未投产项目，要将能耗在线监测系统纳入项目整体方案中，若无配套建设方案，将不予通过节能审查。

由中国海洋石油集团有限公司颁布，2019年4月1日实施的《海上油气田能耗在线监测系统建设指南》，将海上油气田监测指标主要分为两类，能耗参数指标和能效参数指标。能耗参数监测项目如下：

（1）输入输出能源总量。

输入输出海上油气田的原油、天然气，进入火炬或冷放空排放的天然气量，输入淡水量，输入柴油量，输入输出平台的电量。

进入终端的原油、天然气、生产水总量，原油外输量、天然气外输量、稳定烃外输量、液化气外输量，进入火炬或冷放空排放的天然气量，蒸汽用量，输入新鲜水量，输入柴油量，输入终端的电量，输出终端的电量等。

（2）用能单元使用的能源及载能工质：包括生产系统用电量，电站用气量、用油量，热站用气量、用油量，主要柴油用户的用量，其他重点监测系统/设备的耗能量。

（3）自产能源：主电站的发电量。

（4）低热值：所消耗能源品种的低位发热值。

海上油气田能效参数指标主要为体现海上油气田主要系统或装置能效水平的典型指标，包括能效评价参数和能效监测参数，重点监测对象为能源消耗大于或等于表3.12中的一种或多种能源最低消耗量的系统或装置。

表3.12 重点监测系统/装置的能源最低消耗量

能源种类	电力 kW	原油、成品油、液化石油气 t/h	重油、渣油 t/h	天然气 m^3/h	蒸汽、热水 MW	新水 t/h	其他 GJ/h
最低消耗量	100	0.5	0.5	100	7	1	29.26

海上油气田能耗在线监测系统架构分为数据采集、数据传输、数据存储和数据应用四个层次结构。

数据采集主要来源于：中控系统（DCS）、电力系统（PMS/DMS）和其他方式。通过中控系统采集流量表、压力表、温度表等主要耗能设备不同功能仪表的数据，并将采集到的数据通过有线或无线方式传输至能耗在线监测系统海上数据库。通过电力系统采集电压、电流等主要耗能设备不同功能仪表的数据，并将采集到的数据通过有线或无线方式传输至能耗在线监测系统海上数据库。其他方式主要指通过仪表控制盘（PLC）和人工填报等。原则上采用在线直接采集方式。采用标准数据接口实现数据共享。采集数据应符合企业规定的安全要求。

数据传输充分利用现有网络资源，根据油气田规模及环境条件选择通信介质和组网方式；新搭建传输网络时，根据海上油气田的实际情况，确定数据传输的方式，如光纤、微波和卫星传输等。

数据存储主要依托陆地数据库服务器，由于海陆通信的不稳定，在海上设置数据采集服务器，用于自动采集数据点、数据缓存、断点续传等功能。

数据应用，即系统的功能，主要指数据的统计、计算、汇总、预警和对比等在能耗在线监测系统中占据核心地位，其总体规划非常重要，系统构架设计必须能够满足规划期内任何可能出现的需求，保证系统建设可以根据企业实际情况和需求分步实施，保证系统的健全性、可扩展性和可维护性。因此，根据业界实践经验，系统构架应该基于一个天然的微服务开发脚手架，涵盖注册中心、网关、配置中心、熔断等常用的可拔插组件，以及标准化的前后端通信接口标准、统一的异常处理方案、RBAC 和 UBAC 融合鉴权体系、基于 OAuth2 的分布式鉴权模组、常用工具类、前端模组、Swagger 注解编写规范和代码注释检测规范等。

系统通过数据采集、数据传输和数据存储，已经能够将数据持久化保存到关系型数据库和实时数据库中。数据应用构架建立在数据持久层之上，包含业务层、接口层、前端 UI 层和访问层。通过前期调研，为了满足上述构架，将能耗在线监测系统功能按递进关系划分为计量级、监测级、分析级、优化级和智能级。

3.4.4 监督考核与监测审计

3.4.4.1 监督考核

监督考核是工作的"指挥棒"，中国海油通过组织开展年度节能目标责任评价考核、评选节能先进，严格落实工作责任制，确保事有人干、责有人担。同时，中国海油每年以文件形式下发《节能减排监督监测和能源审计计划》，组织对有关企业进行审计、监测和节能诊断，帮助企业挖掘节能潜力、提高节能管理能力。

3.4.4.1.1 制度搭建

2006 年，为贯彻落实中国海油系统节能减排工作，确保节能工作目标的实现，中国海油制定并向各所属单位印发了《中国海洋石油总公司节能工作暂行办法》，首次将节能考核纳入对节能工作的管理范围内。

2007 年，中国海油发布了《中国海洋石油总公司节能减排考核奖惩办法》，使得考核工作具有了科学性、规范性，将节能指标落实到各个单位，在下达年度计划预算任务时加以明确，并与各单位签署"节能目标责任书"，每年年底，对各单位节能目标实现情况进行检查，并将节能目标实现情况作为考核各单位领导班子和单位业绩的一项重要指标。

2017年，中国海油发布的《中国海洋石油总公司节能管理办法》中，《节能监督管理细则》《节能考核奖惩管理细则》作为细则列入其中，标志着中国海油监督考核工作制度化、系统化建设完毕。

2018年，中国海油下发了《关于节能低碳定期监督监测工作要求的通知》，进一步明确了节能低碳督查工作。

2023年，中国海油在原监督考核工作基础上进一步深化，制定了《节能低碳专项检查指南》，并发布《中国海洋石油集团有限公司节能低碳统计、报告与监测管理细则》，针对重点用能单位每年组织开展节能低碳专项检查，旨在不断强化企业节能低碳合规管理，持续提升管理水平，深入挖掘节能降碳潜力。监督考核工作在中国海油已完全实现制度化、流程化，对节能低碳工作起到了极大的促进作用。

3.4.4.1.2 考核实践

2011年3月，中国海油节能减排办公室第一次开展了现场考核工作。节能减排办公室组织两个节能减排目标责任现场评价考核小组，对所属单位2010年度及"十一五"节能减排目标完成情况进行了现场评价考核。该次考核共现场评价考核了14家所属重点耗能单位，涵盖了中国海油上、中、下游各业务板块（包括并购企业和新建企业）。为了保证考核工作的质量，并通过此次考核来促进各单位进一步做好节能减排工作，考核采取了听取工作汇报、详细查阅相关文件资料和现场检查相结合的考核方式。之后中国海油每年度均在考核基础上抽取部分单位进行现场评价考核，取得了非常好的效果。

为了加强重点用能单位管理，中国海油规划计划部于2012年3月印发了《关于加强中国海油所属年综合能源消费量1×10^4tce以上重点用能单位节能工作的通知》，对于系统内所属年综合能源消费量达到1×10^4tce以上的企业，加强对其监督管理，对未完成年度或"十二五"节能目标而被国家发改委通报的所属万家企业，将对其及其所在二级单位实行"一票否决制"，基于年度节能目标责任考核零分处理。

2016年，为了进一步加强节能绩效考核工作，中国海油以突出降本增效为原则，综合考虑所属万家企业实际情况，经过广泛征求意见，制定并发布了《中国海洋石油总公司节能目标责任评价考核指标及评分标准》，再次明确将节能工作列入了公司对所属单位综合绩效考核的指标体系，体现了对节能工作的重视程度。该考核指标及评分标准将节能指标分为约束性指标、专项工作、精细管理和项目支撑四个部分。具体的考核细项可根据年度的具体工作重点略有不同，但总体框架仍然围绕上述四个方面进行考核。同年，中国海油在绩效考核的基础上增加了督查工作，选取部分重点用能企业，以文件形式下发《节能减排监督监测和能源审计计划》，明确由中国海油节能低碳主管部门具体执行。

2018年，中国海油下发了《关于节能低碳定期监督监测工作要求的通知》，进一步明确了节能低碳督查工作及要求：中国海油统一组织，督查对象及督查频次将根据国家相关政策的变化及企业实际工作开展情况确定。

2023年，中国海油进一步加大对下属单位督查检查力度，每年针对5～7家重点用能单位组织开展节能低碳专项检查。通过专项检查，督促各级单位落实国家和地方节能低碳政策、法规和标准要求，全面掌握企业节能低碳管理机构设置、能源管理体系和制度建立及运行、节能低碳目标完成和指标分解落实及考核、碳排放量管理、文化宣传和培训工作等情况，全面衡量及对标评价企业用能装置和设备的能效水平，针对能效水平低的单元装置或重点用能设备，开展现场潜力挖掘等工作，深入分析和查找企业节能低碳管理存在的不足，指出具体的管理提升和节能减碳整改措施。目前，专项检查工作在中国海油已完全实现制度化、流程化，为中国海油开展节能低碳管理起到了极大的促进作用。

3.4.4.2 监测审计

对企业的监测审计是企业实现节能科学管理的重要举措，自2009年开始，中国海油开始以文件形式下发《节能减排监督监测和能源审计计划》，文件中根据所属企业实际用能情况及需求，确定开展节能监测、能量平衡测试及能源审计的企业名单，自此中国海油开始了全面的监测审计工作。通过监测审计工作，三方机构对用能单位和主要耗能设备的能源利用状况进行监督、检测、评价、分析、认定，并对浪费能源的行为提出整改意见。由此，中国海油在节能低碳科学管理方面取得了显著进展，为企业的可持续发展奠定了坚实基础。

3.4.4.2.1 明确管理规定

在工作开展过程中，中国海油重视监测审计的标准化、流程化工作。针对海洋石油的特点，发布了企业标准《海洋石油船舶节能监测评价方法》（Q/HS 13017）、《石油化工管式加热炉节能监测规范》（Q/HS 13026）、《能源审计规范》（Q/HS 13013），牵头制定了行业标准《海上油气田节能监测规范》（SY/T 6953），标准的制定对监测审计工作的规范化起到了极大的促进作用。

2023年10月，中国海油发布的《中国海洋石油集团有限公司节能低碳管理办法》中，《中国海洋石油集团有限公司节能低碳统计、报告与监测管理细则》作为《中国海洋石油集团有限公司节能低碳管理办法》细则之一，列入管理办法之中，标志中国海油监测审计工作制度化、系统化建设完毕。细则中明确要求了节能监测的工作内容：

（1）监测评价所属单位用热、用电、用油、用气、用煤、用水的状况。

（2）依照国家、地方及行业颁布的能耗标准，检测、评价耗能产品的生产能耗情况，并对影响产品能耗的关键工艺、设备及主要运行参数等技术性能指标实施检测、评价。

（3）检测、评价企业能源利用效率、用能设备、机具运行效率及与产品能耗有关的工艺系统和过程等。

（4）检测、评价能源转换、输配及利用系统的配置与运行状况。

（5）检测、评价节能用材和余能资源的回收利用情况。

《中国海洋石油集团有限公司节能低碳统计、报告与监测管理细则》明确要求：各单位根据企业生产情况，制订年度审计监测计划，上报中国海油质量健康安全环保部备案。同时对监测审计边界进行了确认。

节能监测边界：

（1）重点用能单位应定期开展节能综合监测：年综合耗能折合 1×10^4 tce 及以上的用能单位，每三年开展一次综合节能监测工作；年综合能源消费量折合 1000tce 及以上的用能单位，每五年开展一次；因技术改造或其他原因造成主要耗能设备、生产工艺、能源消耗结构等发生重大变化（年综合能源消费量变化幅度超过20%）的用能单位，应在下一年度开展。

（2）各所属单位应定期对大型重点耗能设备开展单项节能监测或经济运行评价：炼油、化工及化肥企业的大型加热炉（不小于7MW）、锅炉（不小于35t/h）每年开展一次；其他企业的大型加热炉（不小于7MW）、锅炉（大于10t/h 或容量大于7MW）等每三年开展一次；机泵、风机类等其他大型重点耗能设备，每三年开展一次。

（3）各所属单位应根据国家和地方政策、法规和标准的要求，定期开展其他需要开展的专项监测。

能源审计边界：

（1）年综合能耗折合 1×10^4tce 以上的工业企业及万家企业每三年开展一次。

（2）年综合能源消费量折合 1×10^4tce 以下的工业企业（达到 1000tce）每五年开展一次。

（3）年能源消费量达 500tce 以上或年电力消耗 200×10^4kW·h 以上或建筑面积 1×10^4m^2 以上的建筑、运输等非工业行业企业每五年开展一次。

（4）在中国海油年度检查或节能督查中发现存在以下问题之一的企业或在国家检查中被通报的企业应在下一年度针对整改情况开展能源审计工作：企业未完成年度节能、节水任务目标；企业未完成所在地方主管部门下发综合能源消费总量控制指标；企业单位产品能耗临近或超过国家限额值。

3.4.4.2.2 形成工作实践

中国海油已形成完善的监测审计制度体系，以年度节能、节水、低碳监督监测计划形式，有针对性地组织对重点用能和排放单位开展节能督查、设备监测和能源审计等工作。在中国海油的审计与监测工作开展过程中，一直将锅炉、加热炉与机泵的监测审计视为重点工作。

（1）锅炉、加热炉监测。

锅炉、加热炉是中国海油海上油气田的主要耗能设备之一，通常情况下其在海上设施（包括陆地终端）能源消耗仅低于发电机组，其运行状态将直接影响到海上设施的能耗水平。它主要用于工艺、公用系统内设备的加热和保温、舱室空调及生活楼中央空调的热源，以及 FPSO 洗、扫舱的加热等。中国海油海上油气田热站一般包括热介质加热炉、水套炉、锅炉、余热回收装置及其附属设施。锅炉与加热炉作为中国海油系统内各生产单位不可或缺的关键能耗设备，对于保障企业日常生产活动的顺利进行具有至关重要的作用。

同时，锅炉、加热炉运行过程中，也消耗了大量的能源，造成了一定的环境污染问题。由于生产工艺的调整、锅炉及加热炉装备水平、辅机不匹配、燃料管理的忽视、控制与操作水平，以及锅炉、加热炉运行负荷低等诸多因素，设备运行中各项热损失比较大、能耗高、效率低、排放量大，随着节能技术的发展及对节能管理的正确认识与理解，锅炉、加热炉系统仍有节能空间，为了更大地挖掘节能潜力以及节能技术的推广，很有必要对中国海油所属企业在运行锅炉、加热炉进行持续的监测审计工作。加强锅炉、加热炉技术节能、管理节能，深挖节能潜力已成为企业所要面临的必然选择。

中国海油对所属海上油田（包括终端处理厂）各生产设施中的加热炉进行了研究，调研海上油气田在役加热炉炉型、数量、型号、运行参数等基本情况。根据相关国家、行业和企业标准对油气田部分运行加热炉进行热工测试，评价其运行水平，分析油气田加热炉节能潜力。收集分析行业内加热炉相关管理制度、规范，能效先进产品和节能技术并编写了《海上油气田加热炉经济运行标准》（Q/HS 13039）。建议加热炉使用单位定期组织对加热炉的热效率测试，并根据测试结果进行加热炉节能运行的分析和调整。积极推广应用新技术，以实现状态监测、温度监测、故障监测等技术在加热炉管理方面的应用，确保加热炉节能高效运行。加热炉应配备热电偶、负压表和在线氧含量分析仪，并定期校验保证其正常使用；每台加热炉应按规定设置烟气取样点。在系统运行过程中应检查和测试排烟温度、含氧量等参数。在技术及经济条件允许的情况下，宜采用在线监测方式。

中国海油组织节能减排监测中心对中海炼化和化学公司等各下属生产单位开展锅炉、加热炉及辅机的监测及效率测试。绝大部分锅炉运行效率高于设计值，对于少量低于设计效率的锅炉进行了分析，并提出多项解决方案及建议，形成了锅炉节能潜力专项调研报告，对中国海油所属企业锅炉现状、燃煤质量、燃烧情况、燃烧设备、运行控制、辅机配套、蒸汽质量等因素进行了分析对比。

（2）机泵监测。

机泵在上游公司生产过程中的应用，主要是原油和天然气等液体气体的分离和输送过程。在这些过程中，泵起到了输送液态物质和提供化学反应的压力及流量的作用。

在炼化企业生产过程中，原料、半成品及成品多为液态，而将原料制成半成品及成品，需要经过复杂的工艺过程。在这些过程中，泵起到了输送液态物质和提供化学反应的压力及流量的作用。因此，石油化工用泵在炼化生产中的作用就好比心脏一样，将各种液体介质输送到各个地方。泵是在石油化工生产中用量最多的设备，一般中型炼厂机泵数量在千台左右，由此可见泵类设备的电耗占炼厂耗电量比例之大，不容小觑。

电厂类企业泵与风机主要存在于锅炉给水、散热系统给水和散热用风扇等各处，为了运行安全的考虑，存在一定功率、流量和扬程匹配过大的情况。

LNG企业，主要用能为气化过程中系统的散冷消耗，因此泵是主要耗能设备。

在化工生产中，原料、半成品及成品多为液态，而将原料制成半成品及成品，需要经过复杂的工艺过程。在这些过程中，泵起到了输送液态物质和提供化学反应的压力及流量的作用。存在泵与风机机组不在"额定性能点"或"最佳效率"区域运行，机组的使用随意，机组的结构不合理、机械效率低等现象。针对以上机组运行存在的问题，需要针对不同的情况采取不同的改进措施，制订合理可靠的改造方案。

综合服务板块的企业，如中海油服、海油工程、海油发展和中海实业，主要为海洋石油勘探、开发、生产、销售、油气加工和LNG等业务提供技术、装备、人力资源、物流、通信、后勤等综合性、系统性支持和服务。在这些过程中，虽然泵与风机不是主要生产设备及生产设施，但是泵与风机是企业保证正常生产运行的主要附属生产设施，是保证系统可靠运行的重要手段，同样存在泵与风机与实际需要匹配的问题，节能改造潜力也巨大。

综上所述，无论在中国海油下属各个企业和生产的各个主要环节，泵与风机都是重要的生产辅助设备，其存在的数量巨大，规格千差万别，因此对泵与风机的监测审计，是提升中国海油总体用能水平的重要环节之一，能够发现泵与风机机组存在的节能改造潜力，为下一步开展节能改造做好基础数据准备。

3.4.5 构建绿色制造体系

2015年3月25日，在国务院常务会议上，审议通过了《中国制造2025》，并于5月19日正式印发《中国制造2025》。《中国制造2025》是由百余名院士专家为中国制造业未来10年设计的顶层规划和路线图，实现中国制造向中国创造、中国速度向中国质量、中国产品向中国品牌三大转变，推动中国到2025年基本实现工业化，迈入制造强国行列。为实现2025制造强国的战略目标，提出实行五大工程，包括制造业创新中心建设的工程、强化基础的工程、智能制造工程、绿色制造工程和高端装备创新工程。

绿色制造工程就是组织实施传统制造业能效提升、清洁生产、节水治污、循环利用等专项技术改造。开展重大节能环保、资源综合利用、再制造、低碳技术产业化示范。实施重点区域、流域、行业清洁生产水平提升计划，扎实推进大气、水、土壤污染源头防治专项。制定绿色产品、绿色工厂、绿色园区、绿色企业标准体系，开展绿色评价。

2016年9月，为落实《中国制造2025》，加快推进绿色制造，工业和信息化部决定开展绿色制造体系建设，印发了《关于开展绿色制造体系建设的通知》(工信厅节函〔2016〕586号)。通知要求全面统筹推进绿色制造体系建设，到2020年，绿色制造体系初步建立，绿色制造相关标准体系和评价体系基本建成，在重点行业出台100项绿色设计产品评价标准、10~20项绿色工厂标准，建立绿色园区、绿色供应链标准，发布绿色制造第三方评价实施规则、程序，制订第三方评价机构管理办法，遴选一批第三方评价机构，建设百家绿色园区和千家绿色工厂，开发万种绿色产品，创建绿色供应链，绿色制造市场化推进机制基本完成，逐步建立集信息交流传递、示范案例宣传等为一体的线上绿色制造公共服务平台，培育一批具有特色的专业化绿色制造服务机构。

2016年以来，中国海油按照逐步推进的总体思路，在各板块选取了典型企业，指导开展绿色制造体系示范建设，在能耗、新鲜水用量、二氧化硫、氨氮、COD、氮氧化物、VOCs、三废排放量、固废处置、废水回用率和碳排放量等方面对标先进企业，寻找差距，补齐短板，改造提升，积极申报国家绿色工厂、绿色制造系统集成项目。同时，中国海油注重系统内技术支持机构技术能力的提升，其中，节能减排监测中心通过强化监测能力建设和丰富的实践经验，获得工业节能和绿色发展评价中心资格认证，帮助各所属单位在绿色制造体系创建过程中取得了很好的成绩。

3.4.5.1 绿色工厂

绿色工厂是制造业的生产单元，是绿色制造的实施主体，属于绿色制造体系的核心支撑单元，侧重于生产过程的绿色化。绿色工厂采用绿色建筑技术建设改造厂房，预留可再生能源应用场所和设计负荷，合理布局厂区内能量流、物质流路径，推广绿色设计和绿色采购，开发生产绿色产品，采用先进适用的清洁生产工艺技术和高效末端治理装备，淘汰落后设备，建立资源回收循环利用机制，推动用能结构优化，实现工厂的绿色发展。

中国海油根据工信部通知要求，结合所属单位生产特点，以申报国家绿色工厂为契机，按照"生产洁净化、原料无害化、废物资源化、能源低碳化、厂房集约化"为原则，大力推动绿色工厂建设工作，组织所属二级单位学习对照申报要求和评审标准，找差距、做规划，开展自查自评，从绿色油田、绿色炼厂、绿色电厂、绿色化工厂、绿色装备制造、绿色产品、绿色建筑等方面持续推动绿色制造体系的申报和建设，作为中国海油绿色低碳发展战略落脚点之一。

在落实绿色工厂建设的过程中，中国海油主动进行技术总结，牵头制定了部分行业标准。中国海油牵头制定的《合成氨行业绿色工厂评价导则》（HG/T 5512），于2018年12月由国家统一对外正式发布，为全国合成氨行业绿色工厂创建提供了规范依据。同时中国海油还参与了国家标准《绿色工厂评价通则》（GB/T 36132）的编写，参与了2017年国家质量基础共性技术研究与应用重点专项子课题《合成氨行业绿色工厂认证评价技术研究》。

在绿色工厂建设方面，中国海油各单位积极引进前沿技术、不断优化生产流程、提高能源利用效率，成效显著。截至2023年，中国海油已有8家单位荣获国家绿色工厂称号，另有18家单位获得行业绿色工厂认证（表3.13）。这些荣誉不仅彰显了中国海油在绿色发展道路上的坚定步伐，更充分展示了其显著的绿色低碳成果和社会责任担当。

表 3.13 中国海油绿色工厂获奖情况

绿色工厂	年份	类别
中海石油化学股份有限公司	2017 年	国家级
中海福陆重工有限公司	2019 年	国家级
中海石油深海开发有限公司	2019 年	国家级
中海油惠州石化有限公司	2019 年	国家级
中海石油（中国）有限公司海南分公司东方作业公司	2019 年	国家级
海洋石油工程（青岛）有限公司	2020 年	国家级
中海石油（中国）有限公司海南分公司	2020 年	国家级
中海石油（中国）有限公司深圳分公司	2022 年	国家级
中海石油（中国）有限公司崖城作业分公司南山终端	2018 年	行业级
中海石油（中国）有限公司天津分公司渤南作业公司东营原油终端	2019 年	行业级

续表

绿色工厂	年份	类别
中海浙江宁波液化天然气有限公司	2019 年	行业级
中海石油（中国）有限公司湛江分公司	2019 年	行业级
中海石油（中国）有限公司深圳分公司恩平油田作业区	2020 年	行业级
中海石油（中国）有限公司丽水作业公司丽水 36-1 气田终端处理厂	2020 年	行业级
中海油常州环保涂料有限公司	2020 年	行业级
中海石油（中国）有限公司秦皇岛 32-6 作业公司	2021 年	行业级
中海石油（中国）有限公司深圳分公司番禺作业公司	2021 年	行业级
中海石油（中国）有限公司湛江分公司涠洲作业公司	2021 年	行业级
广东珠海金湾液化天然气有限公司	2021 年	行业级
天津正达科技有限责任公司	2021 年	行业级
中海石油（中国）有限公司深圳分公司	2022 年	行业级
中海石油（中国）有限公司天津分公司辽东作业公司	2022 年	行业级
中海石油（中国）有限公司湛江分公司文昌油田作业公司	2022 年	行业级
中海石油（中国）有限公司天津分公司曹妃甸作业公司	2023 年	行业级
广东大鹏液化天然气有限公司	2023 年	行业级
中海油工业气体（宁波）有限公司	2023 年	行业级

3.4.5.2 绿色产品

绿色产品是以绿色制造实现供给侧结构性改革的最终体现，侧重于产品全生命周期的绿色化。积极开展绿色设计示范试点，按照全生命周期的理念，在产品设计开发阶段系统考虑原材料选用、生产、销售、使用、回收、处理等各个环节对资源环境造成的影响，实现产品对能源资源消耗最低化、生态环境影响最小化、可再生率最大化。

选择量大面广、与消费者紧密相关、条件成熟的产品，应用产品轻量化、模块化、集成化、智能化等绿色设计共性技术，采用高性能、轻量化、绿色环保的新材料，开发具有无害化、节能、环保、高可靠性、长寿命和易回收等特性的绿色产品。关于绿色产品的通用评价方法见《生态设计产品评价通则》（GB/T 32161），评价要求见《生态设计产品评价规范》（GB/T 32163）系列国家标准。

中国海油对目前主要生产的汽柴油及其他炼化产品持续实施产品质量升级，调整油品结构，改善环境空气质量，确保中国海油成品油的清洁优质化始终走在行业前列，并开发SBS改性沥青和环保橡胶油等环保产品。生产更加环保高端的树脂涂料及各种催化剂产品及水处理产品，不断扩大绿色产品在海油系统内外的应用市场。包括：绿色环保树脂涂料（水性羟基丙烯酸树脂分散体、水性环氧树脂及固化剂树脂、工业用水性涂料产品系列化和技术改进），催化剂产品（催化基础材料、炼油催化剂、化工催化剂、新型催化反应工艺产品），水处理产品。

2019年8月，中阿公司生产的复合肥获得绿色产品认证证书，成为全国肥料行业第一家同时在资源属性、能源属性、环境属性、产品属性四个方面全属性通过绿色产品认证的肥料企业。

3.4.5.3 绿色供应链

中国海油坚决贯彻国家生态文明建设的决策，推进绿色、低碳、循环的供应链体系建设，通过优化供应链结构和管理，实现协同降碳、减污、扩绿、增长。加大绿色供应资源开发，推动清洁能源供应和应用，优化能源结构。执行绿色采购政策，优先选择环保、可持续发展的产品和服务。构建一体化、规模化、专业化的采购、运输、仓储体系，优化物流网络布局，推广清洁能源运输工具，采用智能仓储管理系统，推动供应链绿色高效运营。

中国海油已将绿色供应链管理理念纳入公司发展战略，提出了符合公司特点的绿色供应链发展目标。中国海油结合自身生产特点，通过开展能评、碳评和环评将节能、环保理念贯穿于海上油气田、炼化、天然气发电等大型生产企业的新、改、扩建项目，融入了绿色设计理念。绿色供应链建设框架如图3.7所示。

（1）创建"绿色供应链管理企业"。

中国海油坚决贯彻国家绿色发展理念，积极投身于绿色发展的实践之中，持续优化供应链管理，努力推动各所属单位争创"绿色供应链管理企业"认证。2022年，海油工程获得工业和信息化部授予的"绿色供应链管理企业"荣誉称号。

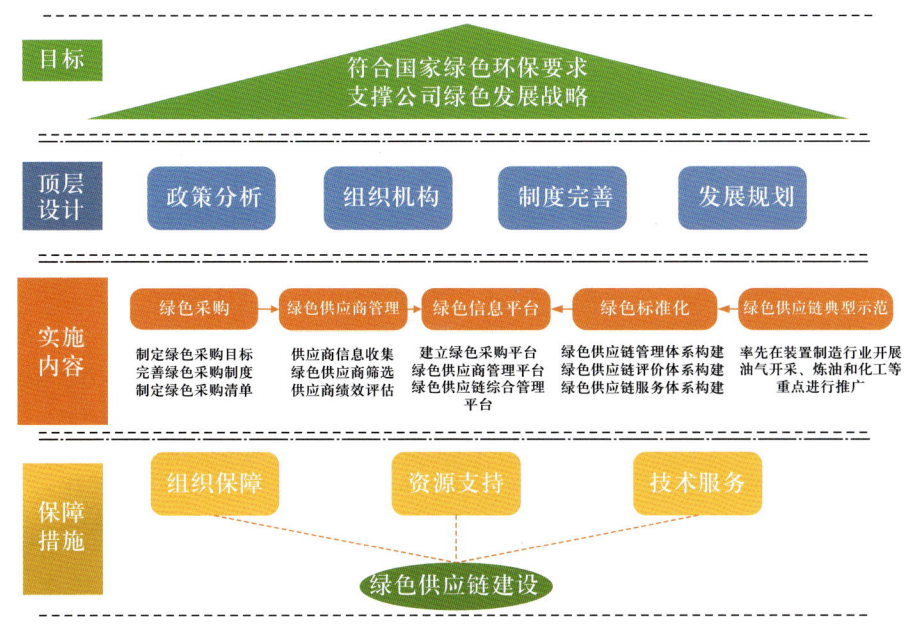

图 3.7 绿色供应链建设框架

海油工程围绕海洋油气装备供应链重点环节开展绿色供应链管理重要举措，在协同提高供应链上下游、绿色发展水平上成效显著；提高绿色供应链管理战略定位，构建全生命周期管理制度体系，全面推进各项绿色供应链管理工作。

海油工程不断加强采购供应链管理，通过建立供应商全过程管理体系集中统一、分类分级共享供应商信息资源，进一步优化供应商绿色绩效考核；全面启动绿色采购数字化转型，实现供应商全流程信息化和业务闭环、动态管理。对海洋油气弃置平台进行回收拆解和再生资源开发，最大限度发挥拆除平台的再利用价值，先后实施了国内外 11 个平台的拆除获得业主认可。

（2）加大绿色供应资源开发。

中国海油致力于推动绿色产业的发展，积极承担社会责任，以实现可持续发展为目标。在 2023 年进一步加大了对绿色供应资源的开发力度，对外公布了包括海上风力发电机组、新能效变压器、蓄电池等在内的优选供应商名单，共计 27 家企业入选。

为了让绿色理念深入人心，中国海油向所有供应商传递了绿色发展的重要性，并在供应商档案信息中新增了"绿色低碳认证"这一必填字段和检索条件。2023 年，已有 175 家供应商标注取得了绿色认证，这一数字的增长，不仅代表了供应商对绿色发展的积极响应，也反映了中国海油在推动绿色供应链建设方面的显著成果。

为了更加精准地筛选出符合绿色发展要求的供应商，中国海油对绿色供应商资源进行摸底排查，掌握绿色低碳产品、技术的潜在供应商资源情况。在品类采购策略中固化绿色标准，增加了绿色评价指标，根据绿色产品采购目录进行智能推荐。将取得"绿色工厂""绿色供应链""绿色产品"认证等作为加分项或评审项，形成28家绿色优选供应商资源，占比61%。

（3）支持鼓励绿色采购。

中国海油通过绿色采购促进整体设备能效水平持续提升，在一级集采中明确要求供应商提供的电动机等电气类设备能效达到至少二级能效，这一举措在五项设备招标采购中得到了严格执行。另外持续滚动开展采购标准建设，不断完善和优化采购流程与标准，印发《2023—2024年度采购标准建设工作方案》，对现有的372项采购标准文件进行了全面的复审，进一步提高采购效率和质量，确保绿色采购理念深入人心。

（4）构建一体化规模化专业化的采购运输仓储体系。

中国海油积极打造高效、先进、绿色的采购、运输、仓储一体化体系，以优化运营效率和降低成本，增强企业的市场竞争力和可持续发展能力。以仓库管理18项指标和硬件配备25项指标为标准组织星级仓库评定，评出26个四星级仓库和8个五星级仓库；推进智能仓库建设，所属海油工程建成智能仓储中心，实现2500m^2范围内点对点自动作业，库房存储容量提升53.6%，出入库效率提升25%；在智能物流建设方面，以渤海区域为重要试点，积极探索并实践智能化运输管理，开发车辆油耗监控及配套功能模块，协同管理系统实现97辆货车的油量监控，优化运输车辆的综合油耗；推动绿色仓储建设，在海南、舟山、东方终端等基地利用仓库、料棚顶等$7.42×10^4 m^2$空间，共完成8.7MW光伏铺设；开展港口水运物流高质量发展研究，组织编制"中国海油港口水运物流高质量发展实施方案"，为推动中国海油港口水运物流的持续发展提供坚实的物流保障。

3.4.6 重点低碳工作实践

中国海油在能源转型的浪潮中，积极响应国家应对气候变化的政策要求，以前瞻性的视野和坚定的步伐，从精细的节能管理迈向全面低碳管理的新纪元，展现了大国企业应对全球气候变化挑战的决心与智慧。通过采用国家最新发布的温室气体排放核算标准或行业指南，全面核实所属生产企业的碳排放状况，为碳排放管控和资产管理奠定了良好基础。在控制碳排放方面，中国海油实施了源头管控、过程减排和末端治理的全方位管理措施。碳资产管理方面，对相关单位实施了中国自愿核证减排量（CCER）置换、线上线下碳配额交易，通过内部单位碳配额平衡等多种碳资产管理模式，探索构建碳交易低成本合规履约和交易风险防范机制，持续以全过程减碳和碳资产优化管理为目标，推进中国海油绿色低碳发展。

3.4.6.1 碳盘查与审计

2010年，中国海油率先在国内启动碳盘查，根据国际标准化组织开展的全系统碳盘查工作，成为国内首家完成碳盘查的中央企业。2017年，再次启动公司层面的碳盘查工作，共完成系统内35家重点企业碳盘查工作，主要内容包括：对海油系统内重点排放单位开展温室气体排放数据计算与分析、配额盈缺数据测算与低碳管理技术培训，查找企业低碳管理的薄弱环节，并提出管理建议与改进措施，准确掌握温室气体重点排放源与重点排放单位的排放数据。

中国海油在开展系统内碳盘查工作的同时，每年定期对各所属重点单位实施低碳审计，为企业准确获取自身碳排放家底，摸清碳排放总量与强度数据打下坚实基础。

3.4.6.2 碳交易及CCER开发

3.4.6.2.1 参与碳交易市场

2013年试点碳市场建立以来，中国海油所属共16家生产单位纳入碳交易市场控排和履约，详见表3.14，其中试点碳市场控排企业7家，全国统一碳市场控排企业9家（包括6家燃气发电企业和3家自备电厂）。对于碳交易试点企业，各地方政府要求略有不同，基本要求三个方面：（1）每年提交碳排放报告，报告的基准排放量以企业"碳盘查"为基础。（2）接受政府安排的第三方机构"碳核查"。（3）每年在规定时间内完成履约，即注销与排放量相等数量的配额。中国海油所属16家纳入管控的碳交易试点单位均按照政府要求顺利完成碳排放监测、报告、核查及配额清缴和履约工作，整体上配额缺口不大，企业履约成本不高。

表 3.14 纳入全国统一碳市场和省市试点碳市场控排企业

序号	控排企业	备注
1	中海福建燃气发电有限公司	福建试点转全国统一（发电行业）
2	中海油珠海天然气发电有限公司	广东试点转全国统一（发电行业）
3	中山嘉明电力有限公司	广东试点转全国统一（发电行业）
4	中海油深圳电力有限公司	深圳试点转全国统一（发电行业）
5	中海海南发电有限公司	新增全国统一（发电行业）
6	中海油文昌天然气发电有限公司	新增全国统一（发电行业）
7	中海石油舟山石化有限公司	新增全国统一（发电行业），自备电厂
8	中海惠州石化公司	新增全国统一（发电行业），自备电厂
9	中海石油华鹤煤化有限公司	新增全国统一（发电行业），自备电厂
10	中海石油（中国）有限公司天津分公司	天津试点
11	中海石油（中国）有限公司深圳分公司	深圳试点，深圳大楼
12	中海惠州石化公司	广东试点
13	中海开氏石化公司	广东试点
14	广东大鹏液化天然气有限公司	广东试点
15	湖北大峪口化工有限责任公司	湖北试点
16	上海北海船务股份有限公司	上海试点

3.4.6.2.2 CCER 项目开发及抵销机制利用

中国海油在碳资产开发方面具有较好的工作基础，具备 CCER 项目开发的实践经验。针对风电项目和燃气发电项目，中国海油基于国际清洁发展机制（CDM）成功开发了多个项目。2009 年，中国海油将所属中海福建燃气发电有限公司和中山嘉明电力有限公司的发电减排项目开发为 CDM 项目，分别出售给日本三菱和法国道达尔公司。

自国内试点碳市场将 CCER 纳入抵销机制以来，中国海油针对气电集团 LNG 接收站的冷能利用项目开发了核证减排量方法学，并成功开发了多个 CCER 项目，包括：福建 LNG 冷能空分项目，项目核证减排量 7.0×10^4t；以及宁波 LNG 冷能空分项目，项目审定减排量 6.0×10^4t，但由于 2017 年国家暂停 CCER 项目，项目减排量未完成核定。

2015 年 7 月，中国海油按照《温室气体自愿减排交易管理暂行办法》（发改气候〔2012〕1668 号）完成了"40×10^4t/a 煅后焦工程余热利用热电联产项目"在国家发改委的备案。项目于 2016 年 8 月完成两批次核证备案，产生减排量时间为 2010 年 4 月 1 日至 2015 年 10 月 31 日，合计核证量约 104×10^4t 二氧化碳。以该资产为基础资产，中国海油发行了全国首单碳中和服务信托——"中海蔚蓝 CCER 碳中和服务信托"，将募集资金全部投入绿色环保、节能减排产业，从而实现以绿生绿、以绿增绿的绿色能源发展路径。该项目是中国海油首单以碳达峰、碳中和为目标开展的绿色信托业务，在信托基础资产、交易结构设计与资产管理等方面均有创新内涵，为打造绿色资产支持绿色产业提供了解决方案。

2023 年 3 月，生态环境部发布《关于公开征集温室气体自愿减排项目方法学建议的函》（环办便函〔2023〕95 号），随后由海油发展参与编制的《温室气体自愿减排项目方法学——并网海上风力发电（CCER-01-002-V01）》方法学从 300 余项方法学中脱颖而出，成为首批发布的四项 CCER 方法学之一，可使全国并网海上风电项目在 CCER 机制下开发碳信用资产，预期将显著提升新能源类型项目的经济效益，为各类社会主体开发并网海上风力发电类型的自愿减排项目奠定基础。

除了开发全国温室气体自愿减排量，为推动形成绿色低碳生产生活方式，中国海油积极参与地方碳普惠机制的项目开发和申报工作，并开发了海油发展珠海管道工程有限公司位于高栏港经济区分布式光伏项目碳普惠减排量。该项目是中国海油第一个碳普惠项目，在满足广东省发布的《广东省安装分布式光伏发电系统碳普惠方法学（2022 年修订版）》和《广东省碳普惠交易管理办法》开发条件下，每年开发碳减排量约 800t，可签发周期为 25 年，预期收益约 150 万元。通过运用核证减排量交易的正向引导机制，促进企业在满足项目节能要求的同时，实现对外创收，为降本增效提供新方法。

目前，CCER 等碳信用抵销机制仍然是市场碳配额供需调节的重要手段，也能促进非控排企业的减排行动。2023 年 10 月，由生态环境部发布的《温室气体自愿减排交易管理办法（试行）》（生态环境部、市场监管总局令第 31 号），明确核证自愿减排量可按照国家有关规定用于抵销全国碳排放权交易市场和地方碳排放权交易市场碳排放配额清缴、大型活动碳中和、抵销企业温室气体排放等用途。2024 年 2 月，公布《碳排放权交易管理暂行条例》（国务院令第 775 号），自 2024 年 5 月 1 日起施行。碳排放权交易是通过市场机制控制和减少二氧化碳等温室气体排放、助力积极稳妥推进碳达峰碳中和的重要政策工具。制定专门行政法规，为全国碳排放权交易市场运行管理提供明确法律依据，保障和促进其健康发展，具有重要意义。

随着碳市场建设逐步完善，布局碳交易业务，对中国海油所属控排企业的低成本履约和碳资产管理具有重要意义。部分控排企业通过 CCER 置换配额，利用两者价差，在实现碳排放配额履约的同时获得了一定的经济收益。中国海油所属气电集团控股的中山嘉明电厂于 2016 年与中碳能投合作，置换 CCER 项目减排量 6.65×10^4t，2017 年与壳牌合作签订远期 CCER 置换合同；深圳电力于 2017 年与越东创碳合作，置换 CCER 项目减排量 5.65×10^4t。

2024 年 1 月 22 日，全国温室气体自愿减排交易市场正式启动，交易首日中国海油在北京绿色交易所完成全国首单 CCER 交易，交易量共计 25×10^4t，占比超过首日交易总量的 60%，对有效盘活碳资产具有重要作用。参与 CCER 交易的控排企业可以使用 CCER 抵销部分碳排放，通过市场机制为碳排放履约提供灵活性，同时也为高碳行业循序渐进谋划和推进绿色低碳转型赢得了时间，从而更好地展示全社会共同参与应对气候变化的决心和行动。

3.4.6.3　低碳信息化建设

中国海油利用信息化技术将节能减排低碳管理与企业生产管理相衔接，按照"四融合"（节能、低碳、生产、环保相融合）的目标，建立了全新的综合信息管控系统，全面涵盖了节能、节水、低碳、环保业务管控，实现了与生产的本质一体化。

2018 年，中国海油质量健康安全环保部组织对原节能减排管理信息系统进行升级改造，开发了低碳管理功能模块，包括 CCER 项目管理、碳评管理、履约管理、低碳数据填报与报表查询等功能。各基层单位可通过该系统完成企业月度温室气体排放数据的上传与计算，系统自动生成的碳排放统计报表为各用户掌握碳排放量数据提供技术支持。通过系统优化设计，实现同一数据单次录入即可完成不同应用程序的自动采集，极大简化操作流程、降低基层数据填报人员工作强度，同时又可以减少数据重复录入可能带来的潜在错误。

随着国家"双碳"目标的提出，双碳政策对企业的生产、经营等方面已经产生了越来越显著的影响，为了打造数字化引领，实现中国海油碳排放数字智慧管理，2023 年中国海油完成了"双碳"数字化平台开发建设。平台以节能低碳管理为核心，依据中国海油碳达峰行动方案，围绕目标管理、行动跟踪、综合分析和业务管控等四方面需求，实现各业务领域业务流和数据流的串联互通，应用范围覆盖了中国海油上、中、下游各产业板块及重点用能单位。

3.4.6.4 开展国际化低碳对标研究

近年来，为了应对能源低碳化的挑战，国际上著名的石油公司都已经把气候变化、能源转型等风险因素纳入公司发展战略，并将公司业务由"传统油气生产"向"低碳"和"综合型能源公司"调整，积极布局天然气、电力、氢能等相关领域，抢占未来发展的主动地位。

中国海油持续创新绿色发展的管理制度、方式、措施和流程，构建了适应新时代发展要求的管理体系，通过选择行业内优秀公司作为样本，分析样本公司的低碳发展战略特点及实践，评估其低碳发展成效，把握低碳发展水平。

以美国《石油情报周刊》（PIW）世界50家最大石油公司综合排名及《财富》全球500强排名等国际权威机构发布的榜单为基础，选择13家对中国海油发展具有积极参考和借鉴意义的国际著名能源公司，其中，包括一体化国际石油公司五家、一体化国家石油公司五家及独立勘探开发公司（E&P）三家（表3.15）。

表 3.15 样本公司名录

序号	分类	公司名称（英文）	公司名称（中文）	属国	地理位置	PIW排名	是否上市
1	一体化国际石油公司	Exxon Mobil	埃克森美孚	美国	北美	4	是
2		Shell	壳牌	荷兰	欧洲	7	是
3		BP	英国石油	英国	欧洲	5	是
4		Total	道达尔	法国	欧洲	9	是
5		Chervon	雪佛龙	美国	北美	11	是
6	一体化国家石油公司	Equinor	艾奎诺	挪威	欧洲	28	是
7		Eni SpA	埃尼	意大利	欧洲	22	是
8		CNPC	中国石油	中国	亚太	3	是
9		Sinopec	中国石化	中国	亚太	19	是
10		CNOOC	中国海油	中国	亚太	30	是

续表

序号	分类	公司名称（英文）	公司名称（中文）	属国	地理位置	PIW排名	是否上市
11	独立勘探开发公司（E&P）	Conocophilips	康菲	美国	北美	32	是
12		Devon Energy	戴文能源	美国	北美	40	是
13		Occidental Petroleum Corporation（OXY）	西方石油	美国	北美	37	是

3.4.6.4.1 建立低碳发展水平评估体系

能源公司的低碳发展水平，是一个具有多因素的综合性指标，体现在公司的组织管理、战略实施、产业发展等各个方面。中国海油经过不断深入分析国际和国内油气行业转型发展趋势，创建了两个维度（一级指标）、七个关键指标（二级指标）、20个分项指标（三级指标）的多层次低碳发展评估指标体系，全面推进低碳发展与国际一流能源公司接轨，增强了企业的行业竞争优势。低碳发展指标分解见表3.16。

表3.16 低碳发展指标分解

对标维度	关键指标	分项指标
低碳管理水平	组织管理	董事会监管 组织机构设置 绩效管理
	战略及风险管理	能源情景分析 风险识别 战略管理 碳定价机制 措施管理
	公共参与度	政策制定 行业参与
低碳实践成效	天然气生产	天然气储量占比 天然气产量占比

续表

对标维度	关键指标	分项指标
低碳实践成效	温室气体排放水平	碳排放总量 碳排放强度 甲烷排放量 零火炬排放量 能源消耗水平
	新能源领域布局	新能源领域的布局 新能源领域的发展规模
	碳捕捉、封存和利用技术研究	碳捕捉、封存和利用技术进展

3.4.6.4.2 评估结果

通过综合低碳管理水平和低碳实践成效两个维度评估结果，对13家公司（12家公司作为样本）的低碳发展水平进行分析，排名如图3.8所示。

图 3.8 样本公司低碳发展水平评估

依据低碳发展水平的不同可将13家公司大致划分成三个梯队：

第一梯队中有四家公司，全部为欧洲公司，分别是 Shell、BP、Equinor 和 Total。这四家公司的低碳发展水平遥遥领先，具有很高的低碳管理水平且低碳实践成效显著。四家公司的低碳发展战略及实践各具特色，但在低碳组织管理、低碳战略及风险管理、清洁能源的供应、生产过程碳排放的控制方面都有很好的表现。Shell 在研判能源行业长期趋势方面拥有丰富经验，在把握发展机遇和迎接转型挑战方面始终领先行业，在战略及风险管理及公共参与方面有绝对优势，低碳管理水平最高。Equinor 的上游碳排放强度最低，遥遥领先于其他国家，其在低碳方面的努力和挪威国家严格的碳排放控制政策及高昂的碳排放成本有直接关系。Total 是全球第二大 LNG 运营商和全球领先的太阳能公司，以投资或收（并）购的方式完成技术积累和转型发展，确保公司未来可持续发展，近年来已在太阳能、储能及生物燃料方面取得了一些成效，在全球新能源企业排名中名列前茅。BP 公司重视天然气的生产，其 2022 年天然气产量在油气总产量中占比高达 50%，在 13 家样本公司中位居前列。第一梯队中三家公司及中国公司低碳发展水平综合评估如图 3.9 所示。

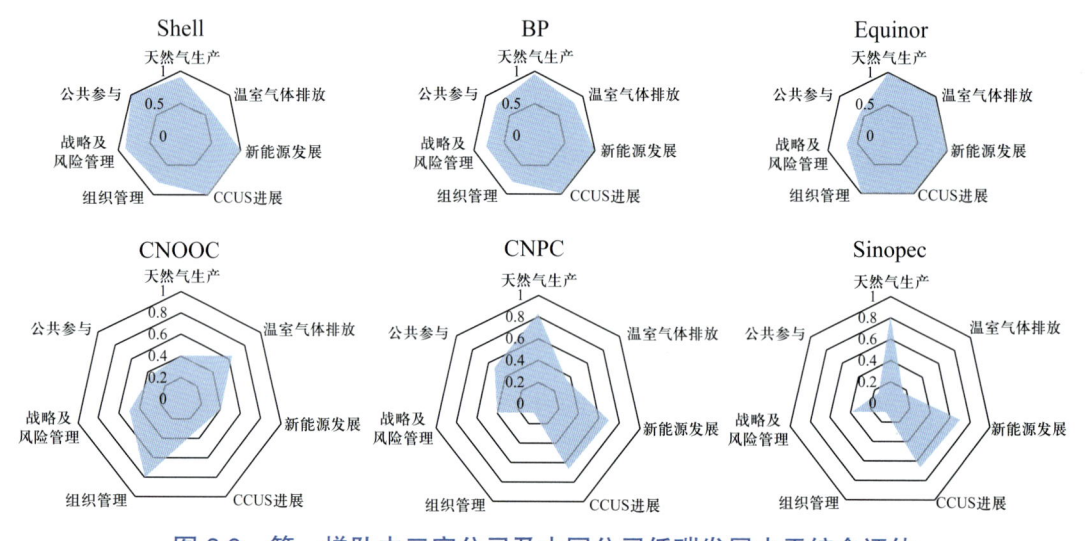

图 3.9 第一梯队中三家公司及中国公司低碳发展水平综合评估

第二梯队中有四家公司，包括一家欧洲公司、一家中国公司及两家美国公司，它们分别是 Eni、ExxonMobil、Chevron 和 CNOOC。从评估结果来看，第二阵营中的公司与第一阵营相比差距明显。四家公司的低碳发展战略及实践各具特色。Eni 在第二阵营中处于领先位置，公司低碳管理水平较高，与第一阵营差别较小，在低碳实践成效上，天然气产量在油气总产量中占比高达 50%，近年来其在天然气产量、新能源领域发展较快，处于国际领先水平，但该公司上游碳排放强度的控制方面较落后，与先进水平相比存在差距。中国海油处于第二阵营。从低碳管理水平分析，中国海油排名第六，与领先的几家欧洲油气公司相比,在低碳组织管理方面表现较好,但在低碳战略及风险管理,以及公共参与方面都有明显的差距。从低碳实践成效来看,中国海油在控制温室气体排放方面排名处于中游,13家公司中排名第六。但是在天然气产量及占比及CCUS技术的研究方面均排名靠后,低碳实践成效总体排名第九。与欧洲公司相比,以Exxonmobil为代表的美国公司对能源转型表现得较为保守,公司战略上仍以传统能源为主,重视天然气的发展,主要关注提高能效以降低生产过程排放,对新能源的发展持谨慎态度。综合来看,Exxonmobil在低碳管理稍微落后,但在天然气生产、温室气体排放强度控制及CCUS技术研发方面都表现不错。Chevron曾一度将新能源作为公司业务计划的核心来推广,曾是世界上最大的地热生产商,但近年来已陆续出售了大部分地热资产。

第三梯队有五家公司,其中有三家美国公司和两家中国公司,分别是Devon、Conocophilips、OXY、CNPC和Sinopec。三家美国公司的低碳战略定位都以发展传统能源为主,重视天然气的开发,致力于降低生产过程的排放,对新能源的发展持保守态度。从低碳实践成效上看,Devon表现最好,特别是在上游碳排放强度的控制及CCUS的研发方面。而Conocophilips和OXY排名末位,但两家公司近年来已开始重视公司低碳管理水平的提升。两家中国公司中,中国石油在天然气产量和占比上表现优异,在新能源及CCUS领域的发展也处于国内领先水平,但其上游碳排放控制水平及碳排放强度与其他公司相比有待完善。此外,两家中国公司的排名靠后也与其低碳相关信息暂未披露有关。

3.4.6.4.3 典型国际一流能源公司低碳发展经验

重点分析了Shell、Equinor和Total三家公司的低碳发展战略特点和实施路径,总结其发展特点和经验,分析如下:

(1)领先的公司都注重战略管理能力的提升,建设高效的组织构架和管理模式,推动企业低碳战略及目标快速实施。

(2)国际石油巨头已把碳价作为长期计划的考虑因素,实行内部碳定价,对自身业务单元进行碳价格压力测试,将碳成本纳入项目投资决策,有效管控碳风险。

(3)国际大型能源公司普遍重视对外合作,希望联合外界力量为低碳未来寻找解决方案,同时积极参与影响低碳政策法规的制定,为公司运营发展争取主动性。

(4)通过提高能效、减少火炬气燃放、控制甲烷逸散、使用可再生能源等手段管理运营活动的温室气体排放是所有样本公司低碳发展战略的重要内容。

（5）大力推进天然气业务已成为国际能源公司的共识，追求天然气和LNG产业链价值的最大化，拓展天然气利用市场空间。

（6）低碳水平领先的公司借助资源技术优势，探索有效发展途径，加快新能源领域战略布局，积极拓展综合能源业务。

（7）碳捕获、利用与封存技术是应对全球气候变化的关键技术之一，是各大油气公司共同选择并重点投入创新的领域。

（8）国际能源公司积极投资林业碳汇项目，发挥其在完成碳履约、兑现碳减排承诺、布局优质碳资产、树立企业形象及创新商业模式方面的积极作用。

3.4.6.4.4 启示与建议

综上所述，中国海油上游业务的低碳发展水平在国际大型油气公司中具有竞争力，但与第一梯队中的国际领先水平相比还有一定差距。总结国际一流能源公司的低碳发展战略特点和实施路径，可得到如下启示：

（1）提升低碳治理水平，清晰界定职能部门，建立低碳相关绩效机制。

为适应气候变化带来的风险与机遇，领先的能源公司将传统的公司治理模式进行调整和优化，以推动企业相关低碳目标的低成本实现，保护股东和相关者的利益。应注重建设高效的低碳管理组织架构和管理模式，从领导层针对气候变化相关议题进行监管，清晰界定分管职能部门，明确职能与权限；建立应对气候变化管理领导小组，确保各职能部门与业务部门协调一致，为关键行动提供切实可行的操作建议；持续关注评估气候风险对业务的影响，健全应对气候变化风险管理流程；将应对气候变化纳入企业的整体战略中，建立与气候变化相关的绩效激励机制，促使管理层发挥积极作用。

（2）战略决胜未来，在迎接能源低碳化未来的过程中机遇与挑战并存，提升战略管理能力尤为重要。

面对走向低碳能源的未来，没有一个行业比能源行业更需要深刻地理解转型的机遇与挑战，没有一个行业比能源行业需要拥有更长远的眼光。多年来，中国海油虽然不断加强战略管理，发布《绿色发展行动计划》，明确阶段性绿色发展目标，但仍存在战略前瞻性不够、职能部门与业务部门协作能力不足、拘泥于项目规划等问题。中国海油应着眼长远，重视战略管理能力提升，充分利用并开发情景规划等战略规划工具，通过提升战略管理能力，提升危机应对能力。同时注重建设高效的低碳发展组织架构和管理模式，加强低碳人才培养，保证企业绿色低碳战略及目标顺利实施。能源转型的风险将最终反映在价格和成本上，应贯彻实施内部碳定价机制，把碳价格作为长期计划考虑因素，结合碳排放影响评估制度，对自身业务单元进行碳价格压力测试，有效管控碳风险。

（3）在低碳技术、政策研究方面开展合作，积极参与各地区低碳经济政策制定。

与国外公司相比，国内公司普遍忽视对外合作与公共参与，对各地区低碳政策或法规制定的参与度低，并且较少参与国际或国家、地区间的温室气体减排组织，这不利于公司国际化发展战略的实施。中国海油应从推动行业健康、低碳发展的角度积极与政策制定者沟通，加强与相关国际组织联系，拓宽信息获取渠道，发出自己的声音；积极开展相关战略研究，本着对国家、企业、消费者都有利的原则，积极参与影响国家地区政策的制定；同时加强宣传提高公众意识，倡导低碳生产和消费模式。

（4）着力提高能效，加大节能减排力度，降低运营活动的温室气体排放。

在对样本公司的研究中发现，尽管各公司的低碳战略各有特点，但所有公司不约而同地将管理运营过程中的温室气体排放作为最重要的战略内容之一。重视能效提升不仅是企业实现低碳减排目标的重要手段，更代表了新模式、新业态的发展趋势，是企业可持续发展的重要保证。中国海油应加大节能减排工作的投入，加强资源和能源的综合利用，加大低碳监督监测力度，探索实践区域化联网开发与数字化、智能化融合发展，提升能源、资源管理水平，降低运营活动的温室气体排放。

（5）加快发展天然气业务，把天然气作为转型时期的战略重点。

天然气是最现实可行的低碳能源，可在能源转型中发挥重要作用，是石油公司实现低碳转型的最现实路径。中国海油应加快发展天然气业务，把天然气作为转型时期的战略重点。加大天然气勘探开发力度，组织天然气增储上产科研攻关，突破深水、深层低渗—致密天然气勘探开发技术，探索煤层气和页岩气选区和高效开发技术。统筹国际和国内两个市场，拓展LNG资源来源，完善基础设施，加大科研投入，增加LNG供应量。

（6）定位于一体化综合能源服务商，结合自身特点择优开展新能源业务，积极与第三方合作，控制业务发展成本与风险，重视核心技术的研发储备。

能源供应的可持续、可获得、清洁化要求将迫使油气公司提供更为清洁高效并有保障的能源产品，未来社会也将过渡为多能互补的综合能源体系。中国海油应定位于一体化综合能源生产商和服务商，抓住机遇，重视战略结构的优化升级，调整业务范围和领域，结合自身特点择优开展新能源业务，提供复合型的"能源组合"，打破供电、供暖、供油、供气不同业务的壁垒，给区域用户、需求侧带来更高效的能源供应的同时，保证可持续发展。

从国际石油公司新能源业务的发展经验看，收购与投资是获得发展机会的重要途径，也是今后的主要发展策略。可借鉴国际同行的通行做法，成立全资风险投资基金公司，通过风险投资、技术并购、产学研合作、战略联盟或合资等方式，获取其他新能源公司的最新前沿技术或者进入他国市场的渠道，降低投资风险，提早布局新能源技术、管理及商业模式。

保持技术敏感是占据先发优势的有效途径。国际石油公司在新能源领域虽然时进时退，但一直注重对先进能源技术的投入与获取，通过投资收购、自主创新等方式储备核心技术。对先进技术的占有使石油公司与能源技术进步保持同步。应在新能源产业的布局和发展过程中，高度重视核心技术的研发储备，把技术获取和创新摆在最重要的位置，才能抓住市场先机，变被动跟随为主动引领。

（7）积极探索二氧化碳综合利用方式。

对于高含二氧化碳气田的开发所面临的减排压力，中国海油应积极探索二氧化碳综合利用方式，并将"二氧化碳综合利用"逐步纳入新建项目规划研究中，对存在高浓度二氧化碳排放的装置，综合分析技术、市场、投资等因素研究二氧化碳综合利用方案。

（8）优选林业碳汇项目及参与方式，发挥林业碳汇在企业碳履约、兑现碳减排承诺、布局优质碳资产、树立企业形象及创新商业模式方面的积极作用。

目前，林业碳汇在应对全球气候变化中的地位日益重要、作用愈发凸显，大力发展林业已成为我国应对气候变化的战略选择。中国海油应密切关注国内和国际碳市场的最新政策要求，掌握林业碳汇的最新动态，为实现低成本履约和碳资产布局奠定基础。并且，以实际低碳发展需求为切入点，筛选优质林业碳汇产品和项目，考虑多种参与方式和合作模式，结合生态修复、精准扶贫等工作，有计划地投资和布局，实现经济效益和社会效益的最大化。

3.5 文化引领，打造绿色转型软实力

文化是民族之魂，是国家的精神旗帜，是企业的价值所向。新时代新征程，需要中央企业在建设先进企业文化、打造一流品牌中发挥示范和主导作用。二十大报告提出，推进文化自信自强，铸就社会主义文化新辉煌。一直以来，中国海油管理层始终坚持以习近平生态文明思想为指导，以绿色低碳文化引领公司绿色低碳发展。中国海油积极构建绿色低碳文化体系，引领绿色低碳文化共建，不仅广泛举办主题宣传活动，更利用多元渠道深入普及环保理念。通过组织员工参与绿色低碳活动，充分发挥数字化资源的优势，成功塑造了绿色品牌形象，赢得了社会各界的广泛认可与赞誉。

3.5.1 树立绿色低碳发展理念

3.5.1.1 发布海油绿色低碳行为规范

中国海油深入贯彻落实党中央决策部署，优化企业文化顶层设计，从中国海油层面明确绿色低碳发展战略，是中国海油坚持发挥战略管控引领作用、提升企业现代化治理能力的重要举措。

3.5.1.1.1 行为规范 1.0

为树立绿色低碳理念，提升绿色低碳行为意识，引导广大干部员工绿色低碳的生产和生活方式，中国海油组织制定了《中国海油绿色低碳行为倡议》。

（1）树立"与自然和谐共处"的绿色低碳观念：
① 倡导"尊重自然、融入自然，与自然和谐发展"的绿色价值观。
② 培养"先思后行"的环保思维方式。
③ 倡导节约低碳的消费观念和消费模式。
④ 培养简约适度的生活方式和行为习惯。

（2）践行绿色低碳的生活方式：
① 关注生态环境，学习环保知识，积极参与环保实践。
② 合理利用能源，减少浪费，减少污染。
③ 减少塑料制品的使用。

④ 倡导低碳出行。

⑤ 分类投放垃圾，不随便扔垃圾。

⑥ 倡导食用低碳健康的饮食。

（3）践行绿色低碳的工作方式：

① 营造绿色办公氛围，加强绿色办公宣传和引导。

② 践行资源节约型办公过程，杜绝资源浪费，提高资源利用效率。

③ 创建绿色办公楼宇，推行固体废物源头减量、分类收集和处置。

④ 鼓励创建绿色志愿者团队，积极参与绿色低碳行动。

3.5.1.1.2 行为规范 2.0

为进一步提升绿色文化保障，发挥企业和员工的主观能动性，促进海油绿色文化提质升级，中国海油在原有《中国海油绿色低碳行为倡议》的基础上，结合最新政策要求和中国海油实际，发布《中国海油绿色低碳行为规范》，制定了 1 个主题、6 条工作主张、10 条行为规范，引导企业和员工树立低碳理念，坚持绿色低碳发展方向和工作主张，不断推动企业和员工对绿色低碳行为规范形成共识，进一步推动了绿色低碳文化的落地生根。

主题：树低碳理念，行节约方式，创绿色海油。

工作主张：

（1）落后产能项目不上。锚定绿色发展目标，积极发展低碳零碳负碳产业，杜绝落后产业，逐步推动现有高耗能、高排放、高强度产业绿色低碳转型升级，坚持结构选优。

（2）工艺不达先进不用。做好节能降碳设计，优选工艺技术路线，确保项目本质节能低碳，原则上新建项目产值能耗和碳排放强度要达到同行业先进水平，坚持增量必优。

（3）设备低于 2 级不选。提高设备选型能效约束力度，优先选用能效先进水平（1 级能效）的设备，严禁选用低于能效节能水平（2 级能效）的设备，坚持设备本质节能。

（4）装置低于基准不留。强化能效对标分析，推进能效提升计划，统筹提升重点用能工艺设备产品效率和全链条综合能效，稳步消除基准水平以下产能，坚持存量争优。

（5）浪费行为习惯不要。引导绿色消费，倡导低碳出行，做到厉行节约，抵制铺张浪费，践行绿色低碳工作和生活方式，营造资源节约利用，共抓节能降耗的文化氛围。

（6）节能低碳"金点子"不停。持续开展节能低碳"金点子"推广应用，积极宣传节能降碳先进经验和典型案例，不断激发广大员工节能低碳工作创造力，持续深挖节能降碳潜力。

行为规范：

（1）树立绿色低碳理念；

（2）提升绿色行为意识；

（3）保障自然生态系统；

（4）融合绿色低碳发展；

（5）合理利用能源资源；

（6）积极践行绿色办公；

（7）分类管理生活垃圾；

（8）积极践行绿色消费；

（9）倡导绿色低碳生活；

（10）积极参与环境监督。

3.5.1.2　节能减碳"金点子"

为积极响应党中央、国务院的"双碳"政策导向，中国海油全面部署，开展了以"践行双碳行动，共建绿色海油"为主题的节能降碳"金点子"征集活动，旨在充分激发全体员工的创造力和参与热情，共同为推进中国海油绿色发展和实现碳减排目标贡献力量（图3.10）。经过广泛征集和认真评选，活动取得了显著成效，为中国海油的绿色转型和可持续发展奠定了坚实基础。

（1）全员参与，营造浓厚氛围。

中国海油高度重视，签署并下发了《关于开展节能降碳"金点子"征集活动的通知》。根据通知要求，中国海油积极部署，活动通知迅速传达到各个生产单位、技术部门、管理部门

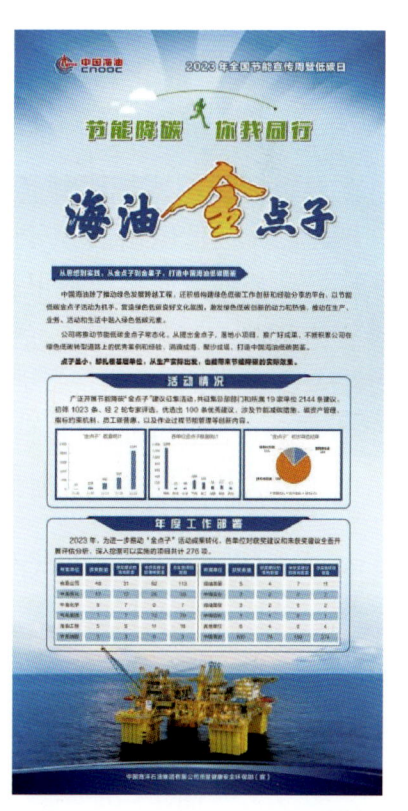

图 3.10　节能减碳"金点子"

等，确保了横向到边、纵向到底的全员参与。通过线上线下的广泛宣传和组织，全体员工积极参与到活动中来，提出了大量具有创新性和实用性的节能降碳建议。

（2）专家评审，确保评选质量。

为确保评选的公正性和专业性，中国海油组织了专家评审团，对所有提交的建议进行了严格筛选和评审。经过初选、专家评审和成果汇总，最终确定了100条获奖建议，其中包括40条"金点子"和60条优秀建议，这些建议涵盖了技术创新、管理优化和绿色行为等多个方面。

（3）梳理思路，明确实践方向。

经过深入分析，梳理出各单位在节能降碳工作上的主要思路和方向。在技术创新方面，着重推进了余热余压利用、系统优化升级、新能源替代等方面的探索和实践。在管理优化方面，加强了数字化管理、作业协同、能效提升等方面的创新和应用。同时，绿色行为类建议也倡导员工从自身做起，积极践行低碳生活方式。

此外，活动还涌现出许多创新性的思路，如借鉴财务资产管理理念管理碳资产、完善产业规划碳排放约束管理机制、探索建立员工碳账户系统促进个人自愿减排等。

（4）成果落地，持续推动实施。

为确保活动成果能够真正落地生根，采取多项措施加以推动：一是充分利用绿色海油低碳微信号对优秀建议进行宣传，引导员工持续关注节能低碳工作；二是督促所属单位将可转化的优秀建议纳入年度节能低碳工作计划，确保其实施落地；三是筛选有价值的建议汇编成册，在中国海油内部发布和宣传，以扩大影响力。

未来，中国海油将继续深化"双碳"工作部署，持续开展节能降碳"金点子"征集活动，推动中国海油绿色发展迈上新台阶。

3.5.2 组织绿色低碳文化共创

3.5.2.1 积极开展主题宣传活动

在年度全国节能周和全国低碳日的活动中，中国海油以"创文化、树理念、助力全流程绿色低碳转型"为主题，向国务院国有资产监督管理委员会社会责任局提交了低碳文化建设相关材料，并获得了相关领导的批示，对文化建设成效给予了高度肯定。此外，历届节能周、低碳日宣传活动中，中国海油积极参与并展示了公司的绿色形象。

"国资央企向绿而行"专栏发布中国海油宣传稿件《中国海油：三优发力，扎实推进全产业链节能降碳》，视频展映区发布《节能降碳·碧水蓝天》宣传材料。组织海学平台"碳"索图鉴答题活动，向海油员工宣传绿色低碳优秀案例，答题人数近两万人。总部和各单位精心组织策划，开展了约200个现场主题活动，实施专项讲座/培训，发布了百篇报道，拍摄了近130个主题视频，印刷各类宣传材料近两万份，极大地激发了员工绿色低碳的热情和参与度，取得良好预期。

3.5.2.2 主动组织团队活动共建

中国海油积极动员青年团员广泛参与"双碳"宣传活动，第二届"创青春"中国青年碳中和创新创业大赛申报海上油田绿色开发零排放技术、双碳背景下渤海油田伴生气回注项目应用研究、中国海上首个百万吨级二氧化碳封存示范项目等55个参赛项目，为中国海油绿色低碳发展贡献青年智慧。各级"蔚蓝力量"青年志愿者团队紧扣植树节、世界环境日、世界海洋日、全国低碳日等关键时间节点，开展以"绿色低碳，'海'好'油'你"等主题的志愿服务和主题团日活动。

3.5.2.3 充分发挥数字化资源优势

中国海油以数字化为驱动，通过"海油绿色低碳"公众号宣传推广及建立员工碳账户体系，引领绿色低碳文化。

3.5.2.3.1 创办"海油绿色低碳"微信公众号

中国海油致力于推动绿色低碳发展。为了进一步普及绿色低碳理念，特别创办了"海油绿色低碳"微信公众号（图3.11），旨在为广大用户提供国内外绿色低碳前沿技术和政策法规标准等信息，并展示中国海油在节能、节水、绿色、低碳方面的卓越实践和优秀成果。

该公众号设有三大特色栏目："百宝箱"为用户提供数据统计指南、短视频培训、作业实践参考和单位换算工具，全面助力节能低碳工作；"热点资讯"聚焦国内外绿色低碳动态，包括政策信息、碳价走势分析和重点资讯解读，为

图 3.11 "海油绿色低碳"公众号

员工提供及时、权威的信息参考;"绿智库"则汇集节能低碳政策和标准,展示海油节能低碳亮点工作,并每季度发布简报,提供全面、精练的绿色低碳资讯概览。

截至 2023 年底,公众号已成功发布 229 篇稿件,吸引了约 4340 名关注者,累计阅读达到 3.44 万人次。与 2022 年相比,关注人数、阅读次数和发布稿件数量分别实现了 2 倍、5 倍和 2 倍的增长,取得了显著的宣传效果。

为及时发布绿色低碳优质信息,"海油绿色低碳"与多个外部公众号(如石油圈、碳足迹、能源国字号等)及内部公众号(如中国海油、海油螺号、海油智库、碳客 Lab、海油发展等)建立了"白名单"互推机制,实现了热点信息的快速转载和共享。

此外,依托公众号平台开展宣传推广活动,制订详细的稿件征集计划,明确稿件报送时间和内容要求，规范稿件审核机制，确保稿件质量。持续宣传所属单位节能低碳"金点子"和良好作业实践，充分发挥公众号平台快捷、便利的信息传递作用。在2023年全国节能周和低碳日宣传期间，依托公众号开展了朝阳门大楼"家庭节电趣味答题"专项活动，吸引了近千人参与；同时就《中国海油绿色低碳行为倡议（征求意见稿）》广泛征集意见，收集了近2000条回复建议。

3.5.2.3.2 建立员工碳账户

个人碳账户是通过监测个人碳排放或者有效的碳减排数据，基于专业的核算方法，监管个人碳排放或者实现碳减排数据权益兑换，最终实现个人碳管理的账户体系。建立个人碳账户的本质，是推动个人拥有减碳意识并落实低碳行动，最终养成绿色低碳的生活方式。为激励海油员工切实践行低碳绿色生活理念，积极参与到全民减排行动中，中国海油下属单位中海信托率先尝试建立员工个人碳账户，并在世界地球日之际推出上线，意在提升公司员工低碳意识，让"低碳生活，践行绿色未来"的理念融入大家的日常工作和生活中。

同时，中海信托可以发挥金融服务功能，将员工碳积分与慈善公益结合，通过运用慈善资金认购相应碳积分的方式设立绿色慈善信托，投资绿色公益项目。

碳账户将个人减排行为与绿色公益慈善融合，提升员工绿色低碳行为意识的同时，助力中国海油整体节能减排，也是公司履行央企ESG责任的一项模式创新。

3.5.2.4 积极打造绿色低碳文化品牌

为了让绿色低碳理念深入人心，中国海油充分利用各种宣传渠道，充分向全社会展示中国海油在绿色低碳发展方面的成果和决心。2023年，中国海油全媒体平台围绕"双碳"领域共策划发布文字报道近300篇、版面60余个、视频70余个、新媒体推送100余篇，全网浏览量近百万次，多篇报道获得学习强国首页推荐，被人民日报、新华社、央视等中央主流媒体和国务院国资委官微转载。

管理现代化创新成果"大型能源企业以'双碳'目标为引领的绿色低碳转型发展体系建设实践"先后获得行业级一等奖和国家级二等奖。报送的两篇专报信息《深入学习贯彻落实党的二十大精神开创海洋石油绿色低碳高质量发展新局面》《担当央企责任发挥融合优势助力海陆"双重降碳"》均被国资委中央企业社会责任环保低碳专刊采纳。参与编写《中国石油石化工业碳达峰碳中和导论》并在全国科技工作者日主场活动中成功发布，向国家发改委、中国大连高级经理学院、中国企业联合会报送"双碳"典型案例。

中国海油将继续深化绿色低碳文化建设，推动全工作场景低碳化行动的全面实施。通过不断创新管理模式、提升技术水平、加强宣传引导等措施，中国海油将为实现碳达峰、碳中和目标作出更大贡献，同时也为构建人类命运共同体、推动全球绿色发展贡献中国海油的力量。

一直以来中国海油秉承绿色低碳、可持续发展的理念，将节能低碳作为提升企业发展质量和效益、履行社会责任的重要抓手，认真贯彻落实国家有关节能低碳的法律法规和方针政策。通过不断完善管理体系、强化目标责任考核、加强监督管理和大力实施技术改造等措施，把节能低碳工作落到实处。通过进一步夯实基础管理，全面提升"双碳"工作体系化、信息化、标准化和精细化的管理水平。通过开展节能降碳技术自主研发和自主投资改造，大力推行合同能源管理，积极引入节能市场化机制解决所属企业节能技术、资金等方面不足的问题。中国海油积极推进国内试点地区的碳配额交易履约，持续研究温室气体减排与利用技术、温室气体排放监测技术，切实推动碳资产管理的项目开发。通过大力推广绿色低碳理念，营造了全员参与、共建绿色企业的浓厚氛围。

接下来，中国海油以"双碳"工作为引领，不断优化产业布局，全面推进绿色低碳实施战略，积极推广清洁低碳的能源利用方式，充分利用数字化、智能化技术助力节能低碳管理工作，加强新能源、CCUS等前沿技术的研发与应用，不断探索零碳负碳产业的创新路径，推动"能耗双控"逐步转向"碳排放双控"，持续推进生产方式和生活方式绿色低碳转型。

4 中国海油绿色低碳发展实践

4 中国海油绿色低碳发展实践

中国海油坚决贯彻党中央、国务院的"碳达峰、碳中和"战略部署，以清洁低碳发展为核心，走生态优先、绿色低碳的高质量发展之路。2019年发布《绿色发展行动计划》，设定2020年、2035年和2050年绿色发展目标。2020年确立"1534"发展思路，将"绿色低碳"列为五大战略之一，通过实施方案细化关键指标并明确实施路径。2022年制订《碳达峰、碳中和行动方案》，将"双碳"工作融入企业全局，规划12项任务和六大行动。

根据行动方案要求，中国海油制订了"三步走"策略：清洁替代阶段实现碳排放达峰、碳强度下降，并具备负碳技术产业化条件；低碳跨越阶段控制碳排放总量下降，实现负碳技术商业化应用；绿色发展阶段则推动碳排放总量持续下降，构建多元化低碳能源供给体系。

在方案指引下，中国海油坚定不移走生态优先、绿色低碳的高质量发展道路，锚定绿色发展，在"蓝色国土"上，书写绿色画卷。作为能源行业的领军企业，中国海油充分发挥示范引领作用，加快培育战略性新兴产业，充分发挥科技创新引领，发展新质生产力。聚焦核心业务，持续做强油气产业，不断提升油气勘探的精准度和开发生产的效率，同时积极探索油气勘探开发与新能源融合发展的创新模式。在产业转型升级方面，延伸炼化产业链，优化炼油化工产品结构，逐步淘汰高碳排放业务，推动化肥化工产品结构调整，积极开展二氧化碳化学利用研究。同时，全面加强资源节约集约利用，深入实施能效提升行动，大力推动"岸电入海""绿电入海"等清洁能源利用项目，促进电能利用的清洁化。此外，还积极开展零碳示范项目，推动林业碳汇、海洋碳汇等发展；搭建"双碳"数字化平台，建设"智能工厂""智能工程"，着力推动数字化转型、智能化发展，落实创新驱动战略，布局关键技术，积极参与"一带一路"建设和全球化进程，为推动构建人类命运共同体积极贡献海油力量。

4.1 深化主业实力，夯实绿色发展基石

作为中国海上油气行业的先行者，中国海油深入贯彻落实"四个革命、一个合作"能源安全新战略和海洋强国战略，坚决扛起保障国家能源安全的重大责任，全力以赴提储量、抓上产、增效益、强管理、促改革、防风险。坚持价值勘探、精准施策的原则，深入实施增储上产攻坚工程和科技创新强基工程，持续提高产品的稳定供应能力与服务品质，储量产量再创历史新高，盈利水平保持高位。

4.1.1 加大油气勘探开发力度

4.1.1.1 油气勘探

中国海油坚持以寻找大中型油气田为目标，以提高勘探成功率为重点，持续强化基础研究，不断加大风险勘探和甩开勘探力度，提升资源探明程度。在此过程中，成功获取并科学评价多个大型油气田，在领域性勘探上取得重大战略突破。2019 年，发现"垦利 6-1"油气田，探明储量超过 $5000 \times 10^4 m^3$；2020 年，发现并确认"惠州 26-6"油气田，储量达 5000 万吨级；2021 年，山西临兴气田探明储量超千亿立方米，成海油陆上首个大气田；2022 年，发现我国首个深水深层大气田"宝岛 21-1"，探明天然气储量超过 $500 \times 10^8 m^3$；2023 年，国内落实三个亿吨级油田，落实一个千亿立方米深煤层气田。

4.1.1.1.1 山西临兴探明千亿立方米大气田

2021 年 2 月，山西临兴气田探明地质储量超过 $1010 \times 10^8 m^3$，成为中国海油陆上首个千亿立方米大气田，开发后将极大增强华北地区清洁能源供应能力，为实施新时代西部大开发战略和雄安新区建设提供绿色清洁的能源保障。

4.1.1.1.2 探明"宝岛 21-1"深水深层大气田

2022 年，中国海油在琼东南盆地获重大勘探突破，发现了我国首个深水深层大气田"宝岛 21-1"，探明天然气地质储量超过 $500 \times 10^8 m^3$，实现了松

南—宝岛凹陷半个多世纪以来的最大突破，证实了宝岛凹陷的勘探潜力，为南海万亿大气区建设夯实了基础。

4.1.1.1.3 发现我国首个千亿立方米深煤层气田——神府深煤层大气田

2023年，中国海油在鄂尔多斯盆地东缘2000m地层发现我国首个千亿立方米深煤层气田——神府深煤层大气田，探明地质储量超过 $1100 \times 10^8 m^3$，该气田的发现对保障国家能源安全、助力新时代西部大开发具有重要意义。

4.1.1.2 油气生产

中国海油坚持以"两提一降"为引领，以"稳定老油田、加快新油田、拓展低边稠、强化天然气"为目标，深入挖掘上产潜力。如图4.1所示，2019—2023年，中国海油实现了原油和天然气产量的稳步提升，特别是在2023年，公司的储量替代率和储采比均创历史最高水平。国内原油同比增产超过 $340 \times 10^4 t$，增量占比连续五年占全国原油增产量的60%以上；天然气增速位列国内首位，能源供应保障能力显著增强。五年间，公司净产量复合增长率达到7.6%，增速持续领跑行业。

图 4.1　2019—2023年原油、天然气产量对比

从南至北，中国海油以实际行动践行能源报国的初心使命，齐心协力，以实干精神交出了一份亮丽的成绩单。渤海油田稳坐国内第一大原油生产基地，油气日产量突破 $10 \times 10^4 t$ 油当量；南海西部油田作为我国海上第一大天然气生产基地，连续六年实现硬稳产；南海东部油田连续两年油气产量 $2000 \times 10^4 t$ 油当量以上；中联公司非常规天然气产量连续六年实现17%以上增速，产量位居全国煤层气企业第一（图4.2）。

稳坐国内第一大原油生产基地	渤海油田	南海西部油田	我国海上第一大天然气生产基地
10×10^4 t 油当量			六年
油气日产量突破			实现硬稳产
2000×10^4 t 油当量以上	南海东部油田	中联公司	产量位居全国煤层气企业第一
			17% 以上增速
连续两年油气产量			非常规天然气产量连续六年

图 4.2　能源报国彰显实力

在渤海油田，有限❶天津分公司牢固树立油气开发生产"全链条""一盘棋"思想，紧绷"产量弦"，把准"生产脉"，增储上产再发力，多个项目提前投产。其中，渤海首个千亿立方米大气田渤中 19-6 凝析气田Ⅰ期开发项目作为中国海油加大国内油气资源勘探开发力度、保障国家能源安全的重要扩能工程，不仅为渤海油田实现上产 4000×10^4 t 目标提供重要保障，也对我国海上深层复杂潜山油气藏开发具有重要意义。

在南海东部油田，陆丰 12-3 等多个新项目投产，全年开发井、调整井和增产措施作业点数量创历年新高。有限深圳分公司多措并举，通过智能流场调控、注采结构优化，实现老油田从提液增油到控水稳油的转变，自然递减率和含水上升率均控制在近年最高水平，全面提升油田采收率，稳住产量基本盘。

在南海西部油田，高质量"上产一千万立方米"基础更加牢固。有限湛江分公司深挖潜力、强化统筹，推进 14 个开发前期项目，在产能建设进展迅速的基础上，进一步优化潜力井位配产，压茬推进计划项目实施，持续加强机采井精细化管理，实现与油藏、工艺、作业、生产四方联动，最大限度挖潜每一口油井生产潜力。有限海南分公司通过不断加强气田气井的精细管理，实施一井一管理制度，努力提升气井生产时率，同时加强地质气藏研究与作业方案优化，确保低产低效井的治理效果，全年天然气产量再攀新高。

在陆上非常规油气生产现场，中联公司连续三年组织"越冬作业"，加快深层煤层气高效开发力度，保障高峰时期钻机资源，首次实现钻井、完井"双

---

❶ "中海石油（中国）有限公司"简称"有限"

破千"，全年新建产能超过 $18\times10^8m^3$，为中国海油陆上非常规天然气勘探开发增储上产做强"硬支撑"，跑出"新速度"。

4.1.2 做优做强天然气产业链

天然气作为一种清洁高效的化石能源，在我国能源体系中发挥着日益重要的作用。2015—2023 年不到 10 年的时间，我国天然气表观消费量由 $1931\times10^8m^3$ 翻倍至 $3945.3\times10^8m^3$。中国海油作为中国最大的海上原油及天然气生产商，在产供储销全链条上持续发力，加大勘探力度，提升自产及进口能力，强化设施建设维护，提升储气能力，优化供应体系，并积极推进多元化销售，推动能源结构的不断优化。

4.1.2.1 提升天然气生产能力

中国海油持续加大国内天然气产量占比，积极扩大海上开发井、调整井工作规模，不断强化天然气勘探开发与非常规气开发的力度，全面挖掘并释放自产海气和陆上煤层气的产能潜力，积极推动新气田规模建产；同时，公司积极筹措 LNG 进口资源，努力提升天然气产量占比，确保国家能源安全。2023 年，中国海油天然气产量同比增长近 10%，全年国内累计供应天然气超过 $680\times10^8m^3$，市场份额稳居全国第二，LNG 进口量超过 3000×10^4t，占全国进口量的 44%。

在天然气开发领域，中国海油取得了多项显著成果。2019 年，我国海上首个高温高压整装大气田"东方 13-2"成功实现试生产，供气能力达每年 $35\times10^8m^3$，为保障国家能源安全作出积极贡献。2021 年，我国首个自营超深水大气田"深海一号"投产，标志着我国在深海天然气开发领域取得重要突破。2023 年，渤海首个千亿立方米大气田渤中 19-6 气田Ⅰ期开发项目顺利投产，进一步提升了我国天然气供应能力。

4.1.2.1.1 我国海上最大高温高压气田"东方 13-2"

2020 年 11 月，我国海上最大高温高压气田"东方 13-2"成功投产。该气田的投产进一步验证了中国海油 30 余年"淬炼"的海上高温高压气田勘探开发技术的科学性、先进性，对于进一步开发海上油气资源、建设海洋强国、保障国家能源安全具有重要意义。该气田预计高峰年产气超过 $30\times10^8m^3$，年产气量可供 100 万人使用 15 年。

4.1.2.1.2　我国首个自营深水气田"流花29-2"

2021年5月，我国首个自营深水气田"流花29-2"顺利投产，高峰日产量达$115×10^4m^3$，年产量超过$4.2×10^8m^3$，可满足约800万居民每年的民生用气需求。"流花29-2"气田的投产，助力南海东部进一步实现天然气稳产，为该区域绿色低碳发展提供重要支撑。

4.1.2.1.3　我国首个自营超深水大气田"深海一号"

"深海一号"大气田是我国自主发现的水深最大、勘探开发难度最大的海上超深水气田，是中国海油贯彻落实习近平总书记建设海洋强国、加快深海油气资源勘探开发重要指示的重要成果。自2021年6月投入运营以来，该气田每年向粤港琼等地区稳定供应$30×10^8m^3$天然气，有效满足了粤港澳大湾区四分之一的居民用气需求。到2024年2月底，随着海上安装作业的完成，"深海一号"成为我国南部海域首个"四星连珠"海上天然气田生产集群（图4.3）。2024年9月，二期工程的正式投产使天然气年产量增至$45×10^8m^3$。在项目实施过程中，中国海油运用了多项国际或国内首创技术，并申请了20余项发明专利。其中，"保温瓶内胆"式立柱储油技术的应用和全球首座十万吨级半潜式深水多立柱生产储卸油平台母型船的研发，均属世界首创，为我国在深海油气资源勘探和开发领域树立了新的标杆。

图4.3　我国南部海域首个"四星连珠"海上天然气田生产集群

4.1.2.1.4 陆上非常规天然气开发

2022年9月，山西吕梁市临兴区块的"深煤一号"深层煤层气水平井成功投产（图4.4），日产达60000m³。该井于2022年1月完成钻井，井深超过3200m，水平段长1000m，煤层钻透率高达92%。同年8月，该井完成压裂施工，创造了中国海油陆上煤储层埋藏最深、液量最大、砂量最多、排量最高等多个纪录，实现了储层大面积改造，有效促进产能释放，标志着中国海油陆地油气勘探开发成功从浅部煤层向深部煤层迈进。

图 4.4 "深煤一号"深层煤层气水平井

2023年8月，中联公司成功完成并全面投产潘河区块薄煤层气开发项目，覆盖约17km²，建设212口井，平均日产量超过2500m³，最高达1.1×10^4m³。项目累计产出1.8×10^8m³，实现高效储量转化。面对多层叠置、单层不均、大跨度、薄厚度的挑战，中联公司创新技术，构建薄煤层气立体勘探开发体系，为我国薄煤层气的高效经济开发开辟新道路，对推动国家能源安全和煤层气利用具有深远意义。

4.1.2.1.5 "渤中19-6"气田Ⅰ期开发项目投产

中国海油通过产学研用协同攻关，成功攻克油型盆地大规模生气等五大世界级难题，形成深层整装凝析气田勘探技术，并成功钻获"双亿"大气田"渤中 19-6"。这一突破荣获 2019 年国家科学技术进步奖一等奖，为油型盆地天然气勘探开创新局面。2023 年 11 月，我国渤海首个千亿立方米大气田"渤中 19-6"气田 Ⅰ 期开发项目投产，作为国家天然气产供储销体系建设重点项目，其高峰日产油气量将超过 5000t 油当量，为渤海油田上产 4000×10^4t 提供了重要保障。

4.1.2.2　提升储气能力

2023 年，我国天然气产量达 $2324.3 \times 10^8 m^3$，其中，进口 LNG 占据了超过四成的需求缺口，其中，LNG 接收站在保障国家能源安全中的核心地位。自 2002 年 10 月中国海油签署我国首份 LNG 购销合同以来，始终坚守储气能力建设之责，积极拓展 LNG 引进渠道，深入推动 LNG 接收站的集约化、规模化运营。截至 2023 年底，中国海油所属五座 LNG 接收站总存储能力已达 $24.5 \times 10^8 m^3$，预计至 2024 年底将新增储气能力 $7.16 \times 10^8 m^3$，为国家天然气供应提供坚实保障。在不断提升 LNG 接收转化能力的同时，中国海油依托 LNG 产业优势，整合串联天然气发电、冷能利用、天然气制氢等整条产业链，以"绿能港"之名打造一张张闪亮的"绿色名片"。

4.1.2.2.1　盐城"绿能港"

盐城"绿能港"作为国内规模最大的 LNG 储备基地（图 4.5），一期项目规划建设了四座 $22 \times 10^4 m^3$ LNG 储罐及六座全球单罐容量之冠的 $27 \times 10^4 m^3$ LNG 储罐。国家天然气产供储销体系建设及互联互通重点规划项目，建成后

图 4.5　盐城"绿能港"

将成为华南地区最大储运中心，年处理能力达 700×10^4t，折合气态天然气约为 100×10^8m³。自 2022 年 10 月起，已向周边省份供应 210×10^4t LNG，折合约 30×10^8m³ 气态天然气，占外输总量 50%，可供江苏全省民生用气约七个月，为区域经济发展和民生用能提供了强有力保障。此外，除了 LNG 接收、储存、外输功能，盐城"绿能港"还兼具冷能利用、燃气发电、燃气制氢等多功能于一体，成为综合性绿色清洁能源供应基地和重要枢纽。

4.1.2.2.2 金湾"绿能港"

金湾"绿能港"一期工程建设规模为 350×10^4t/a，包括建设三座 16×10^4m³ 全容 LNG 储罐，一座 27×10^4m³ LNG 运输船接卸码头（可靠泊世界最大 Q-Max 船型）。二期工程正在建设五座全球单罐容量最大的 27×10^4m³ LNG 储罐及配套设施，预计 2024 年底完工投产。届时接收能力将达 700×10^4t/a，成为华南地区规模最大的 LNG 储运基地。截至 2024 年 4 月，金湾"绿能港"累计接卸量突破 2498×10^4t，为粤港澳大湾区提供了有力的清洁能源支撑（图 4.6）。

图 4.6 金湾"绿能港"

4.1.2.2.3 宁波"绿能港"

宁波"绿能港"接收站已拥有六座 16×10^4m³ LNG 储罐，并正积极推进三期项目，计划新建六座全球最大 27×10^4m³ LNG 储罐，加码 600×10^4t 年处理能力，预计 2025 年底全面建成后，年处理能力将达到 1200×10^4t

（图4.7）。自2012年投产以来，已承担27次浙江省天然气保供任务，保供量占管道气总供气量的66%，为浙江省及华东地区提供稳定能源保障。此外，宁波"绿能港"还设立了华东地区首个LNG液体保税仓库，并成功开展LNG离岸转口贸易和国际船舶加注返装业务，自设立以来累计进口量已突破$200×10^4$t。

图4.7　宁波"绿能港"

4.1.2.2.4　湄洲湾"绿能港"

湄洲湾"绿能港"站线项目一期工程是中国首个自主引进、建设、管理的大型液化天然气项目（图4.8）。项目已建成六座$16×10^4m^3$ LNG储罐、一座大型LNG运输船码头及372km管网，年处理能力达$630×10^4$t。自投产以来，已接卸725艘LNG船，为福建及周边地区供应近$640×10^8m^3$天然气，相当于减排二氧化碳$8600×10^4$t。此外，以湄洲湾"绿能港"为龙头，中国海油在福建省建立健全了目前国内最大的LNG产业园，包括燃气电厂、冷轧钢厂、冷能空分、漕运物流基地等，成为中国第一个利用LNG冷能形成的具有节能环保性的产业园区。

4.1.2.3　提升供应能力

中国海油深入贯彻党中央、国务院关于能源保供指示，全面加强资源筹措，积极推进数字化调配技术的革新，确保了保供任务圆满完成，树立了天然气保供的良好形象。2023年，中国海油通过有效整合国内生产与进口LNG资源，全年供应天然气量超过$680×10^8m^3$，市场份额稳居全国第二；与国家管网

图 4.8　湄洲湾"绿能港"

公司紧密合作，夯实能源基础设施，保障了管道气的稳定供应，有效满足了各地的用气需求。同时，公司推动数字化技术的创新，实现了关键参数的实时监测和预警，提升了能源供应的可靠性。此外，中国海油打造了国内规模最大的 LNG 运输船队，提升了自主可控水平，为增强我国液化天然气产业链和供应链的稳定性及可持续发展作出了积极贡献。

（1）夯实能源基础设施，构建高效清洁能源网络。

为保障国内天然气的稳定供应，中国海油已与国家管网签署天然气代输协议，通过国家管网代输向内陆地区实现管道气供应。在供暖季期间，已成功向湖南、湖北、河南、山东、贵州等 10 个省份的下游用户供应天然气，有效满足了华北、华东区域日益增长的用气需求，为民众提供了坚实可靠的能源保障。2021 年 11 月，我国最长煤层气长输管道——神安管道山西至河北段顺利完工，并在当年冬季向华北地区稳定供应了约 $2.5 \times 10^8 \text{m}^3$ 的天然气，极大地提升了区域能源供应的可靠性和稳定性。随着神安管道的全线贯通，并与天津 LNG 码头实现联通，华北地区已构建起双气源互补的清洁能源供应体系，为华北地区提供持续、安全、低碳、高效的能源服务。

（2）推动数字化技术创新，提升能源供应可靠性。

中国海油积极贯彻落实数字化转型战略，运用先进的数字化调配气技术，构建了一个多气源、多用户、高效稳定的产供气系统。系统全面覆盖供应网络，能够实时监测管网流量、压力、组分、热值及管存量等关键参数，确保数据准确可靠。一旦发现任何异常情况或潜在风险，系统将立即启动预警机制，迅速响应并采取相应的应对措施，以保障天然气供应的稳定性和安全性。

（3）打造"绿能瀛"首船项目，强化LNG运力建设。

LNG海上运输是连接资源与国内市场的重要纽带，FOB贸易模式为海运和国际贸易的蓬勃发展提供了重要支撑。基于此，中国海油启动FOB资源配套LNG运输船项目，计划精心打造12艘$17.4\times10^4m^3$的LNG运输船。其中，"绿能瀛"作为中国海油FOB项目的首艘船舶，具备卓越的全球通航能力，能够覆盖全球各大洲的120个LNG岸站（图4.9）。"绿能瀛"采用先进的技术和设计，相较于上一代船型，蒸发率显著降低15%，单日碳排放量减少超过10t，每航次可多装载800m^3 LNG。同时，配备了世界首制的燃油版iCER（智能废气循环系统）双燃料主机，并搭载了最新的智能控制废气再循环系统及水处理系统，具备航行效率高、综合能耗低、低温性能优越等多重优势，是当今世界大型LNG运输船领域最高技术水平的"海上超级冷冻车"，对推动我国能源结构的优化调整具有深远意义。

图4.9 我国最大规模LNG运输船建造项目首制船"绿能瀛"

4.1.2.4 销售多元布局

中国海油积极响应国家号召，发挥天然气在构建以新能源为主体的新型电力系统中的重要保障作用，推动扩大天然气发电装机规模；同时加快车船加注业务发展，打造综合能源站，多种渠道布局终端，扩大销售体系规模。

4.1.2.4.1 燃气发电规模持续扩大

2024年2月，海洋平台首台国产300kW微型燃气轮机在秦皇岛32-6作业公司渤中3-2油田成功并网发电（图4.10）。通过将原放空燃烧的伴生气转换为电能并用于渤中3-2油田清洁生产，每年可消耗伴生气约$200 \times 10^4 m^3$，节省原油消耗约530t，减少碳排放约1600t。

图4.10 首台国产300kW微型燃气轮机发电

4.1.2.4.2 推广LNG车船加注

LNG作为清洁车用燃料，碳排放低、续航强、加注时间短，燃料费用节约20%，具有显著的环境与经济效益，对优化交通能源结构、推动绿色经济发展具有重要意义。作为国内第一大、世界第二大LNG资源进口商，中国海油深入贯彻新发展理念，大力拓展LNG车辆加注业务，稳步推进LNG车辆加注站终端网络布局。截至2023年6月，中国海油LNG车辆加注站370余座，分布在福建、广东、海南、江苏、浙江、河北、山东、天津等18个省市。图4.11为LNG车辆加注。

图 4.11　LNG 车辆加注

在船舶领域，与传统船用燃油相比，液化天然气可实现硫氧化物零排放，氮氧化物减排 90%，二氧化碳减排 25%，每年燃料成本可降低 30% 左右，兼具环境效益和经济效益。中国海油积极推广 LNG 船舶加注，已建成 3 座国际加注中心及 13 座加注站。2023 年 8 月，"海洋石油 301"船成功为全球最大吨级双燃料超大型油轮提供保税液化天然气加注服务（图 4.12），我国国际船舶液化天然气加注产业步入世界前列。

图 4.12　"海洋石油 301"船

4.1.2.4.3 "海气通"平台

为打造连接车、站、司机的数字化平台,中国海油于 2019 年自主开发了"海气通"平台并不断迭代优化。2022 年 6 月,3.0 版正式发布上线,基本具备 LNG 加注交易、支付结算、非油气商城、数据看板等功能,支持微信、支付宝等主流访问渠道。平台投用四年来,在线累计加注次数突破 1000 万次、累计加注量突破 $300×10^4$t,成为行业最具影响力的数字化销售平台之一。

4.1.2.4.4 综合能源站

2022 年 4 月,中国海油在南京禄口国际机场投运了"油气电"综合能源站(图 4.13)和天然气分布式能源站,以清洁的液化天然气取代传统燃料,为机场及周边提供能源,标志着江苏省首个"绿能机场"的诞生。这种能源站高效、环保,年节约煤炭 3200t,减少二氧化碳排放近 10000t,相当于植树 56 万棵。两台发电机组每天满负荷发电 $16×10^4$kW·h,能源利用率近 90%。同时,与之配套的"油气电"综合能源站也为机场各类进场车辆提供了多元化供能服务,不仅为江苏地区天然气的高效利用探索出了一条新路径,也为未来绿色能源的发展提供了新的思路和方向。

图 4.13 南京空港"油气电"综合能源站

4.1.3 深化与拓展国际化进程

习近平总书记强调,要全方位加强国际合作,实现开放条件下能源安全。

当前全球约80%的原油和天然气剩余可采储量分布在"一带一路"共建国家，深入开展"一带一路"能源合作既是我国开拓油气进口战略通道的关键举措，也是我国实现更高水平对外开放的必然要求。中国海油坚决贯彻落实共建"一带一路"倡议，持续推动海外业务布局向"一带一路"共建国家集中，以更大力度推动能源领域对外合作向深层次、宽领域、高质量迈进。

中国海油坚持合作共赢理念，坚定不移实施更加主动的开放战略，围绕国家战略和东道国发展的资源禀赋，持续深入推进在油气勘探开发、专业技术服务和国际油气贸易等板块与外方伙伴的务实合作，坚定不移推进能源领域对外合作向深层次、宽领域、高质量拓展，努力用优质的产品和服务，推动当地经济发展，为共建"一带一路"贡献海油力量。

4.1.3.1 保障国家能源供应，服务"一带一路"

"一带一路"是构建人类命运共同体的具体实践。中国海油为构建人类命运共同体，通过开展油气合作项目，有力支撑共建国家经济发展。根据共建国家自身国情和资源禀赋，中国海油建设实施了一批高标准、可持续、惠民生的能源项目，逐步形成"一带一路"亚太战略起点区、中东核心枢纽区、非洲延伸发展区和拉美主力拓展区四大油气合作区，累计实现油气权益产量超过 2.4×10^8 t，为促进相关国家经济社会发展发挥重要作用。

亚太：中国海油参股的 HCML 已成为印尼东爪哇省最大的天然气生产商，通过对已经运营 30 多年的印尼 BD 气田区块进行二次高效开发，建成年产能达 $25.7 \times 10^8 \mathrm{m}^3$ 的天然气生产基地，成为东爪哇地区最大的天然气供应商。

中东：主导推动伊拉克米桑油田实现从日产不足 9×10^4 bbl 到 30×10^4 bbl 的历史性跨越，建成伊拉克最大的油气水电一体化处理终端，一座现代化油田在战后重建中平地而起，成为中伊两国务实合作的新亮点。

非洲：在尼日利亚累计投资超过 200 亿美元，纳税超 90 亿美元，为在尼投资最大的中资企业，OML130 项目累计实现原油净产量约 3.83×10^8 bbl。践行最高环保标准，推动建设乌干达翠鸟油田，项目投产后将帮助乌干达成为东非地区重要的原油生产国。

拉美：中海油圭亚那公司运用储层描述技术和烃类检测技术精细研究深层目标并推动钻探，先后钻探四口井均获得发现，其中两口针对深层测试日产均超千立方米，为后续区块勘探开辟了更广阔的空间。

4.1.3.2 清洁能源供应，构筑全球营销网络

构建全球营销网络、资源配置和销贸储运融一体化运营平台，全球油气资源配置和运营能力不断提升。10年来，中国海油原油和LNG贸易合作遍布42个"一带一路"共建国家，累计原油贸易量达 6.2×10^8t，进口"一带一路"共建国家LNG约 1.3×10^8t，在油气资源获取能力不断增强的同时，也为"一带一路"沿线市场提供了更多清洁油品保障。随着加拿大LNG项目顺利完工，年产 1400×10^4t 的LNG将为包括中国在内的亚洲国家持续供应高品质的清洁能源，有利于实现亚洲各国天然气进口渠道多元化。

4.1.3.3 绿色低碳发展，推动全球绿色能源革命

中国海油积极响应全球绿色低碳发展趋势，通过技术创新和工艺优化，实现绿色低碳发展。米桑油田132kV北线电网项目的顺利投运，实现以电泵生产替代燃油发电投运后油田柴油消耗量较去年同期减少近39%，为节能增效注入了新的活力。英国公司对Buzzard油田开展工艺流程优化，使碳氢化合物气体从火炬中分离出来，作为燃料气体进行回收，每年可减少二氧化碳排放约14000t。

2022年12月，OEUK主办年度评奖大会，中海油英国公司夺得"英国北海年度最佳作业者"称号，该奖项是英国油气行业对作业者的最高奖项。2022年，英国公司作业时率92%，排名行业最前列，IPC效率88%，领先北海平均水平15个百分点；GoldenEagle油田自投产连续八年安全无事故。安全和高效的生产，为地区及全球提供能源安全保障，并积极推进碳减排和能源转型。

4.2 优化产业结构，加速新能源发展步伐

中国海油积极推进炼油化工产业链升级，提升低碳产品比重，通过延伸产业链、关停高耗能装置、实施合作与并购，退出高碳业务等措施优化产业结构。同时，调整化肥化工产品结构，发展高价值产业，探索二氧化碳化学利用。此外，加快发展海上风电产业，择优推进陆上风光项目，稳妥有序地扩大新能源业务，为构建清洁低碳、安全高效的现代能源体系提供坚实支撑。

4.2.1 推动炼油化工产业升级

炼油与化工产业是中国海油打造油气上中下游一体化产业链的重要环节，以"减油增化、拓市扩销"为主线，深入推进技术创新，不断延伸产业链，积极发展高端化工产品，着力提升品牌建设水平。随着炼化产业规模和集中度的持续提升，中国海油已呈现出大型化、专业化、基地化、炼化一体化的鲜明发展趋势。在此过程中，大榭石化和舟山石化成功投产了多个具有国内首创意义的装置，增强产品的多样性及加工价值；大榭石化在推动长三角地区炼化一体化进程中发挥了积极作用；惠州石化和东方石化实现了产品结构的精细化转型和价值提升；中海沥青成功打造"中海油36-1"等多个知名品牌，展现出差异化发展优势；此外，还积极调整业务结构，逐步退出双高业务。

4.2.1.1 技术创新引领

2020年7月，大榭石化 $50×10^4$t/a 轻烃芳构化装置一次投产成功，该装置是国内规模最大的轻烃芳构化装置，设备国产化率达99.5%，采用的技术、催化剂均属国内首创。装置的投产可拓宽我国芳烃原料来源，解决企业轻质非芳烃产品储存与销售困难、运输成本高的问题，提高产品多样性，有利于满足长三角地区对于高品质化工品的需求。

2020年11月，全国首套千吨级重芳烃轻质化工业示范装置在中海石油舟山石化有限公司投产成功，该技术同时完成了重芳烃预处理保护剂、轻质化催化剂的工业生产及应用，有助于填补国内重芳烃轻质化技术领域的空缺，提升中国海油炼化技术核心竞争力。

4.2.1.2 产业链延伸

2022年8月，大榭石化 30×10^4 t/a 聚丙烯装置顺利投产，创造了同类聚丙烯工艺国产化最高、一次开车成功历时最短、试车过程产生废料量最少三项行业纪录，对中国海油形成聚烯烃产品的规模效应具有重要实践意义，为推动长三角地区炼化一体化产业链发展贡献力量。

2024年2月，大榭石化 6×10^4 t/a 1-丁烯项目全面转入投料试车阶段。大榭石化自馏分油三期项目投产以来，每年副产约十几万吨醚后碳四产品，作为液态烃外供。醚后碳四中含有大量1-丁烯组分，1-丁烯作为重要化工原料具有较高经济价值。建设醚后碳四制聚合级1-丁烯装置，加强对醚后碳四的综合利用，有助于优化调整炼化产品结构，进一步延伸产业链。

4.2.1.3 产品结构优化升级

2022年8月，惠州石化 40×10^4 t/a 轻汽油醚化装置顺利投产，成功产出低烯烃含量、高辛烷值的醚化汽油，提前四个月将国ⅥB标准汽油投放成品油市场，将进一步满足华南地区对绿色清洁油品的需求。2024年1月，惠州石化自主研发的行业内首套自主研发的 10×10^4 t/a 超重力油浆脱固装置首批合格产品顺利出厂，将价值较低的催化裂化外甩油浆调和成船用燃料油等高附加值产品的优质原料，实现"变废为宝"。

2022年11月，东方石化丙烯腈项目建成投产（图4.14）。东方石化采用先进丙烯氨氧化技术，建设年产 20×10^4 t 丙烯腈、7×10^4 t 甲基丙烯酸甲酯和

图 4.14　东方石化丙烯腈装置

$21.4×10^4$t 废酸回收装置。这一投产意味着中国海油成功实现油气化工向精细化工转型，提升产品附加值。

2023年1月，大榭石化四期项目 $340×10^4$t/a 歧化装置产出合格产品（图4.15），标志着大榭石化芳烃联合装置开车工作取得了阶段性胜利。该歧化装置是大榭石化馏分油综合利用项目体系中芳烃联合装置的配套单元，通过歧化和烷基转移技术，以甲苯和碳九/碳十芳烃为原料在临氢和催化剂存在的条件下，将附加值较低的芳烃转化为附加值较高的苯、二甲苯产品。

图4.15　大榭石化 $340×10^4$t/a 歧化装置

4.2.1.4　品牌建设助力发展

中海沥青凭借独特的发展战略，不断优化升级生产工艺，成功打造出市场紧缺的高等级道路沥青产品——"中海油36-1"。此产品凭借其卓越性能，在多个重大工程项目中大展身手，包括巴西世界杯场馆建设、北京冬奥会场馆工程及国庆70周年阅兵路等。此后，中国海油继续拓展产品线，推出了"海疆"变压器油和"海之润"橡胶增塑剂等一系列高品质产品，形成了多元化的产品结构体系，成功树立了下游产业差异化发展的典范。图4.16为中国海油系列品牌。

4.2.1.5　退出双高业务

山东海化集团有限公司自1995年创立以来，以石油化工为主导产业，拥有热电分公司、石化分公司、动力分公司、小苏打厂等多个分支机构。其主要

图 4.16　中国海油系列品牌

产品包括热力、发电、石油炼制等，但此类能源密集型产品不可避免地面临高额化石燃料消耗与显著的碳排放挑战。同样，中海石油天野化工股份有限公司，自 2005 年归入中海石油化学股份有限公司旗下后，专注于合成氨、尿素及甲醇的生产。然而，由于该企业主要依赖传统的重化工工艺，节能改造技术难以从根本上破解高能耗与碳排放的难题。

为响应国家关于高排放、高耗能行业淘汰低效落后产能的政策号召，并贯彻《改革三年行动实施方案（2020—2022 年）》部署，中国海油积极调整战略，逐步退出高碳排放强度的企业或关闭相关生产线。在此背景下，山东海化集团于 2020 年完成股权转让，交由潍坊市国有资产监督管理委员会管理。紧接着，2021 年，天野化工及大同煤制气等项目也顺利实现平稳有序地退出。

4.2.2　调整化肥化工产品结构

中国海油坚定不移当好化肥央企保供"主力军"，持续做优做强化肥产业，推动化肥产品向高端化、复合化、绿色化升级，提高高端化工产品比例。依托现有化工园区内的产业优势资源，有序推进化学初级产品向高性能产品和高价值新材料产品领域转型发展，研发出磷复肥、聚氨锌复合肥、聚核酸增值复合肥等增值肥料，助力公司向高价值产业延伸；同时，积极探索二氧化碳化学利用，开展富碳天然气干重整技术制合成气、二氧化碳制淀粉等项目，以实现粮食安全和碳减排的双重目标。

4.2.2.1　延伸发展高价值产业

（1）大峪口创新多样复合肥，降本增效新突破。

湖北大峪口化工有限责任公司（简称"大峪口公司"）紧密结合市场实际

需求，对化肥产品结构进行了全面而深入的调整优化，持续加大复合肥品种的研发力度。成功研发并广泛推广了百余种磷复肥产品，全面覆盖了多品种化肥产品线，有效满足了农业生产的多样化需求。同时，坚持以科技为引领，每年投入近千万元用于科学技术创新研究。中国海油自主研发的"低品位硅钙质磷块岩（胶磷矿）正—反浮选工艺"技术已达到国际先进水平，实现了中低品位胶磷矿资源的大规模高效利用，有效提高了资源利用效率，降低了生产成本，同时也为行业的绿色发展树立了典范。

（2）增值肥料助力海南丰收，推动产品绿色转型。

中海化学联合农科院展开研究，在全球率先提出"增值肥料"概念，研发出富岛聚氨锌复合肥（图4.17）、聚氨锌尿素等增值肥料并实现产业化。增值肥料在"肥料—作物—土壤"的综合调控中发挥了重要作用，可以显著提高肥料利用率，同时可以有效缓解过量施肥造成的环境压力，降低农业生产过程中的碳排放。三亚育才生态区通过应用增值肥料，助力约5000亩芒果田实现品质与收益的双重提升。

图4.17 富岛聚氨锌复合肥

（3）研发聚核酸增值复合肥，促进农业可持续发展。

2024年3月，中海化学在黑龙江省鹤岗市启动了年产30×10^4t复合肥装置的试生产，并成功推出了聚核酸增值复合肥产品（图4.18）。该产品不仅丰富了中海化学的产品线，进一步巩固了其作为"植物营养解决方案供应商"的行业地位，同时也为农业可持续发展注入了新的活力。聚核酸增值复合肥的成功研制，有助于减少肥料在土壤中的流失，提升作物的产量和品质，同时还能为作物生长营造更为优质的土壤环境，对促进农业和肥料产业高质量发展、保障国家粮食安全产生深远影响。

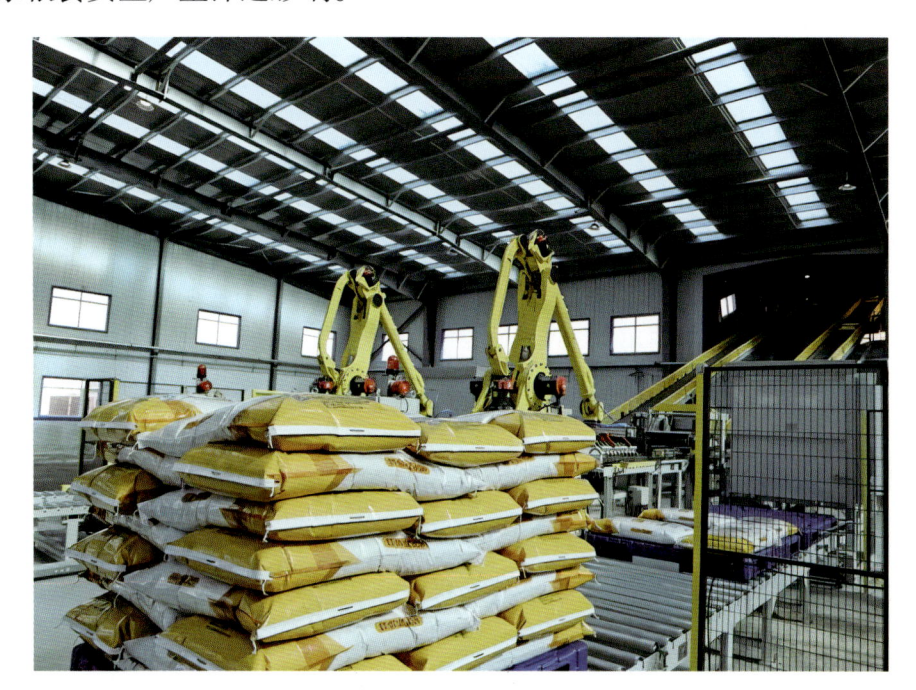

图 4.18 聚核酸增值复合肥

4.2.2.2 开展二氧化碳化学利用

4.2.2.2.1 东方富碳天然气干重整制合成气

2024 年 3 月，海洋石油富岛有限公司（以下简称"富岛公司"）举行了富碳天然气干重整制合成气中试项目的开工仪式。该项目作为中国海油重大科技专项，利用甲烷与二氧化碳干重整技术提升碳效、实现碳减排及高效固碳，推动二氧化碳资源化利用。项目建成后，将利用高浓度二氧化碳天然气，通过二氧化碳 TS 技术生产氢碳比可调的合成气，这些合成气可无缝对接下游成熟的甲醇、醋酸、乙二醇、乙醇及化工新材料产业，推动产业升级与发展。

4.2.2.2.2 二氧化碳制淀粉研究

2023 年 9 月，中海化学与深圳先进院合作签约暨"碳中和与粮食安全交叉创新联合实验室"揭牌仪式在京举行。签约揭牌仪式上，双方宣布将依托联合实验室，共同开展首个联合研发项目——"微生物反应器的创制及其用于二氧化碳制淀粉的研究"。该项目是中海化学探索生物化工领域的标志，一旦突破菌株关键核心技术，将拓宽、延伸基于甲醇/二氧化碳转化利用的碳—化学产业版图，有望一并解决二氧化碳规模化消纳和国家粮食安全两大时代命题。

4.2.3 稳健有序发展新能源

中国海油在新能源领域的发展呈现多元化、全面化的特点，不仅充分发挥了自身在海洋能源领域的优势，积极推进海上风电场建设，探索风电供电新模式。同时，因地制宜发展光伏产业，在西部地区布局集中式光伏电站，鼓励分布式光伏项目。此外，积极开展综合能源利用创新研究应用，为推动我国能源结构的优化和绿色低碳发展作出积极贡献。

4.2.3.1 加快发展海上风电产业

中国海油充分利用自身优势，积极获取优质风能资源，推进集中式风电场建设，实现规模化、高效益发展。探索海上风电为海上油气生产平台供电的示范应用，如江苏竹根沙风电场和海油"观澜号"，助力海上油气田绿色低碳开发。在风力技术研发方面取得突破，研发了15MW以上级半潜漂浮式风机浮体基础并取得中国船级社颁发的AIP证书，自主研发了亚洲首套船用风力旋筒助推系统，提升船舶航行效率和节能减排能力。图4.19为中国海油风电发展里程碑。

2020年9月：风电启航新时代
中国海油首个集中式海上风力发电项目并网发电

2023年12月：清洁能源新突破
我国首项15MW以上级半潜漂浮式风机浮体基础方案颁发原则性认可（AIP）

2023年5月：深远海风电新篇章
我国首座深远海风电平台"海油观澜号"并网成功

2024年1月：绿色航运新动力
亚洲首套船用风力旋筒助推系统交付后首个航次任务完成

图 4.19 中国海油风电发展里程碑

4.2.3.1.1 风电启航新时代

2020年9月，中国海油首个集中式海上风力发电项目首批机组并网发电，标志着中国海油积极推进能源转型、践行绿色低碳战略迈出坚实步伐。该项目离岸39km，水深12m，装机规模达300MW，年发电量$8.6×10^8$kW·h，相较于燃煤发电，每年可节省$27.9×10^4$tce，减少$57.1×10^4$t二氧化碳排放。此外，该项目荣获2022年度电力建设行业工程质量的最高荣誉——"中国电力优质工程奖"，持续为长三角区域电力供应提供坚强保障，对推动绿色美丽长三角建设具有重大而深远的意义。图4.20为江苏竹根沙海上风电场。

图4.20 江苏竹根沙海上风电场

4.2.3.1.2 深远海风电新篇章

2023年5月，我国首座工作海域距离海岸线100km以上、水深超过100m的深远海浮式风电平台"海油观澜号"（图4.21）成功并入文昌油田群电网，正式开启了为海上油气田输送绿电的新里程。这标志着我国深远海风电关键技术取得重大进展，海上油气开发进军"绿电时代"迈出了实质性的关键一步。"海油观澜号"位于距海南文昌136km的海上油田海域，装机容量7.25MW，由风力发电机、浮式基础、系泊系统和动态缆组成。其产生的绿色电力通过一条5km长动态海缆接入海上油田群电网。投产后，年均发电量将达$2200×10^4$kW·h，全部用于油田群生产用电，每年可节约燃料近$1000×10^4$m³天然气，减少二氧化碳排放$2.2×10^4$t。

图 4.21 "海油观澜号"

4.2.3.1.3 清洁能源新突破

2023 年 12 月，在"2023 年中国国际海事会展"上，法国船级社（BV）向中国海油自主研发我国首项 15MW 以上级半潜漂浮式风机浮体基础方案颁发原则性认可（AIP），这一重要里程碑标志着中国海油又一项清洁能源解决方案走向深水的技术可行性得到认可。该技术预计 2025 年在粤东陆丰油田示范应用，每年可提供绿电 $10 \times 10^8 kW \cdot h$，实现碳减排 $6 \times 10^4 t/a$。漂浮式风电技术的应用将高效推动国内海上风电产业创新发展，对推动能源绿色转型具有积极贡献。

4.2.3.1.4 绿色航运新动力

2024 年 1 月，我国自主研发制造的亚洲首套船用风力旋筒助推系统（图 4.22）完成交付后的首个航次任务，标志着我国船舶动力技术获突破，特别是在商用船舶旋筒风帆系统领域取得了零的突破。该系统由外筒、内塔、驱动系统等组成，能有效利用风力转化为电能，推动船舶运行，降低油耗和碳排放。安装在万吨级"海洋石油 226"船上的两套旋筒风帆平均推进功率达 140kW，预计每年可节约燃料 12%，减少二氧化碳排放超过 400t，对推动船舶绿色低碳发展具有重要意义。

图 4.22　亚洲首套船用风力旋筒助推系统

4.2.3.2　因地制宜发展光伏

中国海油积极响应国家西部大开发战略和乡村振兴发展需求，积极与能源企业开展合作，在内蒙古、新疆、青海、甘肃、宁夏等地，布局和推动集中式光伏电站、风光互补电站的建设运营。同时，公司鼓励所属单位充分利用建筑屋顶、闲置空地等条件，积极开展分布式光伏建设，实施光储充一体化碳减排示范项目。截至2023年底，中国海油在分布式光伏建设方面累计完成装机容量约38MW，其中漂浮式光伏装机容量达到7.25MW，分布式光伏装机容量达到30MW，不仅提高了能源利用效率，而且降低了碳排放，为推动可持续发展奠定了坚实基础。

4.2.3.2.1　首个兆瓦级分布式光伏发电项目并网

2021年11月，中国海油首个兆瓦级分布式光伏发电项目珠海管道光伏发电项目成功并网发电，标志着中国海油绿色低碳战略在分布式光伏发电领域取得新突破。该项目总装机容量为0.99MW，年平均发电量约108×10^4kW·h，与同等装机容量的火力发电装置相比每年可节约标准煤327t、减少二氧化碳排放569t，是传统油气管道产业绿色低碳转型的重要探索。

4.2.3.2.2 首个陆岸终端光伏项目建设成功

2021年，分别在海南码头、东方终端等海上延伸装置上建设总计装机容量超过8MW的中国海油第一个陆岸终端光伏项目，并加快在乐东气田、崖城气田等重点区域探索电力组网+风电+光伏+储能、地热等新能源可行性利用的研究步伐，积极向"供气+能效升级+减排二氧化碳+新能源开发"的方向延伸拓展。

4.2.3.2.3 首个陆地集中式光伏发电并网发电

2023年7月，中国海油在集中式光伏业务领域实现了重大进展，成功启动了首个陆地集中式光伏发电项目——甘南合作市"牧光互补"40MW项目（图4.23）。该项目位于甘肃省甘南藏族自治州合作市的高海拔山地村落，占地面积约$93\times10^4m^2$，海拔超过3000m。与传统光伏发电项目相比，甘南合作"牧光互补"项目独具匠心，结合了"光伏+牧草种植+绿色养殖"的智能化并网发电模式，为乡村振兴提供了有力支持。此外，该项目还积极探索了联农、带农、富农的新机制，使土地的立体化增值利用得以最大化。2023年9月，项目实现全容量并网，年发电量近$6000\times10^4kW\cdot h$，年节约标准煤超过2×10^4t，减碳超过5×10^4t，为中国海油积极落实"双碳"目标、大力支持乡村振兴做出了重要的先行实践。

图4.23 牧光互补

4.2.3.2.4　中国海油最大光储充一体化碳减排示范

2023年7月，中国海油在海油工程珠海建造场地实施了最大的光储充一体化碳减排示范项目。该项目以光伏电池板替代了传统的车棚顶面，并配备了新能源充电桩、储能等配套设施。项目共分为三期进行建设，其中一期工程的光伏板覆盖面积达到了$4.2\times10^4m^2$，首期装机容量6.5MW，正式投用后每年将产生$700\times10^4kW\cdot h$"绿电"。此外，项目还创新性地引入了智慧管理系统，实现了对用能状况的实时监测、统计分析、集成优化，从而有效降低了运行费用，实现了真正的"零碳"运行。项目年均可节约标准煤近2100t，减少二氧化碳排放5506t。项目三期工程全部建成后，总装机容量将达到20MW，并计划在2025年前全面投产，结合海油工程珠海建造场地的风能优势，将打造"风光储"多能清洁能源工程，为粤港澳大湾区实现能源高质量发展目标提供有力支持。

4.2.3.2.5　国内最大海上光伏建筑一体化项目

2024年，中国最大浅吃水FPSO——"蓬勃号"成功实施了国内最大规模的海上光伏建筑一体化项目（图4.24），这是继2023年混流管道式水轮发电项目后又一"绿电"示范工程。与附着在建筑物上的太阳能光伏发电系统有所不同，光伏建筑一体化的光伏组件兼具绿电生产和建筑材料两大功能。自2024年3月并网发电以来，每年可发绿电$9.21\times10^4kW\cdot h$，峰值电量可供FPSO千

图4.24　国内最大规模的海上光伏建筑一体化项目

余盏荧光灯使用，每年可减少二氧化碳排放约81t，节能减排效益显著，为后续太阳能发电项目提供了宝贵的经验和借鉴。

4.2.3.3　综合能源利用创新应用与示范

2023年11月，中国海油金湖汇智闲置温泉井"天然气＋地热＋光伏"绿色综合供能系统投入运行（图4.25），标志着中国海油在地热能开发利用领域迈入高质量发展新阶段。作为北京市首个运行的井下换热地热利用项目，该成果率先构建了基于地下循环水—井筒—地层的多场耦合分析技术体系，对北京市近500口闲置地热井再利用、"天然气＋新能源"综合能源供应体系构建意义重大，将助力于中国海油"天然气＋地热"能源利用新业态发展。

图4.25　北京市金湖汇智园区"天然气＋地热＋光伏"综合供能示范项目

4.3 加强资源集约利用，提升能效标杆水平

中国海油坚决贯彻可持续发展理念，积极部署实施伴生气回收、余热余压利用、LNG 冷能利用等举措，全面加强资源节约利用。同时，着力推动所属单位开展电力组网、能效提升改造等工作，深入实施能效提升计划，推动绿色低碳循环发展。

4.3.1 加强资源节约利用

中国海油持续加强资源节约利用，在伴生气回收利用方面，实现了海上油田伴生气的多元化利用，显著降低二氧化碳排放。在余热余压利用方面，成功实施多项节能改造项目，提高能源利用效率。同时，公司积极推动 LNG 冷能利用，通过技术创新和装备自主化，实现了冷能发电、液态空气储能等领域的突破。此外，通过海水淡化、生产水回用、雨水和冷凝水回收等措施，并借助数智化手段，实现水资源高效利用。

4.3.1.1 伴生气回收利用

随着我国"双碳"目标的持续推进，油田开发技术日益精进，伴生气的综合利用技术也取得显著进步。在陆上油田，伴生气被有效利用于发电和 LNG、CNG 的生产销售，实现了自给自足的运营模式。海上油田则通过作为燃料气发电、气举采油等方式，实现了伴生气的多元化利用，并通过海底管线输送到陆地加工销售。

2023 年全年，中国海油海上油气田实现每日回收 $5\times10^4\text{m}^3$ 火炬气，减排二氧化碳约 $75\times10^4\text{t}$，同时，中国海油提出 2025 年前实现每日消灭 $1\times10^4\text{m}^3$ 以上火炬。对于上游油气开采业务，渤海南部、南海东部和南海西部等区域的油气田，正积极探索并实践伴生气综合利用的多元化路径。海洋石油 119、秦皇岛 32-6 油田、涠北管线等多个项目已率先开展伴生气回收利用工作，显著降低伴生气放空量，推动逐步实现火炬"零燃烧"。

（1）浮式 LPG 系统，促进 FPSO 伴生气资源化利用。

有限深圳分公司"海洋石油 119"油轮在建造时配置了国内首套有自

主知识产权的LPG处理生产系统，用于回收利用油田的富裕伴生气，实现火炬气废物的资源化利用（图4.26）。2022年，全年回收火炬气生产LPG $10.7 \times 10^4 m^3$，节约能源约 $10.1 \times 10^4 tce$，减少二氧化碳排放 $18.4 \times 10^4 t$。

图4.26 "海洋石油119"油轮回收伴生气

（2）燃气轮机转化伴生气，助力绿色油田建设。

秦皇岛32-6油田开展油田伴生气回收利用，将原放空燃烧的伴生气转换为电能并用于油田生产，可实现回收利用火炬气 $1171 \times 10^4 m^3$，减碳 $2.2 \times 10^4 t$，自发电量 $2490 \times 10^4 kW \cdot h$。2024年2月，秦皇岛32-6作业公司渤中3-2油田利用首台国产自主知识产权的300kW微型燃气轮机并网发电，每年可消耗 $200 \times 10^4 m^3$ 伴生气，节省530t原油并减少1600t碳排放。

（3）涠北管线，推动清洁能源区域发展。

有限湛江分公司推动火炬气消减行动，在涠洲岛与铁山港之间铺设一条全长约70km的天然气管道，将海上油田伴生气通过该管道输往北海市，有效减少海上平台天然气放空，全年回收火炬气超过 $7000 \times 10^4 m^3$，为涠洲油田群的产能释放打下坚实基础。2023年4月11日，涠北管线项目正式通气投用，为广西最大海气登陆管道项目，将为北海市发展注入新动能（图4.27）。项目每

年可回收天然气 $2.1\times10^8m^3$，节约标准煤 16×10^4t，实现减碳 26×10^4t，推动实现伴生气"零放空"，提升清洁能源低碳高效利用，助力地方企业发展。

图 4.27　涠北管线

4.3.1.2　余热余压利用

我国石化行业低温余热资源回收率低，浪费严重，但利用前景广阔。中国海油不断加强能源技术创新，推动余热资源回收。惠州石化实施联合低温热利用项目，提高能源效率；大榭石化优化能源结构，实现乙苯装置余热资源梯级利用；中海开氏优化甲苯塔顶物料换热流程及歧化白土塔进料换热，实现显著节能降耗；"海洋石油123"FPSO 配置烟气模式惰气系统和余热利用锅炉，实现能源高效利用和减排。

4.3.1.2.1　惠州石化联合低温热利用

2021年10月，惠州石化采用节能降碳新技术和新装备，对一期炼油装置和二期炼油装置实行跨区域联合节能技术改造，以实现全厂低温余热高效统筹利用。其中，芳烃联合装置低温余热利用项目，通过巧妙利用精馏塔塔顶气相的低温余热，每小时可生产 130t 蒸汽和 6000t 7℃的冷水（图 4.28）。蒸汽可满足溶剂再生装置、芳烃抽提装置的部分蒸汽需求，冷水用来冷却燃机进气温度，增加燃机出力或替代工艺系统电力制冷，有效降低电力消耗。同时，惠州石化对管网进行改造，实现蒸汽和冷水的跨区域、深度、梯级联合利用，最大限度实现资源优化。项目全部投用后,每年可节能 12×10^4tce,年减少二氧化碳排放 25×10^4t。

图 4.28　芳烃联合装置低温余热利用

4.3.1.2.2　大榭石化乙苯装置余热资源梯级利用

大榭石化应用二类热泵技术对乙苯装置工艺热水实施余热回收改造,收集装置高温热水余热生成低压蒸汽,实现了余热资源的梯级利用,年可增产低压蒸汽 8.4×10^4t,实现节能量 5739×10^4tce,节约外购蒸汽成本约1500万元。项目2021年被国家节能中心授予"重点节能技术应用典型案例",2022年被中国企业联合会、中国企业家协会授予"2022企业绿色低碳发展优秀实践案例"。

4.3.1.2.3　中海开氏低温热联合利用

中海开氏对甲苯塔顶物料换热流程进行了系统性的优化升级,显著提升了能源使用效率,年蒸汽用量降幅约 3.36×10^4t,电力消耗减少约336MW·h,累计为企业节约资金约754万元。紧接着,中海开氏再次对歧化白土塔进料换热流程进行了精细化的调整,有效提升了进料温度,进而大幅降低了燃料气的消耗,预计年节省燃料气可达2100t。同时,显著降低了空冷电耗,预计年节电将达到554MW·h,为企业节省费用约744万元。

4.3.1.2.4 "海洋石油 123"余热利用降低能耗

"海洋石油 123"FPSO 配置了一套烟气模式惰气系统，回收利用热介质锅炉燃烧的尾气用于大舱所需的惰气覆盖气，能够有效减少惰气发生器的柴油消耗，进而降低 FPSO 的整体能源消耗。此外，配置四台余热利用锅炉，正常生产期间利用余热锅炉就能满足 FPSO 所需的热能。上述两套系统每年可节约标准煤超过 4429t，减少二氧化碳排放约 11168t，相当于植树 6120 棵。值得一提的是，"海洋石油 123"FPSO 是我国首个统一批量应用满足国标二级能效电机的 FPSO（图 4.29），相比以前的三级能效电机，效率提升 3% 左右，每年节电 12.57×10^4 kW·h，不仅提升了 FPSO 的运营效率，也充分彰显了中国海油在海洋石油开采领域对节能减排和绿色发展的坚定承诺。

图 4.29 "海洋石油 123"余热利用

4.3.1.3 LNG 冷能利用

冷能是 LNG 携带的一种清洁、高品质的能源，在 LNG 产业链上蕴藏巨大的可挖掘价值。将冷能用于相关的工业领域能够达到节能环保及拓展 LNG 产业链的目的。同时为我国节约巨大的能源消耗。按照"十四五"末我国 LNG 年进口量超 1×10^8 t 计算，其冷量相当于释放约 200×10^8 kW·h，冷能利用市场规模巨大。中国海油不断发挥 LNG 产业优势，推动"天然气+"的建设，同时利用冷能资源基础设施及产业技术优势，基本完成冷能利用项目的规划和技术布局，同时在冷能空分、冷能发电、液态空气储能和冷水养殖等方面取得了突破和成果。

4.3.1.3.1 冷能空分

中国海油以福建 LNG 站线项目为基石，深度布局 LNG 产业，成功打造国内首个 LNG 冷能综合利用典范——福建 LNG 冷能空分项目（图 4.30）。通过创新过滤、压缩、冷却、精馏等技术，实现 LNG 冷能的高效回收，生产出液氧、液氮、液氩等关键产品。与传统空分装置相比，其电耗下降约 50%，耗水减少 90%。这一项目的成功实施，不仅为中国海油在 LNG 冷能利用领域赢得了稳固的地位，更推动了包括宁波、珠海等地在内的新一轮冷能空分项目的发展。随着宁波二期和盐城冷能空分项目的相继启动，中国海油的 LNG 产业链得到了进一步的完善和拓展。中国海油并未止步于此，在冷能利用领域持续创新，其"利用 LNG 冷能进行空气分离方法学"已获联合国方法学审核理事会认可，成为国际 LNG 冷能利用领域的先驱。

图 4.30 福建 LNG 冷能空分

4.3.1.3.2 冷能发电

LNG 冷能发电技术与关键装备长期被国外所垄断，制约了我国在该领域的自主创新能力。针对这一瓶颈问题，中国海油率先在国内开展关键技术攻关，2023年12月，自主技术建设的世界最大规模冷能发电装置——中国海油宁波"绿能港"5兆瓦级冷能发电装置项目顺利完成主体施工，标志着我国在LNG冷能发电自主装备技术应用领域取得了重大进展。此外，中国海油成功研制出国内首套100kW液化天然气（LNG）冷能橇装化发电装置，填补了我国LNG冷能橇装化发电领域的空白。该装置设计装机容量100kW，由蒸发、冷凝、动力、发电四个橇块组成，具有整体橇块化，易安装、可移动等特点，其核心设备采用以空气为热源的空气加热型气化器，无其他燃料的消耗，无污染物排出，节省能源。此外，装置高度集成，占地面积小，能充分利用场站有限场地，使利用现有气化站增建冷能发电装置成为可能，对推动小型气化站冷能领域基础设施建设具有重要作用。

4.3.1.3.3　液态空气储能

中国海油在能源技术领域的创新再次取得突破，成功研发出基于深冷科技的液态空气储能技术。基于LNG冷能，实现了在常压、低温条件下高密度液态空气的能量储存，不仅提高了能源储存的效率和安全性，而且能在能源需求高峰时稳定输出能源，转化效率高达60%以上。此外，中国海油在液态空气储能领域已取得多项发明专利，其中包括"一种基于LNG冷能利用的液态空气储能系统"等关键技术。依托这些技术，中国海油积极推动液态空气储能在实际项目中的示范应用，经过浙江LNG三期、江苏LNG二期等项目的有效验证和展示，为未来液态空气储能技术的广泛应用奠定了坚实基础。

4.3.1.3.4　冷水养殖

中国海油在冷水养殖领域持续深耕，积极探寻更高效、更环保的冷能利用方法。2023年12月，我国内陆首个基于LNG冷源的冷水养殖示范项目在大鹏LNG成功投入运营（图4.31），在推动国内冷能综合利用项目发展上具有重要里程碑意义。在此示范项目中，通过精确控制LNG冷源，有效调控了养殖水体的温度，为冷水鱼类提供了理想的生长条件。由于冷排海水中溶氧量高，被周边鱼类养殖户誉为"钻石水"，这种优质水质环境下养殖的鱼类病害少，生长迅速，充分满足了季节性经济鱼类市场的需求。该项目的成功运营，不仅为反季节近海陆基水产养殖提供了新的解决方案，还显著提升了养殖效益，实现了LNG接收站与养殖业的互利共赢，成为能源企业与生态环境融合发展的典范。

图 4.31 大鹏 LNG 冷水养殖

4.3.1.4 加强水资源节约利用

中国海油以提高水资源的利用效率为核心，进行全面水资源管理，制定了《节水管理细则》等水资源管理政策制度和规范，大力推广节水技术，组织实施推进海水淡化、生产水回用、雨水和冷凝水回收等节水管理和技术措施；持续优化装置扩能、双膜回用、污水分治等生产工艺，利用数智化手段，不断降低单位产品新水用量。2023 年，中国海油全年实现水资源节约量 75×10^4t。

4.3.1.4.1 海水淡化

（1）秦皇岛"32-6"油田余热制淡水项目。

秦皇岛"32-6"油田 CEPI 和 CEPJ 采用原油主机缸套水余热作为热源实施海水制淡项目投入运行，两平台海水制淡装置额定淡水产量达 16m³/d，每年为平台节约淡水总共超 5800m³，满足平台全部设备的用水需求，有效节约油田生产成本。

（2）蓬勃号 FPSO 海水淡化项目。

有限天津分公司对蓬勃号 FPSO 两台运行蒸汽锅炉烟气余热进行回收，利用闪蒸法进行海水淡化，日均造水量约 100m³，产生的淡水全部提供给 FPSO 生产、生活使用，实现淡水自给自足。

4.3.1.4.2 生产水回用

（1）中海石油化学股份有限公司海南片区（简称"化学公司海南片区"）

循环排污水回用。

化学公司海南片区投入 800 万元建成中水回用装置,采用"多介质过滤＋盘滤＋超滤＋反渗透"技术,将循环水排污水全部回收,作为原水使用,年可节水 $95×10^4m^3$;投入 900 万元建成深度水处理装置,将生产污水进行处理后用于园区绿化用水,年可回收 $26×10^4t$ 废水,实现了绿化用水全替代。

(2)文昌电厂循环排污水回用。

文昌电厂深入推进循环排污水回用,其两套 460 兆瓦级燃气—蒸汽联合循环机组在运营过程中产生的低盐分、低化学成分的少量污水,经过严格的降温处理后,实现了达标再利用。鉴于电厂循环水冷却塔对水资源的重要需求,文昌电厂在机组排水槽处增设了冷却塔排水管,确保符合环保标准的污水能够直接、高效地流入冷却塔。此举减少废水处理量的同时有效减轻了环保压力,每年节约补水量约 $13×10^4t$,节省水费 3.4 万元;此外,降低了循环水的浊度和含盐量,进一步提升了水质,取得了显著的环保与经济效益。

4.3.1.4.3 雨水和冷凝水回收

(1)大榭石化雨水收集回用系统。

大榭石化积极回收利用雨水资源,设置雨水收集回用系统(图 4.32),包括五座监测池隔间和一座进水总渠,总有效容积达 $10000m^3$。在监测池末端增

图 4.32 大榭石化雨水回收系统

设了雨水提升泵和多介质过滤器，确保雨水经过过滤后可安全回用至安全水罐，用于消防系统补水、循环水系统补水等。该系统的投用当年就实现了雨水回收利用量 75.68×10^4t/a，节水效果显著。此外，大榭石化还通过增加污水回用和雨水回收措施，在 2020—2023 年期间共节水 109.73×10^4t。

（2）空调冷凝水回用。

有限深圳分公司西江 24-3B 平台对空调冷凝水排放管线进行改造，即采用 PVC（聚氯乙烯）管将 49.5m 甲板的中央空调排放口接入到 25m 甲板钻井水罐顶部的进水口，通过重力作用使得冷凝水流入钻井水罐，从而完成空调冷凝水的回收再利用。据估算，两台中央空调全年可收集冷凝水约 1600t，节约标准煤约 25t，减少二氧化碳排放量超过 60t。

4.3.1.4.4 循环水电化学一体化

（1）电渗析 + 电化学水质控制一体化节水装备技术。

大榭石化与天化院合作开发了电渗析 + 电化学水质控制一体化节水装备技术（图 4.33），建成了适用于 $40000m^3$/h 循环水电化学处理超低排放技术示范工程。项目投用后，有效降低了系统控制难度，实现循环水系统在 6 倍以上的高浓缩倍率下运行，每年节约新鲜水用量近 60×10^4t，药剂成本降低了 30%，污水实现近零排放，节约运行成本约 300 万元，装置水冷器结垢倾向得到明显改善。

图 4.33　大榭石化电渗析 + 电化学水质控制一体化节水装备技术

（2）工业冷却系统节水及废水近零排放技术开发。

化学公司海南片区实施的"工业冷却系统节水及废水近零排放技术开发"项目，是国家"863"计划的重点示范工程。根据企业独特的水质和工况条件，研发出高效的高浓缩倍数（7～8倍）水处理技术，并创新性地建立了水资源优化控制平台，全面优化企业的用水系统。项目实施后，系统运行稳定，各项性能指标均超越原有标准和国家规定。循环水的浓缩倍数从4.0大幅提升至8.0以上，年节约循环水补水105×10^4t，节约水费达189万元。

4.3.1.4.5 装置扩能

惠州石化回用水扩能和利用。

惠州石化361污水回用至北厂区改造项目将原一期污水处理厂回用水引至二期污水处理厂双膜前过膜回用，确保水质得到显著提升，满足生产需求；此外，通过增设回用水管线，将原外送中水引至北区除盐水站、循环水场作为补水回用，有效降低了除盐水制水损失，同时减少二期污水处理厂的回用水排空浪费，显著提升了全厂污水回用率。项目实施后，回用外送水500t/h，除盐水制水损失降低1%。

4.3.1.4.6 双膜回用

（1）大峪口污水分级回用。

中海化学湖北大峪口化工有限责任公司硫酸生产部在污水处理工作中，严格按照污染因子及含量对污水进行科学细分，并紧密结合装置生产需求，实施分级利用策略。在持续推进污水利用的基础上，2021年全年累计实现污水分级回用33×10^4m³，此举有效缓解了生产用水供需矛盾，保障了生产稳定进行，实现了环境保护与经济效益的和谐统一。

（2）华鹤公司水系统优化升级。

华鹤公司实施水系统优化升级项目，于2023年3月正式投入运行（图4.34）。新工艺将全厂废水经生化处理后再进入超滤、反渗透工艺进行深度处理，当年水系统优化项目完成水回用59×10^4t，与2022年相比排放污水约减少三分之一，原水用量减少约十分之一。此外，华鹤公司陆续完成双膜运行水回用于循环水、浸没式超滤产水回用至循环水等项目，均作为其补水，最大限度实现水资源的重复综合利用。

图 4.38　大榭石化加热炉改造

图 4.39　中捷石化加热炉改造

4.3.2.2.3　惠州石化加热炉改造

惠州石化针对其运行三部二甲苯再蒸馏塔和蒸馏塔重沸炉存在的排烟温度高、热效率低的问题，于 2023 年 3 月利用停工检修时机进行了改造。此次改造采用了高效的"95+ 高效超净加热炉技术"，使加热炉热效率提升至 95% 以上，大幅减少热损失。改造后，两台加热炉每年可节约燃料气 5048t，减少二氧化碳排放超过 1.17×10^4t，相当于植树 65×10^4 棵。

4.3.2.3 装置提效改造

4.3.2.3.1 华鹤公司空气分离系统优化

中海化学华鹤公司编制了空气分离装置和空气压缩机联合优化节能增效方案，在保证系统安全稳定运行的情况下，针对空气分离装置和空气压缩机机组，分阶段对膨胀机制冷效率、精馏系统效率、冷箱冷量分配等方面进行联合优化。优化后的空气分离系统，每年可减少二氧化碳排放约 2×10^4t。

4.3.2.3.2 中海沥青股份有限公司（简称"中沥公司"）硫磺回收装置优化

中沥公司针对硫磺回收装置进行了系统的优化改造（图4.40），通过优化凝结水回收设施流程、更新原料水罐水封、增设碱洗塔洗涤液冷却器及在 0.4MPa 蒸汽进装置前增设分液罐等措施，实现了装置操作的安全便捷化，有效减轻了蒸汽带油对装置的不良影响，并显著降低了塔顶及烟气温度，进一步减少了烟气中的水汽含量。项目投用后，将极大提升硫磺回收装置的安全管理水平及装置的操作便捷性，增设的 0.4MPa 蒸汽分液罐将有力保障再生系统的稳定运行，而尾气碱洗系统的优化改造则进一步提升了系统的环保处理能力和水平，确保烟气排放达到国家标准。

图 4.40 硫磺回收装置优化改造项目

4.3.2.4 机泵性能优化

机泵在运行过程中会逐渐暴露出能耗高、效率低下、维护成本上升等问题，通过对泵体结构、动力系统、控制系统等关键部件进行优化设计，采用先进的制造工艺和材料，提高机泵的运行效率和可靠性。

4.3.2.4.1 变频改造

莆田电厂实施了机组润滑油泵及空压机的变频改造项目，在机组停机盘车期间，改造后的润滑油泵能够稳定供应润滑油，确保机组正常运行。经过测试，#1机组润滑油泵变频改造后节电率高达64%，四台机组全部完成改造后，年节电量高达77×10^4kW·h。同时，为提高压缩空气品质，莆田电厂引入无油变频空压机系统，系统功率仅为原功率的四分之一，配套的无极变频电机通过变频调速技术，智能匹配系统目标压力，改造后每年可为电厂减少电耗约3×10^4kW·h，并节约定期维护费用5万元。

4.3.2.4.2 无级调速

无级气量调节系统专为往复式压缩机设计，通过计算机即时处理压缩机状态数据，将信号反馈至执行机构内电子模块，通过液压执行器来实时控制进气阀开关时间，实现排气量0~100%无级调节。东方石化石脑油加氢装置循环氢压缩机组是装置的关键设备（图4.41），也是装置的"耗能大户"，其电机功率高达1600kW，用电消耗占装置能耗25%左右，压缩机工作介质气量过剩45%。东方石化通过对机械、电气、仪表设备运行优化调试，保障压缩机始终运行在最经济的工作状态，有效降低压缩机电耗43.3%，年节电量310×10^4kW·h，减少二氧化碳排放约1634t。

4.3.2.4.3 永磁电泵推广

电动潜油离心泵，常被简称为潜油电泵或电潜泵，是石油开采的核心设备，尤其在海上原油开采中作用巨大，九成以上原油依赖其抽采至地面。然而，潜油电泵能耗巨大，在海上生产平台上的用电量几乎占据了整个平台的近半壁江山。为降低能耗，采用永磁电机替代传统感应电机成为有效策略。在相同排量、扬程、转速和功率条件下，永磁电潜泵相比常规电潜泵，其效率可提升30%，节能效果超过20%。曹妃甸油田已经率先开展了永磁电潜泵的应用实践；有限天津分公司蓬勃作业公司的WHPC平台也成功应用了永磁海水泵；"海洋石油

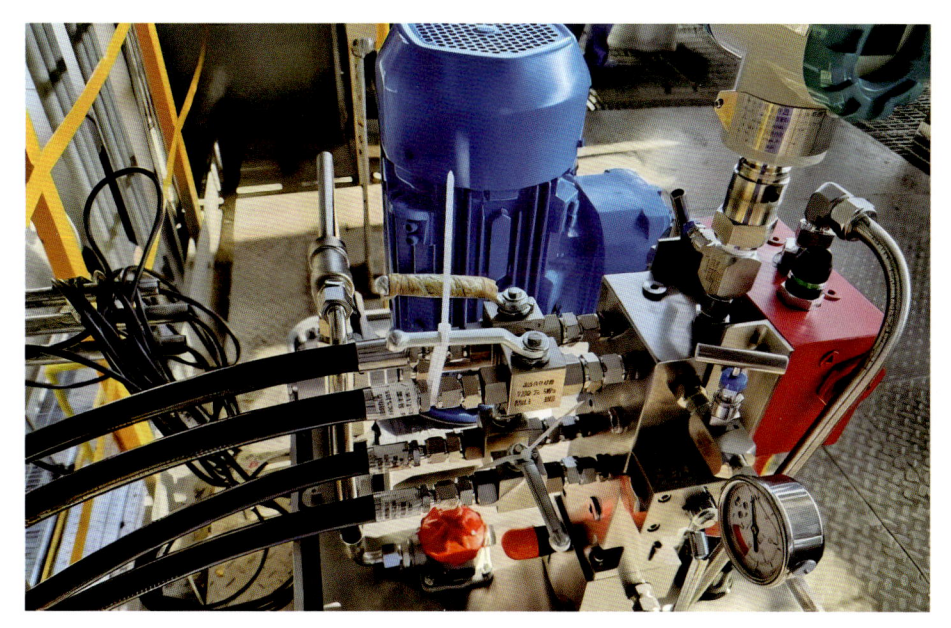

图 4.41　东方石化 50×10⁴t/a 催化汽油加氢装置循环氢压缩机

117"FPSO 更是对海水注水增压泵进行了改造，进一步提升了节能效果。

（1）永磁电潜泵。

永磁电潜泵首次亮相，引领海上油田节能新纪元。2021 年 4 月，中国海油第一套永磁电潜泵在曹妃甸油田启泵投产成功（图 4.42），以 25% 的平均节能率获得广泛关注，打开永磁电机在中国海上油田的新纪元。曹妃甸作业公司通过定制化设计变频器专用控制逻辑、海上安全控制措施等技术手段，成功投产中国海油第一口永磁电泵井，同步建立永磁技术相关规程文件，保证设备安全、高效、可靠运行。永磁电泵较传统电泵节能约 20%，单井每年可节约用电超过 20×10^4kW·h。

大功率永磁电潜泵初试锋芒，助力海上油田绿色发展。2023 年 6 月，中国海油自主研制的 HAILOONGLIFT 品牌绿色大功率永磁电潜泵在惠州 25-8 油田 A11 井成功投用，这是 350kW 大功率永磁电潜泵在中国海油首次应用。本次研制的永磁电潜泵长 6.7m，适用于海上平台紧凑的作业空间。如果使用同功率的常规感应电机，需要两节电机相连，长度超过 12m，下泵作业的难度大幅增加，且功率无法企及永磁电潜泵。

永磁电潜泵全面覆盖，打造海上油田节能新标杆。2023 年 11 月，中国首个永磁电潜泵全覆盖的海洋石油平台——蓬莱 19-3 油田 5/10 区开发项目 H 平台顺利投产。该平台所有井投产后，在稳产年期间，每年可节电约

193

图 4.42　曹妃甸油田永磁电潜泵

$500×10^4$kW·h，相当于百户城镇居民 40 年的用电量；减少二氧化碳排放约 4600t，相当于植树约 40 万棵。

（2）永磁海水泵。

有限天津分公司蓬勃作业公司 WHPC 平台创造性地提出使用永磁电机配合变频器代替原始定频驱动方式的技术方案，有效解决了大量海水经过海水管网自力式压力调节阀直接排海造成的能量浪费，满足现场海水需求的同时，海水提升泵能耗降低超过 25%。

（3）永磁注水泵。

蓬勃作业公司对"海洋石油 117"FPSO 的海水注水增压泵进行改造，采用永磁电机和变频驱动技术，解决原电机能耗高和打回流问题，实现双重节能，节电率提升至 20% 以上。新系统保留自动控制模式，通过 PID 调节实现压力流量稳定输出，同时，电机升级为超高效永磁电机。改造后电机按照全年运行约 8000h 计算，全年可以节约电费达百余万元，减排二氧化碳约 950t。

4.3.2.5　生产工艺流程改进

中国海油深入贯彻绿色发展理念，通过构建系统化的全流程能量优化诊断机制，扎实推进高效节能降碳项目的实施，显著提升能源利用效率，有效降低能耗水平和碳排放强度。同时，中国海油持续优化运行策略，精细管理电厂启停方式，有效减少非必需设备的运转时间，进一步增强机组运行的可靠性和稳定性，积极探索 LNG 外输工艺的优化路径，降低单位电耗。

4.3.2.5.1 全流程能量优化

大榭石化构建全流程能量优化机制，选取现有项目作为能量优化的重要抓手，运用流程模拟、夹点分析等科学方法，开展定量优化分析；同时在新建项目设计阶段即融入能量优化理念，并建立起多维度、系统化的能量优化项目落地激励机制，推动优化项目科学、有序、高效落地。通过对存量项目实施全流程能量优化诊断后，低温热利用率提高 16%，年节能 3.7×10^4 tce，减排二氧化碳 10.2×10^4 t，节省成本 6143 万元；新建五期项目在设计阶段即实施能量优化，预计年节能 8.6×10^4 tce，减排二氧化碳 22.5×10^4 t，年节省成本约 2.3 亿元。项目获得中海油炼化公司科技进步一等奖、中国海油双碳优秀实践成果，相关经验做法被纳入浙江省工业节能降碳行动方案，对加快炼化企业的能效提升起到了示范作用。

4.3.2.5.2 优化电厂运行机制

嘉明电厂调整中央空调运行模式实现节能减排；莆田燃气电厂优化停机过程提升经济效益；深圳、珠海电厂实施"一键启停"自动化操作，缩短启动时间，提升发电效率，为智能化电厂建设提供有力支撑。

（1）嘉明电厂调整空调运行模式。

在充分保障设备安全、稳定运行的基础上，嘉明电厂研究制定出变更二期中央空调持续运行模式，调整为气温低时停运，以减少非必要设备运转产生的电量。此策略实施后，每年 11 月至次年 4 月可停运空调设备，据此推算优化工作间取暖方式执行后每年可节省电量超过 45×10^4 kW·h，减少碳排放 261.45t。

（2）莆田电厂停机策略优化。

莆田燃气电厂通过 M701F3 型单轴燃气—蒸汽联合循环发电机组正常停机过程由汽轮机先降负荷然后燃气轮机再降负荷解列的控制策略，优化为燃气轮机先降一定负荷后汽轮机再降负荷的模式，缩短了停机时间，降低气耗率，每年可节约天然气约 80×10^4 m³，按天然气 3.015 元/m³ 计算，每年节能经济效益约 240 万元，节能量约 940tce。

（3）深圳、珠海电厂"一键启停"。

2023 年 8 月，深圳电厂自主开发的 9E 联合循环发电机组成功实现"一键启停"全自动运行。该系统能实时、准确检测机组运行，并依据预设方案自动化操作，运行平稳、性能符合预期，实施后可缩短启动时间约 5min，每年平均启动 233 次，可增加发电量 312×10^4 kW·h。此外，珠海电厂自主设计并完成机组 APS 一键启停项目，通过自主设计控制逻辑、将相关手动阀门替换为自动阀门等方式，实现了燃气轮机启动、发电机一键并网、余热锅炉自动升温升压等 450 多条人工操作项目的全自动操作，缩短启动时间 10～20min，极热态启动时间稳定控制在 70min，达到行业最佳，有效减少厂用电和燃料，增加发电量。

4.3.2.5.3 优化调整终端配气

浙江 LNG 通过气态外输、液态外输、BOG 处理三个关键耗能单元的工艺优化，不断降低单位电耗。在气态外输方面，首创气化器"N 主用 +M 热备用"的"阶梯式气态外输"模式，挖掘高压泵、海水泵等外输高耗能设备的潜能。在液态外输方面，结合低压泵剩余可供槽车充装的能力，借助物流系统研判槽车到站情况，首创"阶梯式液态外输"模式，挖掘低压泵设备的潜能。在 BOG 处理方面，充分利用相对高罐压抑制 BOG 气体产生，建立非卸船工况与卸船工况、卸船前与卸船中的 BOG 气体产生数据模型，首创"BOG 压缩机优化运行"模式，有效减少 BOG 压缩机运行时长。

4.3.2.6 能效提升成效

中国海油在天然气发电和甲醇生产领域持续展现出卓越的能效表现，稳居国内先进行列。参照《工业重点领域能效标杆和基准水平（2023 年版）》的要求，炼油、化工和合成氨等重点领域不仅早于国家规定的时间节点（2025 年）完成了能效达标改造，还取得了显著成效。已有 56% 的炼油产能达到了标杆水平，远超国家"十四五"规划设定的 30% 平均水平。同时，中国海油在多个关键领域都取得了"领跑者"的荣誉。其中，中海开氏在对二甲苯行业能效方面荣获"领跑者"称号，富岛公司获评甲醇能效"领跑者"及合成氨水效"领跑者"，中海建滔获评天然气制甲醇能效"领跑者"。

4.3.2.6.1 中海开氏——对二甲苯行业能效"领跑者"

中海开氏通过一系列大型改造项目，如加热炉余热回收、反应与装置扩能、低温余热利用等，显著提升了装置的平稳高效运行能力，使吸附塔和精馏系统性能位居行业前列。中海开氏自 2018 年起，已连续五年荣获对二甲苯行业能效"领跑者"称号（图 4.43）。在管理上，中海开氏实行对标管理，利用 MES 平台建立能源管理中心，实时监测与分析关键能耗数据，有效提高了能源利用效率。同时，通过班组劳动竞赛等活动，激发了员工的积极性，优化了关键设备的运行，为行业的可持续发展作出了贡献。

图 4.43　中海开氏获评对二甲苯行业能效"领跑者"标杆企业

4.3.2.6.2　富岛公司——甲醇能效"领跑者"、合成氨水效"领跑者"

中海化学富岛公司 2023 年尿素产量约 145.5×10^4 t，甲醇产量约 146.5×10^4 t，超额完成海南省下达的尿素保供任务目标，四套主要生产装置均实现"一个 200 天或两个 100 天"长周期运行目标。同时，富岛公司持续加强节能低碳管理，推进节能技改项目实施，实施完成四套装置循环水改造项目，通过循环水泵的整体更换、凉水塔风机改水轮机等节能技改措施，提高了循环水系统整体能源利用水平，降低系统电力消耗。富岛公司连续 12 年荣获中国石油和化学工业联合会甲醇能效"领跑者"称号，连续 3 年荣获合成氨水效"领跑者"称号（图 4.44）。

4.3.2.6.3　中海建滔——天然气制甲醇能效"领跑者"

中海建滔自 2006 年投产以来，始终践行中国海油"绿色低碳发展战略"，在节能技术改造、精细化管理等方面狠下功夫，甲醇装置多次长周期运行超过 300 天，能效指标位居行业前列。连续 11 年获得中国石化联合会甲醇能效"领跑者"标杆企业称号（图 4.45）。

图 4.44　富岛公司获评合成氨水效"领跑者"

图 4.45　中海建滔获评甲醇能效"领跑者"

4.4 加强清洁能源替代，筑牢绿色发展屏障

在全球能源转型的大背景下，清洁低碳用能已成为可持续发展的必然趋势。中国海油作为国内领先的海洋石油天然气生产企业，积极响应国家号召，从岸电、绿电、储能电站、LNG动力守护船等多方面，全面推进清洁低碳用能替代。

4.4.1 岸电建设

中国海油全面推进岸基供电设施建设，为到港船舶提供稳定、经济、环保的电力，有效减少船舶污染排放，优化港口环境。同时，加速绿色电力设施部署，提高海上平台岸电使用率，推动电力清洁化进程。渤海油田三大岸电工程已全面投运，建成目前全球海上油田交流输电电压最高、规模最大的岸电应用基地，应用总规模达980MW，可实现降碳100×10^4t。

一期工程在秦皇岛—曹妃甸油田群建设了200MW的岸电项目，实现了目前世界海上油田交流输电电压最高、规模最大的岸电互联环形供电（图4.46）。新建了海上电力动力平台和陆地高压开关站，铺设了高压交流海陆缆，为29个生产平台提供了清洁能源。一期工程投产后，当年海上21台原油机组退出历史舞台，年节能12×10^4tce，减少二氧化碳排放18×10^4t，秦皇岛32-6油田

图4.46 秦皇岛—曹妃甸油田群岸电项目

的能耗强度下降了 35%。

二期工程在渤中—垦利油田群建设了 520MW 的岸电项目，是渤海岸电应用工程中油田覆盖面最广、工程量最大、用电负荷最多的一期（图 4.47）。新建了四座海上变电平台，覆盖了多个油田。项目投用后，预计用电高峰年节能 $65×10^4$tce，减少二氧化碳排放 $100×10^4$t（渤海岸电整体降碳量约 $100×10^4$t）。

图 4.47　渤中—垦利油田群岸电项目

三期工程在绥中—锦州油田群建设了 260MW 的岸电项目，建设了陆地变电站和海上电力动力平台，并通过高压海缆连接形成海陆高压互联电网（图 4.48）。工程为绥中 36-1 区域、锦州 25-1 区域的油气田提供安全平稳的电力供应。2023 年，渤海岸电工程全面建成，成为全球海上油田交流输电电压最高、规模最大的岸电应用基地，预计年降碳能力达到 $100×10^4$t。

4.4.2　电能利用清洁化

中国海油全力构建清洁、低碳、高效的能源体系，积极推动电能清洁利用。通过参与绿电交易，有效促进可再生能源的开发和利用，减少对传统能源的依赖。同时，大力推进储能电站建设，充分发挥储能技术在提升能源使用效率、优化能源结构方面的重要作用。此外，针对船舶领域实施储能混动改装，推动海洋运输向绿色、低碳方向转变，为全球能源结构的清洁化、低碳化作出了积极贡献。

图 4.48　绥中—锦州油田群岸电应用工程项目岸电组块封顶

4.4.2.1　实现绿电替代

绿电交易是指以绿色电力产品为标的物的交易，用以满足电力用户购买、消费绿色电力的需求，并提供相应的绿色电力消费认证。2021年9月，我国绿电交易试点正式启动，绿电交易被作为企业绿色低碳转型和实现"双碳"目标的重要途径。中国海油始终坚定不移贯彻落实党中央决策部署，积极践行绿色低碳发展战略，主动履行央企社会责任，积极参与绿电交易，争做"双碳"工作的排头兵。

（1）2021年11月，在广东省可再生能源月度电力交易中，中国海油旗下海油电投与国家电投集团达成 $100 \times 10^4 kW \cdot h$ 绿电交易，作为中国海油首单绿电交易，标志着中国海油在绿色低碳转型的征程上迈出新步伐。

（2）2022年6月，中国海油荣获南方区域首批绿证，成为绿色电力认证交易的先行者。

2022年4月，公司与冀北电力交易中心正式签署"绿电"采购交易协议，将河北省张家口市的绿色风能和太阳能资源通过高压线路高效输送至渤海地区，为海上生产平台提供清洁、可持续的能源动力，在国内海洋石油行业率先实现"绿电入海"战略布局。

截至2022年一季度末，渤海油田秦皇岛32-6油田和曹妃甸11-1油田群的 29 个海上生产平台已全面实现绿色电力供应，累计使用绿电量近 2000×10^4kW·h，有力推动海洋石油行业的绿色转型和可持续发展。

（3）2023 年，中国海油分别在冀北、广东、浙江、山东、河北南网地区购置绿电共计 10.5×10^8kW·h，实现减碳量 75.5×10^4t。

4.4.2.2 推动储能电站建设

储能电站的建设是中国海油在能源储存领域的重要布局。通过布局储能电站，不仅能够在用电高峰时提供稳定的电力供应，还能在可再生能源发电过剩时储存电能，实现能源的高效利用和优化配置。

2023 年 9 月，涠洲电网储能电站全面并入涠西南油田群电网（图 4.49），开启我国首个海上油田群智慧电力系统新时代。电站位于涠洲终端处理厂，占地 500m^2，拥有 11200 块电池，储能达 1×10^4kW·h，容量为 5MW/(10MW·h)。在高峰时段，它能以 5MW 功率供电 2h，显著减轻电力负担。通过优化电力调配，电站还提升了燃气轮机带载率 5%～10%，年节省标准煤 0.92×10^4t，减少碳排放 1.84×10^4t。为进一步增加"绿"的比重，提高"新"的分量，有限湛江分公司计划推广深远海风电项目，打造国内首个海上"零碳"油田，并推进光伏、储能、绿电制氢等产业，构建绿色低碳综合能源基地。

图 4.49 涠洲电网储能电站

4.4.2.3 船舶储能混动改装

中国海油借鉴混动汽车技术思路，自主设计研发船舶储能混动装备并在"海洋石油257"成功投用。该装备系统通过削峰填谷的原理，将船舶运行中的冗余能量利用电池储存使用，以达到提升船舶能源利用效率、节能降碳。"海洋石油257"启用混动装备后，当主机处于低负荷的航行或机动过程，混动管理系统会发送充电指令，进入充电模式拉升主机负荷，降低燃油消耗率（SFOC）。在靠港停泊或晚上锚泊时，储能电池充满后可替代柴油发电机释放可供全船使用5.5h左右的电量，减少燃油消耗；且放电过程几乎不产生噪声，为船员提供低噪声的休息和巡检环境。根据"海洋石油257"的实船测试数据，接入储能电池可使主机SFOC由240g/（kW·h）降低至215g/（kW·h），能源利用效率提升10.4%，单航次节能效果可达13.8%，预计每年可实现降碳超过300t。图4.50为储能和配电集装箱。

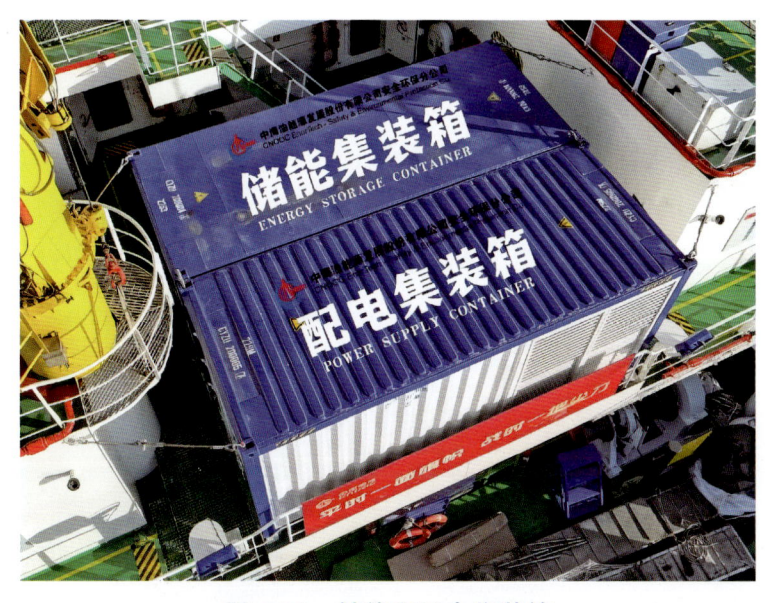

图 4.50　储能和配电集装箱

4.4.3　清洁燃料替代

中国海油积极推动清洁能源在船舶动力领域的应用。通过引进和自主研发LNG动力船舶，不仅减少了船舶运营过程中的排放污染，还降低了船舶运营成本，为海洋石油勘探开发提供了更加环保、经济的动力解决方案。2022年7月，"海洋石油543"船、"海洋石油548"船成功交付，至此中国海油所属中海油服 12 艘 LNG 动力守护船全部完成交付，2023 全年节省柴油 5788t，减排二氧化碳 1.69×10^4t。图 4.51 为 LNG 动力守护船队。

图 4.51　LNG 动力守护船队

2023 年 2 月，随着"海洋石油 541"靠泊码头，渤海油田龙口基地液化天然气（LNG）首船加注作业拉开序幕（图 4.52），标志着中国海油在北方首个船舶动力燃料 LNG 槽车加注站正式投入运营。LNG 加注站采用橇块化设计 LNG 传输装置，连接 LNG 槽车和船舶 LNG 燃料罐以后实现对船加注，具有加注流量大、流量稳定、安全可靠性高等特点，为渤海油田勘探、开发、生产提供坚实可靠的清洁能源供应链保障体系。

图 4.52　渤海油田龙口基地完成 LNG 首船加注

4.5 深化零碳负碳研究，驱动绿色创新引擎

中国海油坚决贯彻国家绿色低碳发展战略，坚定不移地推动绿色低碳转型。借助科技创新和项目示范的引领作用，深入探索零碳负碳技术，积极培育和发展零碳负碳产业。通过打造低碳示范、深入研究 CCS/CCUS 技术，以及探索碳汇产业这三个关键方面，全面推进零碳负碳产业的探索与实践，为我国绿色可持续发展作出积极贡献。

4.5.1 推动打造零碳示范

中国海油深入贯彻落实绿色发展理念，全面启动零碳示范工程，通过建设零碳智慧园区、零碳码头，打造碳中和加油站，积极推广绿色建筑等举措，推动能源、交通、建筑等关键领域的低碳化转型，为实现碳达峰、碳中和目标贡献力量。

4.5.1.1 零碳智慧园区

4.5.1.1.1 海油发展清洁能源分公司零碳园区

海油发展清洁能源分公司积极融入"碳中和"理念，以探索多能互补和源网荷储一体化技术为基础，创新性引入"光储直柔"技术，实现了工作园区 100% 的绿电替代和智慧化管理，降低 8169t 碳排放，入选 2023 年"零碳中国"优秀项目案例。在综合能源服务上，通过横向连接"电、热、冷、气、水"，纵向打通"源、网、荷、储、用"的互动，形成园区共建、利益共谋、资源共享、信息共联、安全共筑、和谐共生的生态园区共同体。园区内配置了 162kW 光伏组件和 250kW/（1000kW·h）储能设施，利用太阳能与风能的互补，结合 BIPV 光伏组件和光储一体化的源网荷储耦合，达到 100% 绿电供应。图 4.53 为零碳智慧园区架构。此外，结合"光储直柔""异质结""智慧站控"等新技术，园区实现"零碳"排放和产能输出，成功打造了海油系统内首个"负碳园区"，并获得中国船级社的"碳中和"认证（图 4.54）。

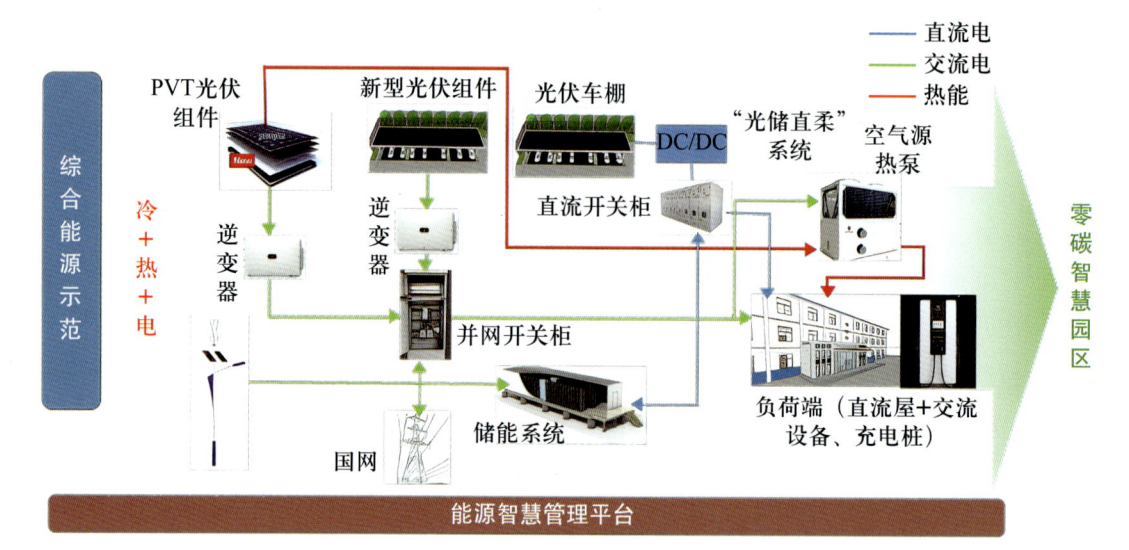

图 4.53　零碳智慧园区架构

图 4.54　海油发展清洁能源公司"碳中和"认证

4.5.1.1.2　渤南作业公司东营原油终端零碳园区

2023年10月，渤南作业公司实施东营原油终端厂前区综合能源项目，融合"用能电气化、电力清洁化、能源智慧化"技术，采用合同能源管理模式，成为渤海油田首家绿色工厂及有限天津分公司首个零碳、光储一体化技术应用终端。预计每年减少二氧化碳排放571t，至2025年累计减少1.4×10^4t。项目充分利用厂前区屋顶资源，建设706kW分布式光伏，配置150kW/（500kW·h）储能系统，实现100%绿电替代。同时，运用冷热电多能耦合技术，结合太阳能、空气能，替换建筑中央空调热源，达到100%清洁供热，在减少碳排放的同时，提高能源利用效率。图4.55为东营原油终端综合能源项目。

(a) 光伏板 　　　　　　　　　(b) 储能装置

(c) 并网盘柜 　　　　　　　　(d) 空气源热泵机组

图 4.55　东营原油终端综合能源项目

4.5.1.2　碳中和加油站

2021年11月，中国海油首个综合能源站——"星峰综合能源站"在上海投运（图4.56）。星峰综合能源站作为一座5G智慧加油站，集光伏发电、大功率充电桩、智慧加油和洗车、5G网络全覆盖、无感支付、车牌识别等技术于一体。该能源站实现了24h不间断运营，快充充电桩可同时满足八台新能源车的充电需求。此外，光伏发电产生的电能不仅能支撑加油站全天候运营使用，还能将富余能源输送至属地电力供应设施造福当地居民。2023年11月，经过上海环境能源交易所认证荣获"碳中和"证书，正式成为中国海油首座实现"碳中和"目标的加油站。

图 4.56　星峰综合能源站

4.5.1.3　零碳码头

中国海油充分利用码头丰富的光照资源和完善的硬件设施，积极推动零碳码头的建设与落地（图4.57）。其中，海南中海石油码头有限公司（简称"海南码头公司"）已建成分布式光伏发电站面积达 $4\times10^4m^2$，装机容量 4.3MW，年均发电量 $505\times10^4kW\cdot h$，每年减少二氧化碳排放约 4115t。此外，海南码头公司将进一步扩大光伏发电规模，三期工程计划于2026年投入使用，届时海南码头公司将实现零碳码头建设目标，为推动可持续发展树立典范。

4.5.1.4　绿色建筑

中国海油深入贯彻绿色发展理念，积极推动绿色建筑技术的创新与发展。近年来，公司成功打造了具有标志性的"碳中和"大楼和绿色建筑，实现了显著的节能减碳效果。

4.5.1.4.1　"碳中和"大楼

2023年3月，中国海油总部"碳中和"大楼正式揭牌，成为经北京绿色交易所认证的首家央企总部"碳中和"大楼，并获得北京绿色交易所参照颁发

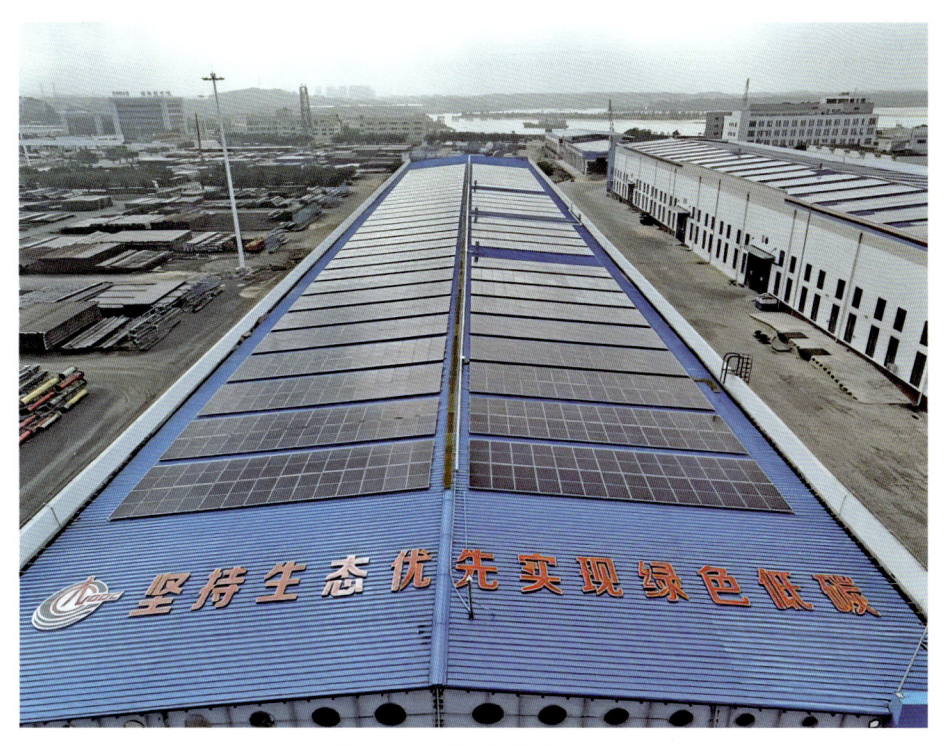

图 4.57　海南零碳码头

的"碳中和"证书（图 4.58）。大楼通过实施中央空调机组全自动清洗节能、智能控制分区照明、屋顶分布式光伏建设和逐步替换老旧设备设施等措施不断深挖节能降碳潜力，光伏组件采取"自发自用，余电上网"模式，每月产生约 $3.55\times10^4 kW\cdot h$，每年减少二氧化碳排放 376t，节约标准煤 138t。此外，大楼还加装了"绿色大脑"——智慧新能源管理平台，不仅实现了光伏电站的运行数据的精准采集与实时传输，还集成了用电、用水、用气等能耗的智能分析，为光伏电站后续的智能化运维提供了数据支撑。

图 4.58　中国海油总部"碳中和"大楼证书

4.5.1.4.2 绿色建筑典范

中国海洋石油陈列馆荣获天津市住房和城乡建设委员会颁发的二星级绿色建筑标识证书，成为绿色建筑领域的典范。采用数十项绿色建筑技术集成，将绿色健康建筑设计理念贯穿建筑全生命期，年减排二氧化碳532t。

南海油气开发总指挥部基地建设项目大力实施清洁用能，设计采用2100m^{2}屋面光伏、1000m^{2}光伏幕墙采用494kW冷凝热回收机组、20组760t冰蓄冷装置，项目获得国家绿色建筑"二星级"。

4.5.2 积极开展CCS/CCUS研究

随着科技进步和"双碳"目标的深入实施，CCUS技术在油气行业中的战略地位日益凸显。CCUS已不仅仅局限于二氧化碳减排的技术范畴，而是成为推动化石能源低碳化、清洁化转型及经济高质量发展的重要战略性技术。通过二氧化碳驱油技术，能够有效提升油田采收率，实现10%~20%的显著增长。

目前，全球范围内的CCUS技术应用主要集中在陆地领域，其中二氧化碳驱油和地质封存技术的应用尤为广泛。这些技术通过将二氧化碳注入地下深处，利用地质构造的致密盖层实现长期稳定的封存，有效减少温室气体排放。近年来，海洋碳封存的巨大潜力逐渐显现，经初步估算，我国海域二氧化碳地质封存潜力高达2.58×10^{12}t，足以支撑未来数十年乃至数百年的排放需求。此外，作为陆地地质结构的延伸，海洋碳封存具有诸多优势，其广阔的海域和复杂的地质结构为二氧化碳封存提供了丰富空间。图4.59为陆上和海洋地质碳封存条件对比示意图。

中国海油依托海洋资源开发能力优势，持续深化对海上CCUS全流程关键技术的攻关，不断推动CCS/CCUS示范项目取得重大突破。恩平15-1示范项目启动回注，年高峰注气能力达30×10^4t；乐东气田CCS示范项目顺利投产，预计年捕集、回注二氧化碳气体近3.3×10^4t。同时，中国海油自主研发的膜法伴生气脱二氧化碳装置在惠州32-5平台成功应用。

4.5.2.1 海上二氧化碳封存与驱油

4.5.2.1.1 首个海上碳封存示范工程

恩平15-1海上碳封存一体化示范项目是中国海油于2021年8月启动的一项重大工程，标志着我国海上二氧化碳封存领域的重大突破（图4.60）。该

4 中国海油绿色低碳发展实践

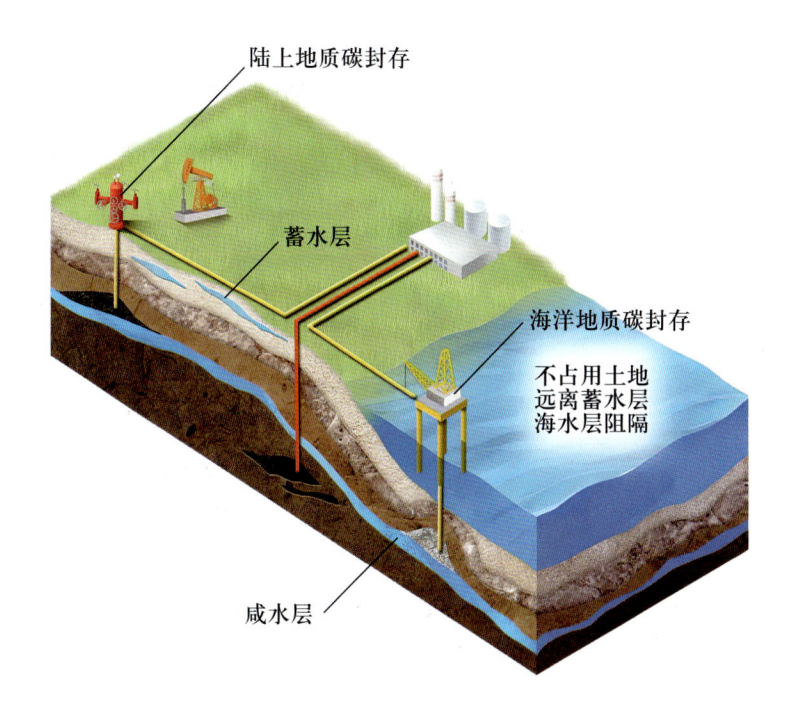

地质碳封存评价指标	选址容易	安全性高	环境影响小	技术难度低	封存成本低
陆地				●	●
海洋	●	●	●		

图 4.59　陆上和海洋地质碳封存条件对比示意图

图 4.60　恩平 15-1 平台

211

项目针对高含二氧化碳的恩平 15-1 油田，通过捕捉分离油田伴生的二氧化碳，并将其回注至约 800m 深处的咸水层中，实现了长期稳定封存。2023 年 6 月，随着"采油树"主阀和翼阀的开启，油田伴生的二氧化碳成功被捕获、分离、加压至超临界状态，并被回注至距平台 3km 远的"穹顶"式构造中，可封存超过 $150×10^4$t 二氧化碳，相当于植树近 1400 万棵。这是我国海上二氧化碳封存领域从无到有的重要突破，为我国"双碳"目标的实现探出新路。

4.5.2.1.2　首个千万吨级碳捕集与封存集群项目

在我国南部及沿海地区，电力、钢铁、水泥及交通运输等重点行业碳排放集中，然而陆域沉积盆地面积有限、分布不均，使得适宜的碳封存场地极为稀缺。中国海油提出并实施"岸碳入海"战略举措，即通过罐车、管道、船舶等多种方式，将陆上排放的二氧化碳输送至海洋进行高效利用与安全封存。

中国首个海上碳封存示范工程的成功实施，为"岸碳入海"战略提供了强大的技术支撑。2022 年 6 月，中国海油与多方共同签署了大亚湾区海上 CCS/CCUS 集群研究项目的谅解备忘录。该项目计划通过捕集装置收集大亚湾 40 余家石化企业的二氧化碳排放，经压缩后输送到适合海域进行封存或地质利用，全面解决碳减排问题，助力惠州建设绿色石化产业高地。2023 年 1 月，中国海油与合作方签署了《在中国大亚湾地区开发和运营碳捕集、利用与封存（CCS/CCUS）项目联合研究协议》，标志着我国首个海上千万吨级 CCS/CCUS 集群示范项目联合研究工作正式启动，为助推中国负碳产业快速发展、促进我国 CCS/CCUS 全产业链技术体系和产业能力快速成长提供重要动力。

4.5.2.1.3　乐东 15-1 气田 CCS 示范项目

乐东气田随着逐年开采，气层纯烃含量逐年下降，二氧化碳含量不断升高。有限海南分公司以乐东作业公司为试点，建设气田 CCS 示范工程，在乐东 15-1 平台新增膜脱碳天然气处理系统，将脱出的二氧化碳回注地层，减少海上气田二氧化碳排放。项目于 2023 年 6 月投产运行。该项目每日可减少约 $5×10^4 m^3$ 纯度为 90% 的二氧化碳排入大气，预计每年捕集、回注二氧化碳近 $3.3×10^4$t，为南海西部莺琼盆地高烃注气提高采收率、海上气田绿色低碳开发、高碳气田与高烃气田协同开发提供借鉴。

4.5.2.1.4 首个海上膜法伴生气脱碳示范项目

中国首个拥有自主知识产权的海上膜法伴生气脱碳示范项目，在惠州32-5平台圆满完成调试并顺利投入运营。该项目创新性地首次将同井注采工艺应用于二氧化碳回注封存领域，实现了采油与封碳的双重效益。通过高效的脱碳处理技术，将伴生气转化为燃料气加以利用，同时有效分离出富含二氧化碳的气体并回注至地层进行封存，实现了火炬"零放空"。这一举措不仅有助于大幅减少碳排放量，优化能源结构，同时在降低注气成本、提高油田经济效益方面也具有重要的示范意义。

4.5.2.2 二氧化碳资源化利用

南海东部油田陆地终端启动中国海油首个依托在役生产设施建设的二氧化碳回收利用项目，该项目将在高栏终端建设一套20万吨级液态二氧化碳回收利用装置，收集白云天然气作业公司七个气田来气中的二氧化碳。据估算，项目实施后平均每年可减少二氧化碳排放 18×10^4t，全部用于生产液态二氧化碳产品，有效减少温室气体排放，为气田绿色发展注入新活力。

4.5.3 探索碳汇产业

中国海油深入贯彻国家生态文明建设的战略部署，积极发挥其在自然碳减排方面的关键作用。为响应国家对低碳经济的号召，中国海油积极探索和培育林业、海洋等具有碳汇增长潜力的产业。同时，公司主动融入国际、国内生态项目，与地方政府携手合作，以稳健的步伐推进生态碳汇业务，在推动绿色转型的同时，为国家的生态文明建设添砖加瓦。

4.5.3.1 林业碳汇

在全球气候变化的背景下，林业碳汇作为关键的固碳手段，日益受到社会各界的广泛重视。随着CCER的重新启动，中国海油积极加快了在林业碳汇领域的战略布局。通过科学的规划和精细的组织，中国海油气电集团成功实施了榆林林业碳汇开发项目、卓资林业碳汇开发项目等一系列林业碳汇项目，并取得了显著的成果，通过创新的商务合作模式，预计首批林业碳汇开发量将达到 23.5×10^4t，为应对全球气候变化贡献中国力量。

4.5.3.1.1 榆林林业碳汇开发项目

2023年5月，榆林市榆阳区与中国海油气电集团所属全资子公司中海油电力投资有限公司签订林业碳汇增汇量交易合作协议，交易林业碳汇量 $20×10^4$ t，交易额1000万元，将全部用于海油电投全国碳交易，实现优势互补、合作共赢。另外按照协议，企地双方将在林草碳汇项目产品开发、碳自愿减排市场搭建等方面开展全方位合作，着力打造林业碳汇产业联盟，打通从碳供应到碳消费的全链条合作流程，努力在林业碳汇建设领域发挥示范引领和辐射带动作用。

4.5.3.1.2 卓资林业碳汇开发项目

2023年8月，海油电投与卓资县兴农农业及金诺碳投正式签署林业碳汇合作开发与购买协议，共同探索林业碳汇生态产品的价值转换，支持京津风沙源治理，助力乡村振兴。作为中国海油首个林业碳汇项目，项目预计开发 $16×10^4$ 亩林地，首期签发量达 $3.9×10^4$ t，中国海油将在10年内购买约 $50×10^4$ t CCER，以抵销燃气电厂的碳排放，减排效果相当于42万辆1.5L排量汽车一整年的减排总量，为推动地方经济绿色转型、助力"双碳"目标的实现提供有力支撑。

4.5.3.1.3 中联"绿色井场"

为了实现"生态井场"的"见绿不见井，见污全处理，见损有补偿，监控全覆盖"的美好愿景，中联公司高度重视煤层气开发与生态保护治理的统筹协调。坚持生态优先、绿色发展的战略导向，制订并实施《煤层气"生态井场"建设工作方案》，建立健全煤层气开发生态环境长效机制，推进作业区生态环境可持续发展。2015年至今共绿化391个井场，绿化面积283.663亩，总计投资金额611.14万元；2023—2024年计划完成绿化井场200个，碳汇林荒山绿化项目1个，绿化总面积380亩。

4.5.3.2 海洋碳汇

《中共中央 国务院关于完整准确全面贯彻新发展理念 做好碳达峰碳中和工作的意见》和《2030年前碳达峰行动方案》都要求巩固生态系统碳汇能力，提升生态系统碳汇增量，并对海洋碳汇提出了明确要求，包括提升红树林、海草床、盐沼等固碳能力，提升海洋等碳汇统计监测能力等。

中国海油依托其独特的资源优势，积极推进海洋增汇技术的探索与实践，深入研究和完善海洋碳汇储碳机制，评估各海域固碳能力和储碳潜力，筛查海洋固碳和储碳关键微型生物种质资源，推进海洋碳汇功能细菌、微藻种质资源库的建立。此外，建立起一套科学、精准的碱性矿物固碳量和储碳量计算方法，并制定了《碱性矿物增汇项目碳汇核算和监测技术规范》标准草案，为准确评估海洋碳汇状况提供了有力支撑。

4.5.3.2.1 海洋碳汇研究

中国海油于2021年启动"中国海油发展海洋碳汇研究"项目，分析开发海洋碳汇的关键技术和风险，深入研究我国海洋碳汇的资源特征、开发潜力、发展前景和作为新经济增长点的可行性，结合中国海油开发海洋碳汇的优势及制约因素，探讨和提出了中国海油进入路径和进入方式的对策建议。图4.61为中国海油海洋碳汇发展方向。

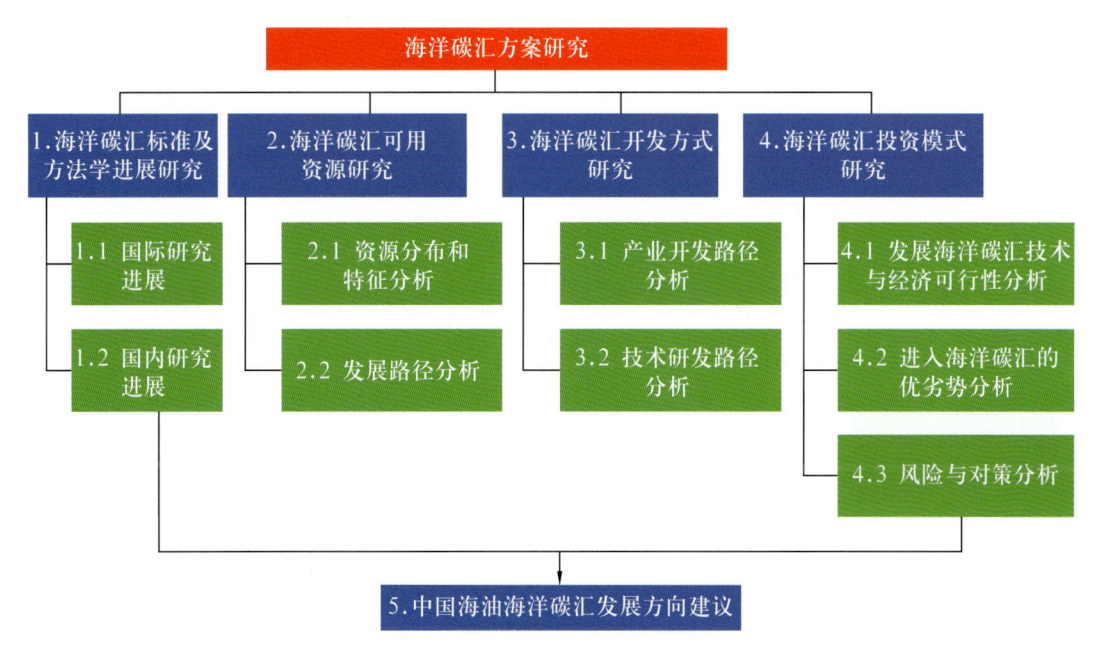

图 4.61　中国海油海洋碳汇发展方向

4.5.3.2.2 全国首支红树林生态保护公益信托项目

2023年8月，全国首个聚焦红树林生态保护的慈善公益信托项目——"海上塞罕坝蓝碳促进公益信托计划"红树林保护项目在湛江启动。项目创新采用"绿色金融+慈善信托"的模式，一方面，依托慈善信托"管理灵活、专家理财"优势,增强绿色金融的"自我造血功能",实现慈善资产的保值增值,为红树林公益事业发展注入"源头活水";另一方面,发挥慈善信托"运营成本低、多方监管"的优势,确保项目所有收益用于红树林保护及促进海洋碳汇资源开发利用等领域,以实际行动助力生态环境保护与经济社会高质量发展,为实现"双碳"目标持续贡献海油力量。

4.6 加速数智化赋能，提升双碳管理效能

中国海油深入学习贯彻习近平总书记关于科技创新、网络强国、数字中国等重要论述和重要讲话精神，全面落实国资委工作部署，深化对标世界一流管理提升行动，全力打造具备感知洞察、智能控制、协同共享、互联创新能力的数字化体系，构建纵向贯通、横向联通、内外融通的数字化生态环境，稳步实施数字化转型和智能化发展战略。在数字化基础设施建设、双碳数字化平台搭建、智能工厂及智能工程等领域，中国海油不断推进数字化和智能化技术的深度融合与应用，为产业转型和管理升级注入了强大的发展动力。

4.6.1 信息基础设施升级

中国海油不断加强 IT 基础设施建设，升级改造海上通信链路和基础网络，开展工业互联网建设，完善国产云平台资源支撑能力，全面推进数据中心发展，已建成国内"四地五中心"的数据中心体系，海南数据中心正式下水运营。

在数字化、网络化和智能化转型的时代大背景下，中国海油积极响应国家战略，持续推进数据中心建设。积极引进国际先进技术，优化设施水平，确保数据中心高效稳定运行。此外，加强自主研发与创新，推动数据中心智能化升级。同时，积极响应绿色发展理念，采取切实有效的措施降低数据中心能耗和碳排放，积极探索绿色数据中心建设的实施路径，开展海底数据中心试点建设，为行业提供可借鉴的经验。

2023 年 3 月底，"中国首个商用海底数据中心"在海南入海，正式下水运营（图 4.62）。海底数据中心的核心装备"海底数据舱"呈圆柱形罐体状，可实现舱内恒湿、恒压、无氧的安全密闭环境，其应用水深超过 30m，质量更是高达 1300t，相当于大约 1000 辆小汽车的总重。罐体直径达 3.6m，是目前全球范围内最大的海底数据舱。海底数据中心的设计方案独具匠心，采用了重力热管原理，充分利用海水作为自然冷源，不仅实现了对服务器的有效"降温"，还能在同样的时间内存储、计算和传输大量的数据信息。与传统的机房相比，总体能效提升了 40%～60%，为整个行业的发展提供了全新的解决思路。

图 4.62　我国首个商用海底数据中心

4.6.2　双碳数字化平台建设

为深入贯彻落实党中央重大战略部署，加快推进中国海油绿色低碳发展战略实施，积极履行央企社会责任，中国海油坚持从传统管理模式向现代化、数字化、智能化跨越的发展思路，开展了一系列双碳数字化建设责任行动。随着国家对能源企业的双碳管理要求的日益提高，中国海油作为国内领先的海洋油气生产运营商，积极响应国家号召，利用数字化手段不断提升节能低碳管控能力，于2023年顺利完成"双碳数字化平台"项目建设。

中国海油通过全面加强数据治理、精细构建数据模型、高效建设数据中心等举措，实现能源管控的"双闭环"机制，有力提升双碳业务管控效能。同时，积极拓展双碳应用场景，研发精准的双碳预测模型，实现双碳指标一屏统揽，在规模应用、减排效益、管理成果等方面取得显著成效，为中国海油双碳管理工作提供坚实的数据支撑和决策参考。图 4.63 为中国海油双碳数字化平台功能架构。

4.6.2.1　强化数据治理，确保数据规范准确

该平台的建设和应用，让中国海油实现了能碳数据治理标准化和采集源头化，确保了能碳数据的真实性和准确性。平台按照"三融合"（节能、低碳、生产相融合）的目标，以生产装置为基础，构建了从"生产装置—集散控制—

4 中国海油绿色低碳发展实践

图 4.63 中国海油双碳数字化平台功能架构

能量优化—能管中心—（集团）顶层管控"的"五级"金字塔形管理模式，全面涵盖了节能、节水、低碳业务，实现了重点耗能设备、装置单元、企业区域、集团统筹的横向到边、纵向到底能源数据的一张网，形成了战略、计划、执行垂直贯通，形成了与生产的本质一体化管理，解决了以往节能管理与生产脱节、难以产生量化效益的问题。

同时，平台通过对企业生产系统数据的实时在线抓取，尽可能避免数据收集过程中人为的干预，确保了基层数据的真实性、及时性和准确性，并借助于数据溯源功能，可实现对数据偏差 ±5% 以上进行自动预警分析，进而保证上报数据的 100% 准确性。此外，数字化平台建设积极推进双碳数据治理和数据标准化建设（图 4.64），形成了中国海油节能低碳数据统计指南、336 个双碳数据指标和 2981 个数据项，形成了数据资产目录。

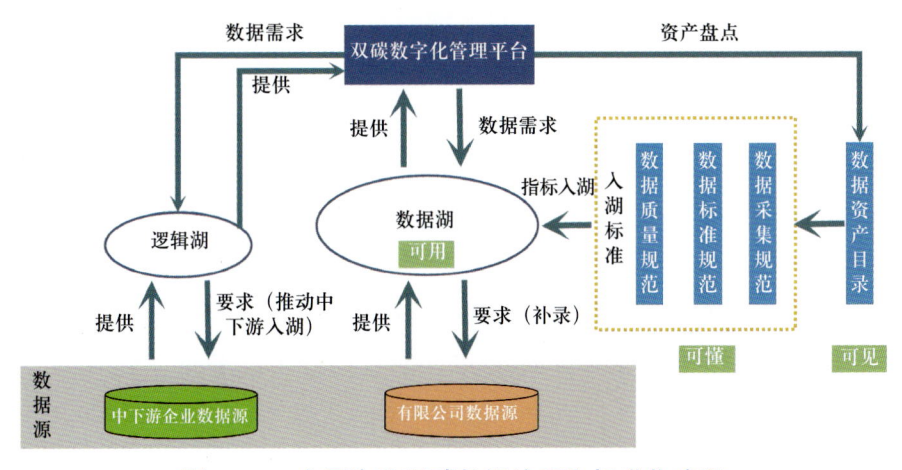

图 4.64 中国海油双碳数据治理和标准化建设

4.6.2.2　构建数据模型，实现碳排放精准核算

双碳数字化平台创建了标准的能碳数据资源库，并且首次建立了中国海油全产业链的低碳数据模型，同时通过双碳逻辑全口径灵活配置，可实现对不同行业、设施与相关排放源的再匹配功能，满足国家双碳政策频出的瞬态响应。另外，平台还打造了国内海上油气田和煤层气碳排放因子数据库，在国内首次实现了海上油气田开采和煤层气开采碳排放因子的精准确值，解决了准确核证中国海油所属重点单位碳排放信息的技术难题。同时，双碳数字化平台在此基础上还创建了煤层气企业适用的碳排放核算指南，可实现碳排放的精准核算。

双碳数字化平台采用统一国家能源计算标准和指南对基层数据进行统计计算，为能碳结果数据准确度提供保障，也树立了平台节能低碳数据的权威性；并对相互贯通的功能做了节能低碳数据关联处理，一定程度上避免了企业基层数据信息重复填报现象的发生，侧面也减轻了基层人员的数据填报压力。

4.6.2.3　建设数据中心，实现数据共享与支撑

双碳数字化平台基于能效中心架构，实时采集能耗、低碳和生产数据，构建了涵盖低碳、零碳和负碳数据的数据库。平台作为中国海油绿色发展大数据管理中心，确保了全海油体系内能源消耗、碳排放、水资源等数据的畅通与共享，为中国海油的双碳管理提供了坚实的数据支持，促进了双碳管理体系的完善与强化，同时在节能减碳技术应用与推广方面创造了经济效益，并为中国海油的节能增效和低碳减排提供了有力支撑。

4.6.2.4　实现能源管控"双闭环"，提升管理效能

在集团层面上，双碳数字化平台不仅可以通过实时采集能耗、低碳和生产数据，形成动态能耗目标/基准数据库，支持总部、二级单位（板块）、企业、车间（作业公司）和生产设施各级不同的能源管理需求，实现了上、中、下游能源管控一体化；还可按照"发现问题—制订方案—实施方案—解决问题"的思路为各级用户提供能源管理闭环操作，形成最佳节能管理实践和节能技改增效（图4.65）。

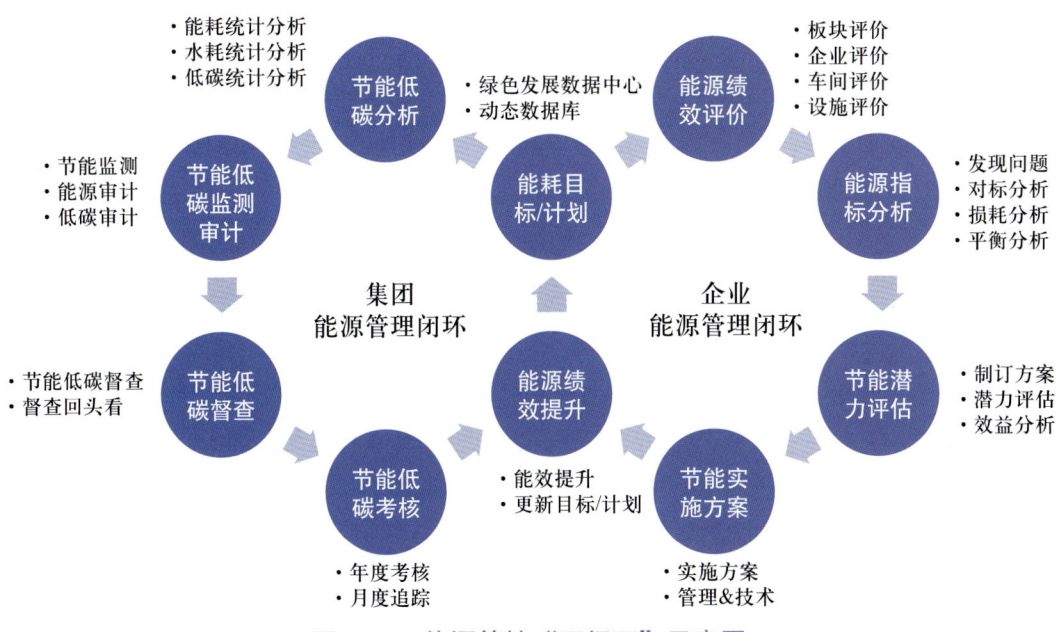

图 4.65 能源管控"双闭环"示意图

4.6.2.5 拓展双碳全场景覆盖，构建综合服务体系

双碳数字化平台是以节能低碳管理为基础，依托现有"能控系统"、生产系统、数据湖等信息化应用资源，满足双碳目标管理、行动跟踪、综合分析和数据管控等四方面需求，形成"纵向贯通、横向集成"的绿色低碳数据中心，发挥了大数据在绿色低碳战略执行中的支撑作用，并构建了以能源管控为基础的碳排放、碳减排、碳交易、碳预测等双碳核心服务体系。平台还通过与油气生产设施、运输船舶、炼化厂、发电厂及新能源设施等全产业链终端系统集成，实现碳排放全口径数据互联贯通，满足用户对于能碳数据的业务需求。同时，双碳数字化平台通过双碳月报管理、碳资产管理、CCUS、绿电交易、新能源开发、岸电推广等各类功能的建设，实现了各业务领域业务流和数据流的串联互通，全面提升海油双碳数字化管理水平。

4.6.2.6 研发双碳预测模型，提供决策支撑

双碳数字化平台通过搭建碳达峰预测分析模型，并对模型数据进行动态更新，为中国海油管理层提供多维度的统计分析方式，实现了集团双碳规划的决策支撑。双碳数字化平台中的预测模型是先对中国海油所有单位的各类能源消耗数据进行实时收集、处理和分析，可精确计算出碳排放量，再将企业既有项

目碳排放、企业规划项目碳排放作为基础排放数据，并与节能技措减排量（低碳贡献）、绿电替代减排量（零碳贡献）、CCUS 减排量（负碳贡献）、电力排放因子调整减排量（政策贡献）等进行有机结合，以大数据、云计算等先进技术为基础，通过对未来规划项目及减碳措施合理分析，实现集团总部及所属单位的碳达峰预测。准确的预测模型有助于进行不同情景下碳达峰、碳中和路径的可行性分析，助力公司对于双碳目标实现过程的精细化管控。

此外，双碳数字化平台通过角色权限配置，实现了从功能应用、管理权限、数据权限三个维度的分域管理，满足不同层级用户的需求。此外，平台的设计考虑了中国海油各主管部门的具体需求，确保了双碳业务管理的全面覆盖，有效解决了公司管理层面双碳业务管理界面不清晰、标准不统一的问题。

4.6.2.7 实现双碳指标一屏掌控，提升数据价值

双碳数字化平台根据业务管理需求梳理所有关键核心指标，并且利用大屏端、PC 端、移动端三种呈现风格对领导关注的所有数据信息进行了统计、分析和展示。同时，平台还通过对系统收集的底层数据多维度统计、系统化分析、多样化展示，帮助中国海油管理层直观清晰地掌握公司各指标数据信息情况，可以较好地挖掘数据间潜在的相关性和规律，提升数据价值。

中国海油双碳数字化平台建设在规模应用、减排效益、管理成果等方面取得了突出的成果和成效。双碳数字化平台成果应用覆盖中国海油所有二级单位的 703 个能效中心，完成 690 余项各类节能减排低碳工作，形成成果千余项；同时，重点用能企业通过数字化平台的应用，圆满完成了地方"百千万"双控指标的考核；数字化平台的运用还促进了中国海油绿色工厂数量的大幅增长，在央企中排名第一。在"十三五"期间，中国海油通过该平台实现累计节能量 132×10^4t，减碳量 317×10^4t；在"十四五"期间，实现累计节能量 104×10^4t，减碳量 315×10^4t，能耗强度和碳排放强度分别下降了 16.9% 和 13.5%。此外，双碳数字化平台的建设与应用，使得中国海油连续两个任期超额完成国资委的节能考核指标，并在 2013—2015 年国资委任期考核获评节能减排优秀企业，在 2016—2018 年国资委任期考核获评节能减排突出贡献企业，双碳管理工作成果显著。

数字化和低碳化是推进绿色发展的双引擎，也是高质量发展的内在需求。未来，中国海油双碳数字化平台将充分发挥数字化、智能化优势，融合零碳、

负碳，新业务、新业态，以更优创新，更快脚步，更高标准，为公司绿色低碳高质量发展贡献力量。

4.6.3 数字化转型示范项目

中国海油深入学习贯彻习近平总书记关于科技创新、网络强国、数字中国等重要论述和重要讲话精神，持续加快数字化转型和数据治理步伐，将数字化转型、智能化发展作为企业实现高质量发展的重要引擎，为公司产业转型升级和管理提升注入强劲动力。

4.6.3.1 智能工厂

中国海油通过不断创新和优化，实现工业生产的智能化、绿色化和高效化。中山嘉明电厂采用温室气体排放在线监测系统，实现了温室气体排放数据的在线连续监测，排放管理水平显著提升；惠州石化通过能源管理中心和先进控制系统，实现自动采集率超过98%、仪表自控率达到97%、碳排放减少12%；涂料智能工厂创新技术，实现提升年产量400%、减少用工成本50%；珠海电力智能电厂综合发电率提高0.39%、非计划停机时间降低92.5%、维修费用减少10.4%，为提升能源利用效率和推动绿色发展作出积极贡献。

（1）"以智减碳"：树立低碳运营标杆。

2021年8月，节能减排监测中心自主研发设计的温室气体排放在线监测系统，在中山嘉明电厂正式投入使用（图4.66）。这标志着中国海油在燃蒸循环发电机组领域，首次实现了温室气体排放数据的在线连续监测，极大地提升了电厂的排放管理水平，并为温室气体排放因子的深入研究提供了重要支撑。

系统由气体取样装置、流速测量装置、监测系统主机（内含气体分析仪、预处理装置及PIC控制器）和温室气体排放监控计算机等核心部件组成。系统能够自动抽取烟气样本，精确测量烟气的流速、温度、静压、湿度等关键参数，并采用先进的多通道非分散红外检测技术，对烟气中的温室气体进行准确分析；同时，系统还具备自动生成多时间尺度的排放量报表功能，为电厂的温室气体排放管理提供了全面、准确的数据支持。此外，该系统配备了多种报警功能，能够实时监控系统的运行状态，确保数据的准确性和可靠性，进一步增强了电厂的安全稳定运行。在践行绿色发展、推动低碳环保的今天，中山嘉明电厂积极引入温室气体排放在线监测系统，充分体现了企业对可持续发展的深刻认识与积极担当，为电力行业树立了良好的示范。

图 4.66　温室气体排放在线监测系统

（2）"数智进阶"：推动绿色生产转型。

中海炼化惠州石化致力于绿色可持续发展，通过建立能源管理中心和应用 MES 与 DCS 系统，实现了对生产流程的全方位监控与数据分析，构建了集成化、信息共享、精准控制的能源管理体系。该中心基于实时数据库，监控关键参数如加热炉热效率、排烟温度、氧含量等，确保设备稳定运行和能源高效利用。同时，系统实时监控全厂及装置公用工程消耗，生成实时、日报、月报表，有效控制并优化能源消耗，提高能源利用效率，降低生产成本，为可持续发展奠定基础。此外，作为国内首个采纳"双频 5G+ 工业互联网"技术的智能炼厂，惠州石化实现了生产模式现代化转型。依托工业互联网技术，对生产大数据进行抽取、处理与可视化统计分析，并搭建炼化大数据 AI 平台，显著提升生产效率和预警准确性。通过引入智能工具和数字化应用，如防爆智能巡检机器人、5G+AR 远程协作、5G 作业 AI 监护等（图 4.67），实现了仪表自控投用率大于 97%，生产数据自动采集率超过 98%，生产平稳率达 99.9% 以上，产品质量合格率 100%，污染源自动监控率和污染物排放达标率均为 100%。工厂监控成本降低 30%，生产事故发生率减少 80%，全厂综合能耗降低 10.8%，碳排放降低 12%。

图 4.67 惠州石化机器人巡检、双频 5G 信号覆盖厂区

（3）"以数赋智"：助力成本效率优化。

作为我国首个"三线一体"防腐涂料智能工厂，涂料智能工厂围绕标准化生产、智能化排产、个性化定制等方面开展技术攻关 75 项，成功打造出"数据＋平台＋应用"的涂料生产新模式。批量生产线以数字化标准配方为基础，实现全流程自动化生产运行，集中解决了批量成品及半成品的规模化生产问题；柔性生产线采用智能化精准配色，成功解决了"多色彩需求、小批次多批量生产"等关键痛点，有效满足了市场个性化需求；自动灌装线的引入，也使得包装效率和准确率稳步提高。自全线试生产以来，在岗人员减少了 50%，每批次涂料成品生产工时由原来的 15h 减少至 8h，生产效率提升近 2 倍，年产量增长 400%，量产产品交付周期压缩 57%，小批量定制化产品交付周期压缩 70%，为涂料行业数字化、智能化转型升级提供可借鉴的范例。图 4.68 为常州涂料院智能化生产线。

图 4.68 常州涂料院智能化生产线

（4）"智效提升"：引领清洁能源发展。

作为中国海油智能工厂数字化转型的试点，气电集团珠海电力智能电厂以智能感知、控制优化和管理决策为核心目标，显著提升了发电效率，降低了非计划停机和维修费用，为清洁能源的高质量发展开辟了新道路。通过整合物联网、大数据、人工智能和机器视觉等尖端技术，电厂构建了一个集监管、性能分析、设备维护和安全生产于一体的综合性运营模式。这一创新实现了从传统监盘到智慧监盘、从人工巡检到智能巡检、从事后检修到预防性维修、从人工参数调整到机组自主优化的四大智能化转变，不仅推动了电力行业的改革和数字化转型，还降低了非计划停机时间92.5%，减少了日常维修费用10.4%，并减少了能源消耗。项目荣获中央企业数字化发展研究院颁发的"2021年企业数字化转型典型场景"称号，为清洁能源的可持续发展树立了典范（图4.69）。

图4.69 珠海电厂智慧监控、获奖证书

4.6.3.2 智能工程

中国海油坚决贯彻落实国家"双碳"战略目标，全力推动智能工程的发展。充分利用数字化手段，严格把控制造工艺管理，积极引进并广泛应用先进的生产设备和技术，推动生产流程向自动化、智能化转型。在智能制造领域，中国海油不断探索创新，通过智能排产、智能定位组对、自动切割焊接及智能仓储等核心技术的应用，有力推动了海洋油气行业的智能化升级和可持续发展。

作为我国首个海洋油气装备制造的"智能工程"，海油工程天津智能化制造基地创新实施了10项国内行业前沿技术，不仅填补了多项国内技术空白，更在数字化和智能化水平上取得了行业领先地位（图4.70）。其生产线工效提升25%，综合施工提升12%，总装效率高达30%。基地建有九大5G应用示范场景，并孵化六个"5G TO CELL"服务微站。拥有400余台套智能生产设备，实现了从材料到制造的全面智能化，切割率90%，焊接率70%，总体生产效率提升20%以上。此外，基地投用的能耗在线监测系统可以基本实现能源系统监测点位在工厂的全覆盖。依靠底层能耗数据采集与监测，实时掌握重点能耗单位的用电、水、气、热数据同时结合能耗高点、能耗极值数据分析，可以调整生产车间常态化建造生产流程中不合理的用能习惯便于精确成本核算，为节能降耗提供科学准确的数据依据，让生产更智能、让运营更高效。

图 4.70 海油工程天津智能化制造基地

4.7 布局关键技术，强化绿色产业支撑

习近平总书记连线"深海一号"作业平台时提出，建设海洋强国是实现中华民族伟大复兴的重大战略任务。要推动海洋科技实现高水平自立自强，加强原创性、引领性科技攻关，把装备制造牢牢抓在自己手里，努力用我们自己的装备开发油气资源，提高能源自给率，保障国家能源安全。

中国海油深入贯彻习近平总书记的重要指示精神，深刻把握新一轮科技和产业革命的新趋势新方向，全面落实创新驱动发展战略，加快实施科技创新强基工程，全力推进海洋工程技术研发中心建设，持续加大关键核心技术攻关和基础研究力度，不断完善科技创新平台体系，持续深化科技体制机制改革和创新生态体系建设，加快推进高水平科技自立自强，围绕产业链布局创新链，努力打造海洋油气领域最可靠的国家战略科技力量。

10年来，中国海油累计投入研发经费超千亿元，发布国际标准5项、国家标准160余项、行业标准320余项、授权专利10000余项，获得国家科技进步奖特等奖2项、一等奖2项、二等奖11项，国家技术发明奖二等奖5项，省部级及以上科技奖140余项，有力支撑了上中下游全产业链的重大突破。

4.7.1 基础研究与机制创新

4.7.1.1 坚实基础研究，奠定创新基石

中国海油持续加强基础研究体系布局和系统推进，2023年，编制发布《中国海油基础研究十年计划》（图4.71）与《100项科学问题》，健全上、中、下游基础研究布局体系，多元保障基础研究投入，加快从源头和底层解决关键技术问题，不断提高原始创新能力。

4.7.1.2 制度创新驱动，激发科研活力

中国海油全面强化科技创新的顶层设计与系统推进，发布《中国海油基础研究十年计划》，成立中国海油科技和网信委员会，发布"十四五"科技创新与发展规划、科技创新强基工程行动方案、海洋工程技术研发中心建设方案等

```
┌─────────────────────────────────────────────────────────┐
│           《中国海油基础研究十年计划》                    │
└─────────────────────────────────────────────────────────┘
```

强化需求导向的 基础研究战略布局	培养造就世界一流的 基础研究力量	完善支持基础研究发展 的体制机制
·凝练基础研究重大科学问题 ·统筹组织重大基础研究任务 ·加强重大创新战略协同联动	·强化重点实验室科学攻坚"主力军"作用 ·打造基础研究领军人才和创新团队 ·推进基础研究高水平对外合作	·完善基础研究评价机制 ·稳步增加基础研究投入 ·营造积极基础研究创新环境

图 4.71　中国海油基础研究十年计划

文件；大力推动关键核心技术攻关，加大基础研究力度，完成海洋油气高效开发、海洋天然气水合物两个全国重点实验室优化重组。构建科技成果分类评价机制，优化科技攻关组织模式，实施"项目长负责制"为核心的科研管理新模式，全面推行"揭榜挂帅""赛马"制科研攻关制度，完善科技奖励激励机制，激发科研人员的创新活力，为实现科技创新的跨越式发展奠定坚实基础。

4.7.2　科技引领与自主驱动

4.7.2.1　技术装备探索，实现自主可控

为实现关键技术的自主可控，中国海油持续加大深海领域的科研投入。中国海油系统布局了四批次共19项关键核心技术攻关项目，全面覆盖了深海油气勘探开发的各个环节。通过自主研发和创新，公司积极推动核心零部件、关键材料和元器件的国产化替代。在首批"卡脖子"技术中，中国海油已经实现了80%以上的"解卡"突破。"深海一号"正式投产标志着我国海洋油气勘探开发能力已经向1500m超深水迈出了历史性的一步。"璇玑"定向钻井与随钻测井系统成功打破国外技术垄断，为我国海洋油气勘探开发提供了强大的技术支撑。同时，深水、浅水水下采油树实现国产化自主研发，有力拓展我国海洋油气开发核心装备能力。

（1）"深海一号"荣获科技桂冠，深海勘探突破新高度。

"'深海一号'超深水大气田开发工程关键技术与应用"历经了10余年攻关与实践，创新了"内胆式"立柱储油等四项核心技术，研发出世界上首座

十万吨级半潜式生产储油平台。在 2024 年 6 月召开的 2023 年度国家科学技术奖励大会上，该项目荣获国家科技进步一等奖，是该年度海洋工程领域唯一的国家科技进步奖一等奖。此外，"深海一号"项目曾获评第七届中国工业大奖，两次获评海南省科技进步奖特等奖、两次获评海洋石油工业科技进步特等奖；形成发明专利 60 多件、论文 80 多篇、标准 70 多项，促成 10 余项关键成套设备国产化，有效引领了国内深水油气装备产业链发展，技术成果成功推广至"海葵一号""海油观澜号"等多项重大工程，有望撬动更大规模海上天然气资源的经济高效自主开发。"深海一号"项目取得的巨大成功，使得我国成为继美国、挪威后全球范围内第三个具备超深水油气资源自主开发能力的国家，也为世界范围内其他国家和地区经济安全开发深海油气资源提供了先进可靠的中国方案。

（2）"璇玑"系统突破垄断，高端油气钻井开创新局面。

旋转地质导向钻井系统是制约我国页岩气等非常规油气产业高质量发展与国家能源安全战略的关键技术，长期以来一直受到国际竞争与垄断的挑战。中国海油通过不懈努力和持续攻关，成功研发出"璇玑"系统，使我国成为世界第二个拥有该项技术的国家。"璇玑"系统已广泛应用于海上油气勘探项目，累计作业井次超过 1600 次，进尺达到 150×10^4m 以上，一次入井成功率高达 95% 以上，实现了 26.21% 的提速效果，相比采用国外旋转导向钻井和随钻测井技术设备，每米钻井成本降低了约 28.6%。此外，"璇玑"2.0 运用最新一代井下控制算法，集成垂直钻井、防托压、稳斜等多项智能模式，采用双活塞独立液压模块，配合新一代液压驱动电路，系统功耗明显下降、导向力输出大幅提升，为国产自研设备高难度定向井作业应用开创新局面。

（3）国产水下采油树投运，油气开采迈入智能化新时代。

水下采油树，作为连接地层深处油气与外部运输管道的核心装备，不仅精准调控油气的开采速度，还实时监测并精准调整生产状态，堪称油气田井口的智能化"水龙头"。长期以来，其关键技术一直为少数欧美公司所掌控。2022 年 6 月，中国海油自主研发的深水水下采油树在海南莺歌海海域成功投用，预计年稳定产气 2×10^8m^3，这标志着我国在深水采油树领域已具备独立设计、建造和应用能力，对保障国家能源安全、推动海洋石油工业发展意义重大。随后，渤海锦州 31-1 气田成功点火，利用我国首个自主研发的浅水水下采油树系统（图 4.72），将地下 2000 多米的天然气稳定输送至平台，不仅实现了我国浅水海域水下模式"从 0 到 1"的历史性突破，而且该采油树创新实现双通道安全传输，重量和成本均降低 40%，为渤海油田增产 4000×10^4t 油当量提供了有力支持。

图 4.72　我国首套浅水水下采油树

4.7.2.2　前瞻布局未来，拓展新技术领域

为了抢占未来科技制高点，中国海油积极布局前瞻性战略技术，实施基础研究十年行动计划，在五大领域系统布局 100 项科学问题，四家所属单位获批国家自然科学基金试点依托单位；加强漂浮式海上风电、绿色甲醇、二氧化碳海底封存、低碳高效氢能等战略性前沿性技术布局，与怀柔国家实验室深化浮式风电基础研究合作，完成海洋油气高效开发、海洋天然气水合物两个全国重点实验室优化重组。

（1）二氧化碳干重整技术，开启二氧化碳高效利用之旅。

在减碳的技术发展过程中，新能源替代化石能源是减碳的重要途径，甲醇本身的属性和作用决定了其成为利用二氧化碳普遍研究和利用的方向。中国海油通过开发二氧化碳干重整"碳利用"技术，有效将二氧化碳与甲烷两大温室气体耦合消纳，转化成的合成气可作为 C1 化工中醋酸、甲醇、液氨等产品原料，点亮中国海油 C1 化工产业链。2000 年至今累计消纳 22% 富碳气 $565\times10^8\text{m}^3$，其中约 1123×10^4t 二氧化碳被固化为产品，二氧化碳利用率约 45%，有力支撑了上游气田勘探开发、减少脱碳成本，对有效寻找二氧化碳利用场景起到示范作用。

（2）二氧化碳回注井固井技术，引领碳封存技术前沿。

在2024年国际海洋石油技术会议上，中国海油"二氧化碳回注井固井技术在南海的研究与应用"荣获OTC技术大奖。"二氧化碳封存回注井固井技术"针对行业难题，成功研发出高耐腐蚀性防腐水泥浆技术和特种水泥材料等全新固井体系，摒弃常规碱性硅酸盐水泥固井材料，为封闭在井下的二氧化碳打造了一个"永冻盖层"，从而确保井筒长期密封安全性。这一创新从根本上解决了世界海洋油田碳封存的技术难题，为提升海洋能源领域的核心竞争力和新质生产力发挥了关键作用。

（3）气体分离膜技术，助力二氧化碳零排放目标。

中国海油研发出气体分离膜技术（图4.73），解决了传统二氧化碳分离捕集技术能耗高、占地大、不适用于海上平台的问题。该技术采用中空纤维编织的膜组件，直径仅0.35mm。混合气体送入纤维内，二氧化碳通过膜壁渗透实现分离，无相变和"三废"产生，且无需动设备，具有能耗低、占地小、运维便捷、分离高效、环保等优点。相比传统有机胺吸收法，该技术设备占地减少35%，重量降低20%，能耗节约70%。实施后，每年可回收大量伴生气，减少二氧化碳排放，相当于植树14万棵，实现火炬"零放空"。

图4.73 气体分离膜技术

4.7.2.3 坚持创新驱动，推动产业转型升级

中国海油坚决贯彻创新驱动发展战略，全力推进海洋油气产业的转型升级。打造了全球领先的冷能发电装置，并通过了国家级产品鉴定认证，提升了海洋油气的综合利用率和附加值。公司自主研发并掌握了 $27 \times 10^4 m^3$ 超大型LNG 储罐设计建造技术体系，已在国内 20 余个项目中成功应用，为国家天然气产供储销体系的建设贡献了重要力量。同时，中国海油坚持传统产业与战略性新兴产业并重发展，推动基础化工原料向高端精细化学品和化工新材料转型升级。

（1）国内首套世界最大 LNG 冷能发电装置并网成功，助力绿色低碳发展。

中国海油在上海 LNG 基地成功实现国内首套、世界最大规模的 LNG 冷能发电装置并网调试，标志着我国冷能发电技术取得重大突破。该装置年发电量达 $2400 \times 10^4 kW \cdot h$，每年可减少能耗超过 7000tce、减少碳排放 10000t，对推动绿色低碳发展具有重要意义。

（2）首台套"超大容积 LNG 全容储罐技术"创新突破，树立行业标杆。

"超大容积 LNG 全容储罐技术"构建了创新技术体系，解决了大跨度薄壳结构稳定分析、超高剪力墙抗震设计、桩顶柔性约束承载力计算等一系列技术难题，有力提升了储罐的安全性和稳定性，为多家能源企业提供专业服务，市场占比约 60%，创效超过 200 亿元，有力支撑了国家天然气产供储销体系建设。同时，该项目获得 49 项专利、9 项软件著作权，参与 3 项国家标准的制定，并入选国家能源领域首台（套）重大技术装备和中央企业科技创新成果先进目录。

（3）柴油芳烃吸附分离技术成功应用，推动炼化产业升级。

中海油天津化工研究设计院有限公司联合中国昆仑工程有限公司共同开发的柴油吸附分离技术在山东滨州实现成功应用，柴油吸附分离技术颠覆了传统炼化产业的加工过程，创造性地将燃油分离为纯度更高的化学品，可有效提升油品的加工价值。通过工艺组合，可将汽油、柴油高效转化为芳烃、烯烃等化工品，具有流程短、成本低、产品方案灵活等特点，对推动炼化产业转型升级具有重要意义。

尽管在多个领域取得了一系列显著成果，但在新兴产业和技术迅猛发展的时代背景下，中国海油深知挑战与机遇并存。为实现可持续发展目标，亟需加大创新突破力度，加强规模化储能集成技术的研发与应用工作，推动深远海

风电产业化进程稳步向前。同时，深入探索发展多能互补、综合能源供应业务的有效路径，积极探寻规模化制氢、海洋能高效利用技术的发展策略，推动低碳、零碳研发成果的转化应用，研究 CCUS 技术、碳汇产业发展，以及二氧化碳固化及置换开发技术，在加快世界一流能源公司建设、全力推动经济社会可持续发展的新征程上再创佳绩。

5 转型展望

我国作为世界上最大的发展中国家，将用历史上最短的时间完成世界最大碳排放强度降幅，其难度和挑战性不言而喻，是一场硬仗。

这一方面意味着要充分发挥油气等化石能源在能源绿色低碳转型过程中的重要支撑作用，确保"兜底"能源"立得住"。中国海油将始终保持国内油气增储上产力度不减、节奏不变，确保能源的饭碗牢牢端在自己手中，同时升级节能减排措施，致力打造零碳油气产业链。另一方面，我国新能源发展存在产业配套不足、接网和消纳适应性不强、关键技术环节制约等问题，传统能源的退出要建立在新能源安全可靠替代的基础上。为实现到2060年我国非化石能源消费比重达到80%以上的目标，需要传统化石能源企业的积极投入，推进新能源等新兴产业的科技创新与产业升级。

5.1 中国海油绿色低碳转型发展方向

5.1.1 清洁能源与油气的融合发展

实现碳达峰、碳中和目标是世界大势、时代命题，关乎全人类未来发展。世界范围内，能源结构正加速从化石能源向非化石能源转变，传统油气田企业面临着多维目标的转型挑战和发展机遇。

（1）油气与新能源融合发展，提升油气田企业综合能源保供能力。

根据预测，我国石油需求在2030年左右达峰，天然气需求在2040年左右达峰，2050年前，非化石能源占比将超过化石能源，占比达到60%以上。油气田企业亟需构建"大油气+新能源"的融合发展模式，在做强油气主业的同时，积极开发光伏、风电等资源，向社会提供更多绿色零碳能源，不断提升综合能源保供能力。

我国油气田企业面临着油气资源接替不足、稳产难度大、生产成本高等难题。充分利用矿权范围内的土地、风光、地热、电网等资源条件和基础设施，以油气产业为基础加强新能源开发利用，形成油气与新能源产业融合、多能互补发展新格局，也是油气田企业实现高质量可持续发展的需要。

（2）油气与新能源融合发展，助力油气田企业实现"双碳"目标。

油气田企业是能源生产大户，也是能源消费大户。2022年，我国全

年生产原油 20467×10^4t，生产天然气 2178×10^8m³，油气生产能耗总量约 4000×10^4tce。其中，消耗天然气约 240×10^8m³，消耗电力约 500×10^8kW·h，天然气消耗约占油气生产能耗总量的 80%。随着油气产量上升和新开发资源品位劣质化，油气生产能耗总量将持续增长，碳排放量也将随之增加，整体降耗减碳难度大。

"双碳"目标下油气田企业加快低碳转型发展势在必行，需要大力实施生产用能清洁替代和低碳生产，供能侧建立多能互补的综合能源供应体系，消费侧构建与新能源特性相适应的生产模式，建设低碳、零碳油气田示范工程。同时，油气田企业需要以清洁替代为抓手，促进新能源业务规模化发展，加快实现能源供给的战略接替和绿色转型，主要从对外供能和对内替代两方面，推动油气与新能源融合发展。

5.1.2 前瞻性培育负碳产业

国际能源署发布报告称，得益于太阳能、风能、核能等清洁能源转型和电动汽车等技术的快速推进，2023 年全球与能源相关的二氧化碳排放量增幅低于 2022 年。

碳达峰、碳中和的"双碳"观念近年来深入人心，绿碳和蓝碳也逐渐走进人们的视野，其实除了这两者，还有褐碳、黑碳，甚至黄碳。

黑碳是指燃烧不纯的物质所产生的烟灰、粉尘等颗粒，因为呈黑色往往被称为黑碳，它们可在大气中停留数天或数周，而二氧化碳则会在大气中停留约 100 年。人为排放的温室气体，如二氧化碳，我们称为褐碳，因为所残留的深褐色或黑色多孔固体燃料而得名。化石燃料、生物燃料、林木燃烧形成的褐碳和黑碳，是造成全球升温的最主要原因，成为导致大气污染、全球变暖的头号角色。

黄碳，是土壤里的碳，拥有与土壤一样的颜色。土壤也是储存二氧化碳的天然仓库。绿碳中树木生长的地方及蓝碳中的湿地和底泥，也都是土壤。由于没有足够的研究方法，尤其肥料、地力改善等方法，导致黄碳不好计算，无法表明碳权。科学家正在研究通过植物、菌根真菌从大气中吸收、转化、存储二氧化碳的方法。

绿碳，也就是森林碳汇。地球最能储存二氧化碳的天然仓库就是森林，吸收空气中的二氧化碳进行光合作用，可以每 4kg 的二氧化碳转化为 1kg 的木材来固碳。一棵树木有生之年大概可吸收 900kg 的二氧化碳。测量绿色碳汇的方法较为成熟，方法也较为方便。

相对于陆地上的绿碳，在广袤的海洋中，利用海洋活动及海洋生物吸收大气中的二氧化碳，并将其固定、储存在海洋的过程的碳则被称为蓝碳。蓝碳是地球上最大的活跃碳库，是陆地碳库的 20 倍、大气碳库的 50 倍，海洋储碳周期可达数千年。

蓝碳主要固定在红树林、盐沼、海草床等海洋生态系统中。这些能够固碳、储碳的滨海生态系统称为"三大滨海蓝碳生态系统"，能够捕获和储存大量的碳，具有极高的固碳效率。

红树林仅占全球陆地面积的 0.1%，固碳量却占全球总固碳量的 5%，它的植被和沉积物的固碳量，大约是热带雨林的 3~4 倍。红树林具有强大的再生能力，能在一定程度上抵御自然干扰，但极易受到城市发展、水产养殖、采矿，以及贝类和甲壳类动物、木材的过度开发等活动的影响。

海草是唯一可以生活在水下的开花植物，能够吸收空气和海水中大量的二氧化碳，海草床的全球分布面积大概占海域面积不足 0.2%，固碳量可达海洋固碳量的 10% 以上。

盐沼具有较高的生产力，其中大部分初级生产表现在地下的泥炭地生物量中。在有些地区，这种地下生物量可以形成深达 8m 的泥炭层。盐沼在全球范围内覆盖约 $40 \times 10^4 km^2$，沿海的盐沼为植物、鸟和鱼类提供了宝贵的栖息地，保护了沿海栖息地免受风暴潮和洪水的侵袭。

从碳中和角度来看，世界各国必将重新审视海洋生态系统，研究蓝碳对全球气候变化、生物多样性保护和人类可持续发展具有重要作用。可以肯定地说，增加蓝色碳汇、开发蓝色能源是碳中和的重要路径，将会催生新的技术、新的理论，引发海洋系统科学与能源技术的重大创新突破。

2022 年，与能源相关的全球温室气体排放量高达 $413 \times 10^8 t$，增长 1%，其中二氧化碳排放量超过 $368 \times 10^8 t$，增长了 0.9%，上述两项数据持续刷新历史纪录，碳减排已经成为全球共识和当务之急。作为目前世界上碳排放量最大的国家，中国 2022 年温室气体排放量达到 $139 \times 10^8 t$，占全球温室气体排放总量的 27%，其中二氧化碳排放量为 $116 \times 10^8 t$，同比下降了 0.2%；中国二氧化碳排放量当中，与能源相关的二氧化碳排放量约为 $101 \times 10^8 t$。全球碳排放量第二的美国，2022 年天然气消费量增加，导致其二氧化碳排放量增加了 0.8%，

达到 $47×10^8$t。面对如此巨大的碳排放量，CCUS 成为未来实现碳中和的"兜底"保障技术手段。近两年，全球 CCUS 项目的规模和投入都在增加，据国际能源署（IEA）的报告：到 2060 年，累计碳减排的 14% 将来自 CCUS。纵观目前的碳减排水平，距离实现上述目标，差距还相当大。截至 2022 年底，全球运营或在建的 CCUS 项目合计碳捕集能力达到 $2.4×10^8$t/a，仅占当年全球碳排放量（$368×10^8$t）的 0.652%，并且其中只有 22.2% 为真正意义上的二氧化碳地质封存。目前 77.8% 的 CCUS 项目都来自二氧化碳驱油，欧洲主要以咸水层封存为主，CCUS 项目单体规模普遍介于 $330×10^4$~$500×10^4$t/a，尚无千万吨产业集群。中国已经在煤电、石油、石化等行业建设了多个 CCUS 示范工程，中国石化建成中国首个百万吨级 CCUS 项目，中国海油建成中国首个海上二氧化碳封存项目，但整体规模仍较小且主要以驱油为主。截至 2022 年底，中国碳捕集能力达 $400×10^4$t/a，仅占我国 2022 年碳排放总量（$116×10^8$t）的 0.034%。实现碳达峰碳中和目标既是应对气候变化的必由之路，也是中国彰显大国责任担当和推动构建人类命运共同体的迫切需要。在"十三五"期间，中国海油加大了 CCUS 和碳汇等低碳、负碳技术的研发投入。

5.1.2.1　二氧化碳资源化综合利用

经过捕集分离后的二氧化碳有比较广泛的物理和化学利用价值。在物理利用方面，高浓度二氧化碳可通过物理方法制成液体二氧化碳或干冰直接应用，这是目前成本最低、可行性最高的二氧化碳回收利用方法。在化学利用方面，二氧化碳可与其他共反应物转化成为含碳有机物或燃料，用于化工、农业及食品饮料等行业。如：二氧化碳与氢气反应合成甲醇；与甲烷重整生产合成气，再合成高碳醇等有机物；与环氧丙烷发生共聚反应，制备可降解塑料的原料等。

中国海油依托陆上终端丰富的气源，开展了一系列二氧化碳资源化综合利用工程建设，如广东珠海高栏海气终端减碳作业和二氧化碳综合利用项目、浙江宁波海气终端液体二氧化碳项目等，均已进入实施阶段。在富碳天然气制备甲醇等化工产品的工业运用方面，2020 年由海洋石油富岛有限公司与中国科学院上海高等研究院及中国成达工程有限公司合作开发了具有自主知识产权的二氧化碳加氢制甲醇技术，率先建成世界最大规模二氧化碳加氢制甲醇工业试验装置，规模达 5000t/a，现已完成工业试验。

5.1.2.2 海上 CCUS 负碳技术

中国海油针对自身二氧化碳排放特点和油气区块地质条件，以废弃油气田、完善的海底管网、陆地终端、可靠的海洋工程技术为基础，积极开发海上二氧化碳捕集、输送、利用和封存负碳技术（图 5.1），评估选取一些潜力区块，尝试开展先导性试验和工程示范项目。

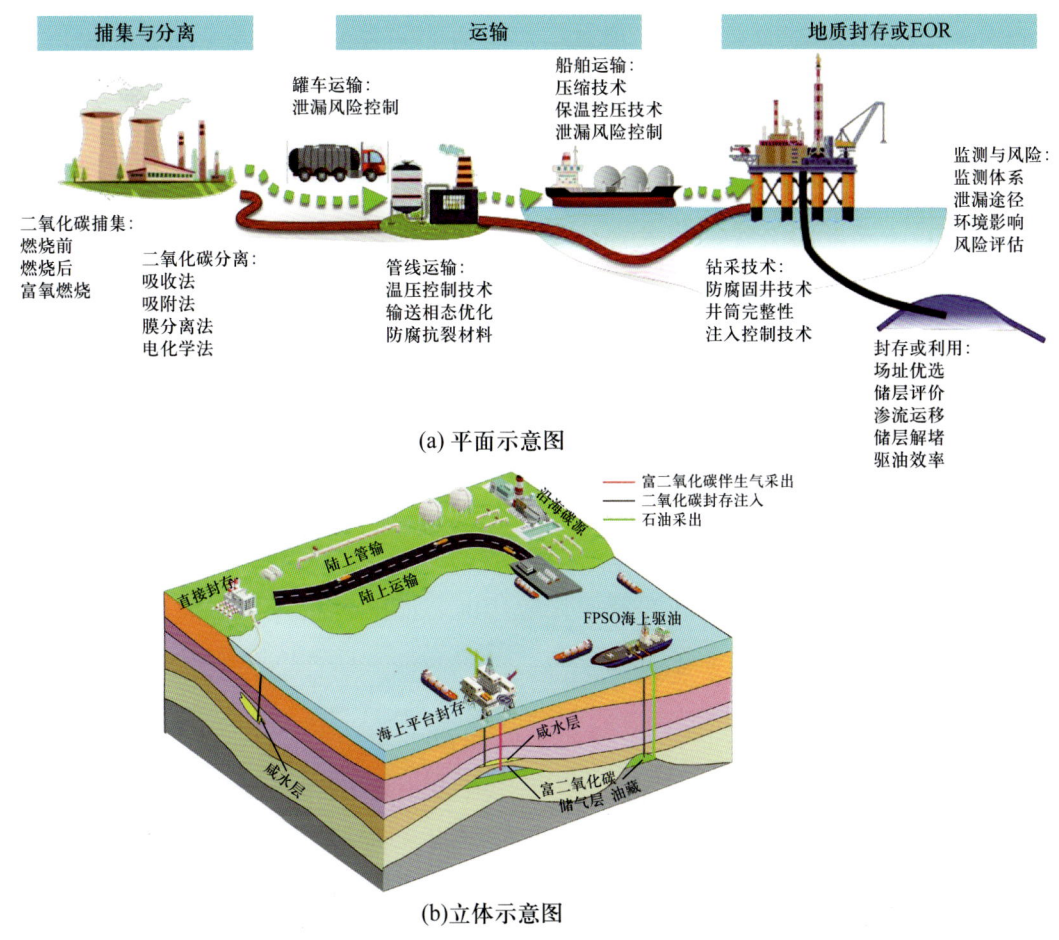

(a) 平面示意图

(b) 立体示意图

图 5.1 海上二氧化碳捕集、输送、利用和封存技术流程示意图

2021 年 8 月，中国首个海上二氧化碳封存示范工程，在南海珠江口盆地恩平 15-1 油田群正式启动。在该示范工程中，首先，通过石油地质研究在该油田上覆的浅埋水层内落实好构造圈闭，准备用于埋藏油田开发过程中采出的二氧化碳；然后，将油和伴生二氧化碳气体一起从地层采出，采出的油气经过特定装置将二氧化碳分离出来，再将分离出的二氧化碳进行脱水干燥和压缩处理；最后，通过回注井将处理后的二氧化碳重新注入地下，封存在事先已经找好的浅部水层构造圈闭内。恩平 15-1 油田群二氧化碳封存示范工程将在海底储层中永久封存二氧化碳超过 146×10^4 t，相当于植树近 1400 万棵或停开近 100 万辆轿车。

中国海油"十四五"重大科研项目 CCUS 专项正式启动，标志着公司正式启动 CCUS 产业化推进行动。将重点开展海上 CCUS 全流程技术研究和示范项目，开展海洋碳汇和矿化固碳、二氧化碳化学利用技术研究等，旨在构建差异化的海上 CCUS 技术体系和标准体系，开发具有自主技术的核心装备，建设一支专业的研究队伍，打造中国海上 CCUS 技术力量和竞争优势。

5.1.3 跟踪海洋能发展进程

中国海油积极应对能源行业变革加速的挑战，加快推动公司发展转型，加速探索发展新业务新业态，充分发挥海洋工程及勘探领域比较优势，注重油气融合协同，打造海上风电业务的差异化竞争优势，探索储能、氢能、海洋温差能等，推动发展多能互补综合能源供应系统。

5.1.3.1 聚焦中远海风电技术，打造海上风电产业链

海上风能是海洋可再生能源的重要组成部分，也是海洋可再生能源中技术最成熟、最具规模化开发条件和商业化应用前景的能种，发展潜力巨大。

5.1.3.1.1 世界海上风电发展现状

世界海上风电发展速度大幅度加快，建设区域更加广阔。早期世界海上风电市场主要分布在欧洲的英国、德国、丹麦、比利时等国家，欧洲海上风电近 10 年保持平稳增长发展趋势。近几年，世界海上风电已经由欧洲北海扩展到亚洲及南北美洲等更多区域。2021 年，世界海上风电场新增装机容量约 1140×10^4 kW，同比增长 32%，累计并网装机规模达 4540×10^4 kW。从世界海上风电新增并网装机规模排名看，2021 年中国超越英国，位居世界第一，其次是英国和丹麦，美国和巴西海上风电也开始加速发力。从各国发展规划看，未来 10 年海上风电发展速度将大幅度加快，2021 年各国纷纷提出调增海上风电发展规划，英国、美国、挪威、印度等国家 2030 年规划装机容量均超过 3000×10^4 kW。

世界海上风电建设成本呈现逐年下降趋势，海上风电机组大型化趋势明

显，建设区域从近海呈现向深远海发展趋势。从海上风电建设成本看，2021年建设成本平均为2630美元/kW，同比下降5%；从平均度电成本看，2021年海上风电平均度电成本82美元/（MW·h），较10年前下降30%左右。另外，海上风电机组大型化趋势明显，整机厂商纷纷提出研制海上大型风机，机组大型化将进一步降低单位度电成本。世界已建和在建的海上风电项目最大水深108m，日韩和挪威核准未建项目最大水深达200m；已建和在建的英国Hornsea One项目离岸距离145km，核准将建的Dogger Bank项目最大离岸距离200km。

5.1.3.1.2 国内海上风电发展现状

国内海上风电近几年发展迅猛，开发经验日益成熟。截至2021年底，中国海上风电累计装机容量 $1641×10^4$ kW，其中2021年新增并网装机容量 $742×10^4$ kW，年增长率超过80%，创历史新高，标志着中国海上风电市场开始由新兴走向成熟。国内海上风电发展前景广阔，"十四五"期间，国家将主要在广东、江苏、福建、浙江、山东、辽宁和广西等沿海地区大力发展海上风电，重点建成七个大型海上风电基地。预计2035年、2050年，七个风电基地总装机规模将分别达到 $7100×10^4$ kW、$1.32×10^8$ kW。

5.1.3.1.3 中国海油海上风电发展技术路径、现状及趋势

海上风电关键技术主要包括风资源评估、发电、施工、运维和并网等，涉及多专业、多领域，复杂程度较高，属于技术和资本密集型产业。进入海上风电产业，中国海油具有海洋工程设计、施工建造和运维管理的优势。在世界海上风电装机规模持续上升，中国海上风电建设经验日渐成熟、市场发展潜力大的背景下，积极优快发展海上风电产业，有选择地进入海上风电开发环节，攻关近海风电开发关键技术和深远海风电开发核心技术，形成海上风电一体化技术和标准体系，打造差异化近海风电产业链，是中国海油海上风电产业发展的主要技术路径。

（1）优快发展近海风电产业，选择性进入海上风电开发环节。

近海风电大基地是新能源产业规模化的经济性选择，优快发展海上风电产业，选择性进入海上风电开发环节，是中国海油低碳转型发展的重点之一。中国海油关注能源供给端和消费端的变化趋势，成立了中海油新能源北京分公司、中海油融风能源有限公司、中海油能源发展股份有限公司清洁能源分公

司等，大力推进海上风电产业开发。中国海油首个海上风电项目——江苏竹根沙项目于2020年9月首批机组并网发电，2021年10月实现全容量投产运行，标志着中国海油绿色低碳战略在长三角地区进一步落地。该风电场中心离岸距离39km，规划装机总容量30×10^4kW，包括67台风力发电机组、一座220kV海上升压站、一座陆上集控中心、两回路220kV电缆，年上网电量达约8.6×10^8kW·h，与同等发电量的常规燃煤火电机组相比，每年可减排二氧化碳57.1×10^4t。

未来，中国海油还将通过加快百万千瓦级海上风电场建设，打造规模化海上风电基地。一方面，发挥公司在海洋工程、技术和资本等领域的比较优势，加大对大湾区、海南、广西、福建、山东等近海风电资源的获取；另一方面，积极参与广东省和海南省的海上风电基地规划，努力成为粤东和阳江八个风电项目的主要业主单位，积极推进海南东方CZ7海上风电项目进展；同时，充分挖掘沿海省市开发业主的风电场资源，通过多种合作模式，加快近海风电资源获取和产业规模扩大进程。优快发展近海风电产业，既可以控制公司低碳转型的风险，也可以保障碳排放量达峰后的逐步下降。

另外，海上风电给油气平台供电是近海风电新能源与传统油气协同发展的新模式之一。岸电为海上平台供电，理论上可将平台所在区域硫化物、氮化物等污染物排放降低至零，但短期无法大幅度降低油气生产过程的碳排放，这主要是因为目前陆上电网以火电为主。而建设分布式海上风电不仅可为油气生产平台供电，还能有效降低油气生产过程中二氧化碳和其他污染物的排放。因此，随着海上油气生产平台数量持续增加，发展分布式风电与岸电结合的区域性海上能源互联微网，开发海上风电自发自用、余电上网、制氢储能等，提升风电的接入利用水平，岸电作为微网稳定性保障的"支撑电源"，是中国海油有效降低油气生产过程碳排放强度的发展新模式。

（2）瞄准中远海风电，加大核心技术攻关力度。

瞄准中远海海上风电在未来"双碳"目标实现中的重要地位，中国海油牵头梳理深远海海上风电产业链的发展堵点和关键技术，加大深远海风电开发核心技术研发投入。重点攻关漂浮式风机应用技术、分散式发电、远距离输电及制氢储氢技术等（图5.2），研究深远海海上风能资源及选址综合评价方法，以期利用中国海油自身在深远海海洋工程方面的优势，对海上风电核心资源进行整合，打造具备国际竞争力的深远海海上风电产业链。

目前正积极推进为文昌 14-3 海上平台供电的 7.25MW 漂浮式海上风电示范项目，该项目旨在研究为海上油气田供电的低成本、高效率的深远漂浮式海风电开发之路。

在全力推动深远海浮式风电技术研究与示范的同时，中国海油也积极探索新能源与传统油气产业协同发展的新模式，包括风光发电与传统油气产业、风光发电与天然气发电、海上风电与海洋牧场等协同发展模式，推动公司绿色能源转型再提速。

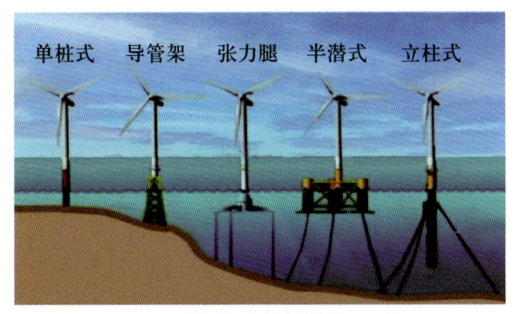

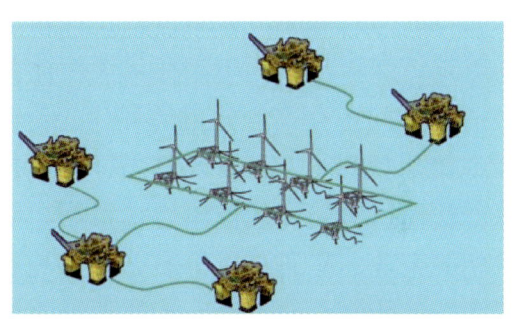

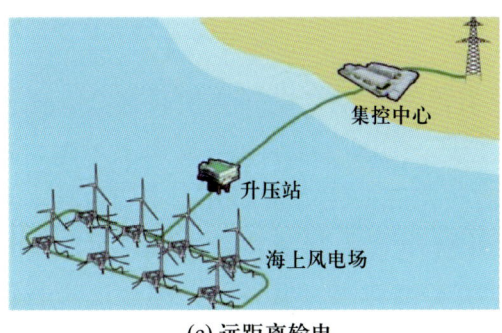

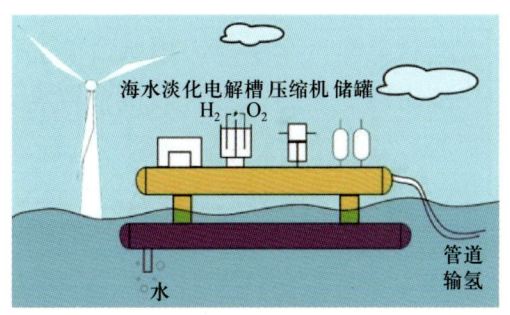

图 5.2 深远海风电产业关键技术示意图

5.1.3.2 探索氢能、储能和海洋温差能技术

5.1.3.2.1 海上风电制氢及储运一体化技术探索

氢能作为一种二次能源，需要用其他能源加工得来，以燃料电池方式将化学能高效转化为电能，可广泛用于交通和储能等能源供给体系，氢能的储能属性使其具备跨时间和空间灵活应用的潜力，能与可再生能源有效衔接，助力可再生能源消纳与大规模发展。因此，氢能源在世界向清洁能源转型及提高能源系统灵活性方面将发挥关键作用。

近些年世界资本、技术、舆论等因素正共同催生本轮氢能发展的热潮，欧盟、美国、日本、中国已将氢能纳入国家能源发展战略，并出台产业发展规划和支持政策。美国重视氢能产业链关键技术培育，在固定式燃料电池发电、氢燃料电池车应用研究方面有绝对优势；欧盟实现净零碳排放，氢能是其重要抓手；日韩在燃料电池车、家用燃料电池、加氢站网络和氢技术开发方面处于领先地位。据国际氢能理事会发布的报告预测，2050年氢能约占世界能源需求的18%，工业、交通和建筑供暖供电都将是氢能应用重点领域。

目前国内氢能产业整体处于技术研究与示范应用阶段。与德国、美国、日本等发达国家相比，中国在氢能产业链基础研究、核心技术、关键材料和装备制造等方面还存在一定的差距。"双碳"目标下，国家相继发布《氢能产业发展中长期规划（2021—2035年）》等重磅文件，从立法、顶层设计、示范应用等方面支持氢能产业健康持续发展。同时，地方政府、社会资本、产业链上下游相关企业、科研院所等多方力量加速入场，多因素叠加推动国内以加氢站为代表的氢能制—储—运—用产业链关键技术与基础设施建设快速发展，初步形成珠三角、长三角、京津冀等氢能集群，以及北京、上海、广东、河南、河北五大燃料电池汽车示范应用城市群。

国内以中国石化为代表的油气企业具有氢源和销售网络等比较优势，已开展制氢、加氢站及储运设施网络的规划和建设。中国海油加快发展海上风电，积极开展了海上风电制氢及储运用一体化关键技术和应用方案研究。主要包括：海上风电制氢方案研究、海上碱性ALK和PEM电解水制氢技术、绿氢生产与富碳天然气开发集成技术研究、绿氢与炼化等关键技术。另外，中国海油也将加大氢能储能和电化学储能等新型储能技术的研究，以提高新能源发电消纳能力。

5.1.3.2.2 海洋温差能开发利用关键技术攻关

海洋能是一种蕴藏在海洋中的可再生能源，包括机械能（潮汐能、潮流能、海流能、波浪能）和热能（海洋温差能）。海洋温差能（海洋热能）是海洋中受太阳能加热的表层温海水（温度25~28℃）与深层（水深800~1000m）冷海水（温度7~4℃）之间蕴藏的热能。海洋温差能最常见利用方式是发电，是海洋能中最稳定的清洁可再生能源。根据现有技术，当表层温海水与深层冷海水之间的温差大于18℃时就具有开发价值。海洋温差能主要分布在赤道附近水深1000m左右的热带海域，中国南海温差能资源潜力大，在岛礁与海洋油气开发等方面具有重要意义。但是，中国在海洋温差能开发利用工程研究方面的起步较晚，尚无适用于海洋温差发电的热交换器、氨透平发电机组、海水潜水泵等产品，亟需技术上的突破。

海洋温差能开发利用是中国海油长远发展规划关注的重点，需要攻关的技术领域包括：兆瓦级海洋温差能开发热力循环工艺系统、高效热交换器和工质透平系统、深层海水提升重控分析技术、深层海水综合利用技术、温差能发电浮式平台一体化设计等。中国海油已完成国内首个 10 MW 全海式海洋温差能电站概念方案的设计，设计方案包括：热力循环工艺系统、冷水管系统、温差能发电平台总图布置、重控分析、控制及通信系统、电气系统和平台结构的研究设计，以及投资估算和经济评价，这为国家未来开发利用海洋温差能提供了技术和决策支持。

光伏风电，优先布局清洁能源基地。因地制宜发展分布式光伏，利用工商业园区等条件，推动储能技术应用。探索培育氢能产业，规模化制氢，主攻绿氢生产，尝试离网式制氢试点。建设加氢综合能源示范站，推动氢能产业成熟。

（4）做好低碳、负碳技术发展的顶层设计，加大研发投入、创新科研管理模式、积极开展技术研发和工程化示范，推动关键核心技术取得突破，为2050年的"碳中和"做好充分准备。

加强低碳、零碳、负碳的顶层设计与战略规划，明确发展目标与任务。推进碳中和技术与产业发展，确保工作有序推进。推动低碳、零碳、负碳产业发展，打造零碳能源设施、零碳LNG接收站、零碳加油站，推广绿色建筑。

坚持创新驱动，加强科技自主创新，突破核心技术，推动科技创新与研发中心建设。强化油气产业链技术攻关，推动碳减排与中和技术创新，发展新能源核心技术。

5.2.2 低碳跨越发展

2031—2040年是中国海油未来绿色低碳转型的低碳跨越阶段，属于第二阶段。该阶段是中国海油实现低碳跨越的重要时期，"碳达峰、碳中和"工作的实施重点是以油气产业转型、新能源快速发展为主要手段，控制碳排放总量有序下降，实现负碳技术的商业化应用。

（1）继续发挥油气安全稳定供给的主力军作用，稳定原油供给，不断扩大天然气产量占比，进一步提升清洁低碳能源安全稳定供给能力。

在保持原油稳定生产的同时，推动能源结构向可持续和环保方向转型。提高原油开采效率，确保稳定供应。加大天然气勘探开发力度，扩大生产规模，并推动其广泛应用，逐渐提升天然气在能源消费中的比例。

（2）深入推进产业转型升级，传统炼油化工产业向高价值产业链延伸取得实质进展，新能源、新产业发展初具规模，基本形成油气、高价值化工产品和新能源产业协同发展模式，加快产业优化调整，基本建立低碳发展模式，公司碳排放量由峰值转向下降。

推进产业战略接替和转型升级，增强传统油气产业竞争力。积极布局高端装备制造、节能环保、新能源、新材料等新兴产业。

发展海上风电、光伏和氢能等领域，提升清洁能源竞争力。探索天然气水合物的商业化开发，释放其潜能。深远海风电技术研发，构建完整产业链。高效制氢技术研发，参与氢能标准制定。强化储能集成技术研发，提升系统可靠性、灵活性与安全性。探索海洋能利用技术，提供新的能源途径。

优化产业结构，加强能源管理和技术改造，降低高碳产业比重和碳排放强度。加大节能减排投入，提高能源利用效率，推动产业绿色低碳转型。

整合内外部资源，强化产业协同和技术创新。推动油气产业与新能源、新产业的深度融合，构建多元化、可持续的能源供应体系。

（3）进一步夯实低碳、负碳技术研发成果转化应用基础，典型工程化示范项目取得突破性进展，具备规模化商业应用能力，为公司大幅降低碳排放量提供兜底性减排路径。

强化研发，促进低碳、负碳技术的转化和应用。重点推进海上 CCUS 项目，实现全链条技术研究和工程示范的重大突破。探索二氧化碳固化技术，优化能源结构，推动清洁能源发展。深入研究和应用微型生物增汇、渔业碳汇等新型增汇技术，通过创新和完善，提高技术应用效果。

5.2.3 绿色发展

2041—2050 年是中国海油未来绿色低碳转型的绿色发展阶段，属于第三阶段。该阶段是中国海油全面建成中国特色国际一流能源公司的重要时期。"碳达峰、碳中和"工作的实施重点是推进碳排放总量持续下降并实现碳中和，公司持续高质量发展，基本构建多元化低碳能源供给体系、智慧高效能源服务体系及规模化发展的碳封存和碳循环利用体系。

（1）油气业务坚持稳油增气的发展原则，持续扩大天然气产量占比，传统炼油化工业务实现转型升级。

以科技创新提升天然气开采效率，确保稳定增长，并注重环保，实现开发与保护的双赢。以创新驱动，引进国际技术，降低能耗和排放，实现传统炼油化工业务转型升级，研发和推广新型绿色化工产品，推动产业链高端化、精细化。

（2）新能源、新产业进入快速发展阶段，能源技术服务拓展服务领域并大幅提升综合服务能力。

利用海洋资源发展海上风电制氢技术，促进油气与新能源产业融合，为新能源产业注入新动力。同时积极提升能源技术服务，向综合能源服务商转型。结合多种能源形式，为工业园区和建筑群提供分布式能源解决方案。在重点区域发展海上油田绿电、孤岛供电等项目，打造海洋"能源岛"，提高区域能源供应的可靠性和安全性，促进绿色转型和高质量发展。

（3）大幅提升能源使用效率及清洁能源使用比例，大规模使用负碳技术，公司碳排放总量呈现持续下降的趋势。

研发并推广节能技术和设备，保障能源供应同时降低消耗。积极开发可再生能源，推进海洋能源利用，提高清洁能源产量占比。实现负碳技术规模化应用，助力净零排放，推动能源创新。

5.3 未来展望

实现碳达峰碳中和是以习近平同志为核心的党中央统筹国内国际两个大局作出的重大战略决策，是着力解决资源环境约束突出问题、实现中华民族永续发展的必然选择，是构建人类命运共同体的庄严承诺。党的二十大报告指出，必须牢固树立和践行"绿水青山就是金山银山"的理念，站在人与自然和谐共生的高度谋划发展。要加快发展方式绿色转型，实施全面节约战略，发展绿色低碳产业，倡导绿色消费，推动形成绿色低碳的生产方式和生活方式。中国海油在坚持建设中国特色国际一流能源公司的战略目标和"1534"总体发展思路的基础上，提出"双碳"行动方案，对公司战略目标的实施路径进行再一次升级与重塑，实现"双碳"目标与公司战略的有机融合。中国海油在"双碳"行动方案中提出，努力成为国内油气增储上产的主力军、新能源产业发展的生力军、探索碳利用与封存产业化发展的先行军。坚持国内油气增储上产，进一步升级节能减排举措和绿色低碳生产方式，大规模引入岸电和使用绿电，实施低碳能源替代，大力发展新能源等零碳产业，积极发展海洋CCUS等负碳产业，发挥海洋固碳优势，在实现自身绿色低碳高质量发展的同时，为全社会实现碳达峰、碳中和提供能源转型和碳封存支撑。

5.3.1 提供更多清洁能源，保证公司可持续发展

未来，中国海油将坚定不移地致力于提供更多清洁能源，以确保公司的可持续发展，并为世界能源转型树立典范。

在海洋能源的开发利用方面，中国海油将进一步加大对海洋风能的投资与开发力度。凭借其在海洋工程领域的深厚技术积累和丰富经验，积极拓展海上风电场的规模和布局。通过采用先进的风机设计和安装技术，提高风能的捕获效率，降低发电成本，为沿海地区乃至更广阔的区域提供源源不断的清洁电力。同时，加强与国内外相关企业的合作与交流，共同推动海上风电技术的创新与发展，引领世界海洋风能产业迈向新的高度。

在海洋氢能领域，中国海油将展现出更大的雄心壮志。充分利用海洋资源

的优势，深入探索高效、低成本的海洋绿氢制取技术。大规模建设海上制氢工厂，完善氢能的储存、运输和加注设施，构建起覆盖广泛的氢能供应链。积极推动氢能在交通、工业、能源存储等领域的广泛应用，促进氢能与其他能源形式的协同互补，为构建多元化的清洁能源体系贡献力量。

在海洋生物能源领域，中国海油将投入更多的研发资源，挖掘海洋生物资源的巨大潜力。通过生物技术的创新应用，将海洋藻类、微生物等转化为高品质的生物燃料。加强产学研合作，攻克生物能源转化过程中的关键技术难题，提高能源转化效率和产品质量。同时，积极探索海洋生物能源与其他可再生能源的融合发展模式，打造全新的能源生态系统。

CCUS 作为重要的负碳产业，中国海油也将大力投入和发展。加强碳捕获技术的研发和应用，提高对工业排放二氧化碳的捕获能力。积极探索碳利用途径，将捕获的二氧化碳转化为有价值的化学品或材料，实现资源的循环利用。同时，开展大规模的碳封存项目，选择合适的地质结构进行二氧化碳的安全封存，减少大气中的碳排放。

为了确保清洁能源的稳定供应和高效利用，中国海油将大力发展能源存储技术。研发高性能的电池储能系统，提升能源存储容量和放电效率，解决清洁能源间歇性供应的难题。探索新型储能技术，如液流电池、超级电容等，构建多元化的储能体系。此外，积极参与能源互联网的建设，实现清洁能源的智能调配和优化利用，提高能源系统的整体效率和可靠性。

5.3.2 坚持科技驱动转型，提升公司国际竞争力

科技是推动中国海油绿色低碳转型的核心引擎，也是提升公司国际竞争力的关键所在。

在油气勘探开发领域，中国海油将持续加大科技创新投入，不断突破技术瓶颈。运用前沿的地球物理勘探技术、智能钻井技术和精细化油藏模拟技术，实现对海洋油气资源的精准勘探和高效开发。深入探索深海、超深海油气资源的开采技术，挑战极端环境下的作业难题，为保障国家能源安全提供坚实支撑。同时，加强与国际石油巨头的技术合作与交流，吸收借鉴先进经验，提升自身技术水平和管理能力。

在新能源技术研发方面，中国海油将聚焦于海洋能、氢能、储能等前沿领域，打造具有自主知识产权的核心技术体系。组建顶尖的科研团队，与国内外

知名科研机构和高校建立紧密的合作关系，共同开展基础研究和应用研究。加大对科研项目的资金支持，鼓励创新思维和大胆尝试，勇攀科技高峰。通过科技创新，推动新能源产业的快速发展，为公司的绿色转型注入强大动力。

在数字化和智能化技术应用方面，中国海油将全面推进能源生产和运营的数字化转型。借助大数据分析、人工智能算法和物联网技术，实现对能源生产过程的实时监测、精准控制和优化决策。通过智能设备的广泛应用，提高生产效率，降低运营成本，减少能源消耗和碳排放。构建一体化的智能能源管理平台，实现能源资源的优化配置和协同管理，提升能源系统的整体性能和稳定性。

此外，中国海油将高度重视知识产权保护和技术标准制定工作。加强专利布局，积极申请国内外专利，保护自主创新成果。参与国际和国内能源技术标准的制定，掌握行业话语权，引领能源技术发展的潮流。通过科技创新和标准引领，提升公司在国际能源市场的竞争力和影响力，为世界能源转型贡献中国智慧和中国方案。

5.3.3 培育绿色低碳企业文化，践行央企社会责任

作为中央企业，中国海油深知肩负的社会责任重大，将积极培育绿色低碳企业文化，以实际行动践行央企担当。

在企业内部，中国海油将加强绿色低碳理念的宣传教育，使其深入人心。开展全方位、多层次的培训活动，提高员工的环保意识和可持续发展理念。鼓励员工积极参与绿色创新项目，提出节能减排、环保增效的合理化建议。建立健全绿色激励机制，对在绿色发展方面作出突出贡献的员工和团队给予表彰和奖励，激发员工的积极性和创造力。

在供应链管理方面，中国海油将与供应商携手共进，共同推动绿色供应链的建设。制定严格的供应商绿色准入标准，要求供应商在产品设计、生产过程中遵循环保法规和可持续发展原则。加强与供应商的合作与沟通，共同开展绿色技术研发和应用，实现整个供应链的绿色化、低碳化。通过绿色供应链的协同发展，提升产业链的整体竞争力和可持续性。

在社会公益方面，中国海油将积极参与环保公益活动，传播绿色发展理念。开展能源科普教育活动，提高公众对清洁能源和环境保护的认识。支持绿色环保项目和社会组织，为生态文明建设贡献力量。同时，加强与政府、社

会组织和其他企业的合作，共同推动形成全社会绿色低碳的生产方式和生活方式。

此外，中国海油将积极参与国际合作与交流，分享绿色低碳发展的经验和成果。与国际能源企业开展合作项目，共同应对世界气候变化挑战。参与国际能源组织和论坛，为制定世界能源治理规则和标准贡献中国海油的智慧和力量。通过国际合作，提升中国海油在世界能源领域的形象和地位，为构建人类命运共同体发挥积极作用。

总之，未来的中国海油将在提供更多清洁能源、坚持科技驱动转型、培育绿色低碳企业文化等方面持续发力，以更加坚定的决心、更加有力的举措，实现绿色低碳高质量发展。为建设美丽中国、推动世界能源转型、构建人类命运共同体作出新的更大贡献！相信在全体海油人的共同努力下，中国海油必将在绿色低碳转型的道路上取得更加辉煌的成就，书写属于中国能源企业的壮丽篇章！

参考文献

［1］能源研究院．世界能源统计年鉴2023［R/OL］．（2023-06）．https：//www. energyinst. org/ statistical-review.

［2］中能传媒研究院．中国能源大数据报告（2023）［R］．2023-07：1-11.

［3］中国气象局．全球气候亮起"红色警报"［EB/OL］．（2024-03）．https：//www. cma. gov. cn/2011xwzx/2011xqxxw/2011xqxyw/202403/t20240326_6155947. html.

［4］IEA. Security of Clean Energy Transitions 2022［R/OL］．（2022-09）．https：//www. iea. org/reports/security-of-cleanenergy-transitions-2022.

［5］中国经济网-经济日报．全球能源安全的"断裂"与"缝合"．［Z/OL］．（2023-03-23）. http：//bgimg. ce. cn/cysc/ny/gdxw/202303/23/t20230323_38458161. shtml.

［6］王建芳，苏利阳，谭显春，等．主要经济体碳中和战略取向、政策举措及启示［J］．中国科学院院刊，2022，37（04）：479-489.

［7］陈怡．为世界了解中国能源转型提供深入洞察［N］．上海科技报，2024-05-10（004）. DOI：10. 28704/n. cnki. nshkj. 2024. 000452.

［8］高慧，杨艳，刘雨虹，等．世界能源转型趋势与主要国家转型实践［J］．石油科技论坛，2020，39（03）：75-87.

［9］IEA. Energy Efficiency 2023［R/OL］．（2023-11）．https：//www. iea. org/reports/energy-efficiency-2023/executive-summary#abstract.

［10］常昌盛．美国2024年可再生能源产业展望——德勤新能源产业发展调查报告［J］．新经济导刊，2024（01）：75-86.

［11］清华大学气候变化研究院．德国加快推进能源转型［Z/OL］．（2024-02）．https：//mp. weixin. qq. com/s/kYxVwmynf_dTNQ7ywxkoEw.

［12］中外能源．日本的能源现状与发展战略［Z/OL］．（2024-04）．https：//mp. weixin. qq. com/s/waEOOtfOLS8GrTMpjkt2xw.

［13］王瓒玮．气候变化下日本能源碳锁定困境及经验启示［J］．中国能源，2023，45（12）：77-86.

［14］邹才能，熊波，李士祥，等．碳中和背景下世界能源转型与中国式现代化能源革命［J］．石油科技论坛，2024，43（01）：1-17.

［15］司进，张运东，刘朝辉，等．国外大石油公司碳中和战略路径与行动方案［J］．国际石油经济，2021，29（07）：28-35.

［16］施雷．碳中和目标下的石油公司转型之路［J］．当代石油石化，2021，29（06）：13-19.

［17］中国石油新闻中心. 全力向2050碳循环经济之路迈进［Z/OL］.（2022-06）. http：//news. cnpc. com. cn/system/2022/06/06/030069761. shtml.

［18］中国石化报.《中国石化绿色低碳发展白皮书》发布.［Z/OL］.（2023-01）http：//www. sinopecgroup. com/group/xwzx/gsyw/20230116/news_20230116_318583362284. shtml.

［19］米立军，刘强，刘丽芳，等. 科技引领中国海油碳中和应用之路［J］. 中国海上油气，2022，34（04）：1-15.

［20］张俊峰，李强. 中国海油构建绿色低碳产业链［J］. 企业管理，2020，（05）：73-76.

结 语

中国海油将坚持系统观念，统筹好发展和减排、整体和局部、长远目标和短期目标的关系，以清洁低碳发展为引领，把"碳达峰、碳中和"纳入企业发展全局，加快形成节约资源和保护环境的产业结构与生产方式，坚定不移走生态优先、绿色低碳的高质量发展道路，以实际行动扛起保障国家能源安全、推动能源绿色低碳转型的双重责任和使命。展望未来，在实现"双碳"目标的征程上，中国海油将深入学习贯彻习近平生态文明思想和党的二十大精神，秉承"爱国、担当、奋斗、创新"的新时代海油精神，坚定绿色低碳发展战略定力，奋力开创我国海洋石油工业绿色转型发展新局面，不断促进我国生态文明建设取得新成就，以实际行动践行初心使命，助力"碳达峰、碳中和"目标如期实现。